古代歷史文化研究輯刊

五編

王明蓀 主編

第10冊

唐代中期的僧伽制度
——兼論與其當代社會文化之互動關係

黃運喜 著

會昌法難研究
——以佛教爲中心

黃運喜 著

國家圖書館出版品預行編目資料

唐代中期的僧伽制度——兼論與其當代社會文化之互動關係
黃運喜 著／會昌法難研究——以佛教為中心 黃運喜 著——
初版 — 新北市：花木蘭文化出版社，2011〔民 100〕
目 2+148 面 + 目 2+112 面；19×26 公分
（古代歷史文化研究輯刊 五編；第 10 冊）
ISBN：978-986-254-424-2（精裝）
1. 僧伽　2. 佛教史　3. 唐代
618　　　　　　　　　　　　　　　　　100000580

ISBN-978-986-254-424-2

9 789862 544242

古代歷史文化研究輯刊
五 編 第 十 冊　　　　　　ISBN：978-986-254-424-2

唐代中期的僧伽制度
——兼論與其當代社會文化之互動關係

會昌法難研究——以佛教爲中心

作　　者　黃運喜／黃運喜
主　　編　王明蓀
總 編 輯　杜潔祥
印　　刷　普羅文化出版廣告事業
出　　版　花木蘭文化出版社
發 行 所　花木蘭文化出版社
發 行 人　高小娟
聯絡地址　新北市永和區中正路五九五號七樓之三
　　　　　電話：02-2923-1455／傳眞：02-2923-1452
電子信箱　sut81518@gmail.com
初　　版　2011 年 3 月
定　　價　五編 32 冊（精裝）新台幣 56,000 元

唐代中期的僧伽制度
——兼論與其當代社會文化之互動關係

黃運喜　著

作者簡介

黃運喜，1957 年出生於苗栗縣南庄鄉，父母親為雙目失明的盲人。從 13 歲開始以半工半讀的方式完成學業，最高學歷為中國文化大學史學研究所博士。當過工廠及工地工人、救國團服務員、水電及瓦斯管線技術工人、學校教師，從事教育工作 20 餘年，目前為玄奘大學宗教學系教授。

研究領域為中國佛教史、玄奘學、台灣史、客家史等，撰有《蛻變的家園—隘口百年變遷沿革誌》、《寶山鄉志‧歷史篇》、《傳統與現代的對話—新竹縣寺廟專輯》、《中國佛教近代法難研究（1898 — 1937）》、《新修桃園縣志‧宗教禮俗志》，另撰有學術論文 100 餘篇，其奮鬥事蹟與成就被收錄《2009 年新竹市名人錄》中。

提　要

本論文涵蓋時間為從安史之亂至會昌法難，為期約九十年間佛教僧伽制度（僧團）之變化，因這段時間是中國歷史變化極為快速的時期，佛教亦不例外。若能釐清此期僧團之變化，對日後會昌法難的發生，以及佛學義理與儒學思想會通、宋代理學淵源等研究助益甚大。

全文分七章與結論，其大綱如下：

第一章：〈緒論〉共分二節，對主題架構作概略性敘述，並追溯印度佛教僧伽制度的建立與特質。

第二章：〈安史之亂前的僧伽制度〉，共分三節。敘述佛教傳入後我國僧團制度的建立與演變，唐玄宗的宗教政策、安史之亂對中晚唐佛教的影響。

第三章：〈主要僧團的地域分布〉，共分三節。探討安史之亂前後主要僧團在各地的消長，配合宗派興衰及人、地環境生態等空間因素，分析本期宗派佛教發展的趨勢。

第四章：〈僧團的內部結構〉，共分四節。敘述傳統僧團的內部結構、叢林制度建立的背景與禪宗僧團組織及運作情形、比丘尼僧團的建立與特色。

第五章：〈唐代的僧政管理與政教關係〉，共分三節。說明唐代的僧官制度、僧團律令在政治層面中所屬地位，國法與戒律之兩難及調適問題，上層社會的政教關係。

第六章：〈僧團的教育制度〉，共分三節。從寺院教育特質看僧侶的義學教育、世學教育、社會教育、參學行腳等，說明佛教與社會文化的關係。

第七章：〈僧團的社會功能〉，共分三節。以僧團所從事社會福利事業，及僧團與社會各階層關係彰顯佛教之外顯功能。

結論：針對上述各章節歸納重點及關連性作為論文總結。

目次

第一章 緒 論

第一節 研究動機與論文架構

　　宗教的產生，是人類精神文化提昇後所產生的圓融境界，它起源於初民社會，經過長期的發展衍化，現在世界各地，同時以各種形式的組織與儀式被保留下來，並擁有相當的影響力。正如神學家 John Deeney 所說《聖經》塑造了西方人的思想模式與寫作風格〔註1〕，我們也可說宗教思想與觀念制約著許多民族的社會制度與生活習俗，甚至形成社會行為底型模〔註2〕。姑且不論古代政教（祭）合一，宗教與政治功能重疊，異教徒無法見容於該社會〔註3〕。即以今日而論，宗教思想仍是構成中、西文化的要素之一，它以主流文化哲學的方式寄身於大傳統中，同時亦與民間生活結合成為小傳統（地區性的宗教習俗包含在內），由於二者結合緊密，致身受影響者往往習而未察。

　　顯然的，以近代治學方式研究宗教，基督教的研究較佛教為早，構成宗教的要素，雖然說紛紜，傳統的說法仍以基督宗教為考慮，包括：（一）具有神賜特別才能的教主或救世主；（二）神聖事物；（三）信仰體系：如教義、教典、教條、教規、神話、神跡等；（四）實踐體系：包括禮儀、儀式及禮

〔註1〕 John Deeney（李達三）著，謝惠英譯，〈文學與宗教——有沒有關係？〉，收入《文學與宗教——第一屆國際文學與宗教會議論文集》（台北：時報文化出版公司，民國76年9月），頁10。

〔註2〕 參見殷海光，《思想與方法》（台北：水牛出版社，民國74年6月），頁41。

〔註3〕 黃明陽，《中日兩國宗教團體法律地位之比較研究》（中國文化大學法律研究所碩士論文，民國75年6月），頁1。

拜；（五）組織與設備：含禮拜場所、法物、神職人員等〔註4〕。後來佛教學者常將此定義略加修改，以符合佛教特性〔註5〕。自基督神學家田立克（Paul Tillich）在其著作《信仰的原動力》（Dynamics of Faith）首先提出「終極關懷」（Ultimate Concern）一詞〔註6〕以後，部分學者拿來當作解釋宗教，使它成爲宗教構成不可或缺的一部分。如傅偉勳教授即提出終極關懷、終極眞實、終極目標、終極承諾四項，以詮釋大乘佛教教義。〔註7〕

佛教發源於印度，在兩漢之間傳入中國，經歷一番適應的努力後，信徒們以其特有的宇宙觀與人生觀（教義）爲主導，過著不同於國人的倫理生活方式，也因此引起非信徒的質疑與指責，雙方除發生過無數的論爭外，佛教界亦盡力調合各種歧見，以適應中土的傳教環境，這些前塵，在《弘明集》與《廣弘明集》中，保留有相當豐碩的資料。到了盛唐，隨著國家控制的嚴密與僧團的妥協，政教之間，大致已找到相當程度的定位。從唐玄宗晚年的安史之亂（755～763）開始，至唐武宗的會昌法難（845～846），爲期約八、九十年，這段期間爲中國歷史變化極爲快速的時期（有學者稱之唐宋轉型期或唐宋變革期），佛教僧團亦在民間信仰高潮後〔註8〕，在宗派之間產生新的

〔註4〕 殷海光，《思想與方法》，頁4。
　　　 另許大同，《廣義宗教學》，綜合古今中外二十二家學者對宗教的定義，總結爲：「凡宗教必有教主、教徒、教會、教義及戒條與儀式的混合物，是人類理智及感情發展的信仰，這種信仰能令人的意識得到安慰，引爲得到純善的才是宗教。」（香港：大同書室，1968年重印），頁5。
〔註5〕 如方立天在《中國佛教與傳統文化》中，就以佛教徒及組織、佛教思想文化、佛教儀式制度三種要素爲佛教的系統結構（台北：桂冠圖書公司，民國79年6月），頁1。
　　　 另謝重光，《漢唐佛教社會史論》，謂佛教同其他宗教一樣，大致可包括四個不同的層次，由內到外，即：「一爲宗教信仰（基本宗旨），二爲宗教理論（教義、學說、戒律），三爲宗教實體（宗教組織設施、活動），四爲宗教文化（在宗教推動和影響下形成的多層多向文化）。」（台北：國際文化事業公司，民國79年5月），前言頁12。類似說法尚多，不細舉。
〔註6〕 Paul Tillich 提出終極關懷，原義是維護基督信仰，強調宗教眞理與信仰實存的主體性。後被解釋爲中外古今的人性經驗，且自宗教所產生的境界。參見張春申等編著，《宗教與人生》（上冊）（國立空中大學，民國81年12月再版），頁10。
〔註7〕 傅偉勳，〈從終極關懷到終極承諾——大乘佛教的眞諦新探〉，《當代月刊》第十一期，民國76年3月，頁17。
〔註8〕 中國佛教史上兩次信仰高潮分別是五世紀及八至九世紀時。參考謝和耐著，耿昇譯《中國五至十世紀的佛教寺院經濟》（台北：商鼎文化公司，民國83

生態發展。首先是以京師為宣教中心的華嚴、法相宗衰落，而帶有神秘色彩的密宗在京師盛行。其次，禪宗六祖慧能在安史之亂前將性質由如來禪轉為祖師禪，門下弟子積極在南方傳教，憲宗時更由馬祖道一與百丈懷讓師徒創清規與制叢林，各宗派體質的良窳，以及與民眾互動關係，成為會昌法難後，宗派是否繼續發展的因素之一。此外，政教之間，亦有多項事情，影響佛教的發展，如功德使的設置與職權擴大，夷夏之防思想所產生的排佛論調，大量私度僧侶引起的逃避賦役問題，影響國家經濟發展，成為排佛者有力的口實及會昌法難的原因之一，若能明瞭這段時期的各項事情，對日後會昌法難的發生、佛儒會通融合、乃至宋代理學淵源研究助益甚大，故不揣淺陋，將這段期間的僧團變化做為此次論文之主題。

　　為了方便說明起見，論文之架構以下頁圖表示。

　　論文是以唐代中期的僧伽制度為中心，僧伽制度是佛教特有的組織，所謂僧伽，簡稱為僧，是梵文 Saṅgha 的音譯，有「合」、「眾」、「和合眾」、「法眾」等義，在初期巴利文佛典中部、長部、增支部及漢譯《雜阿含經》所稱的僧伽，是不分出家人、在家人的，只要依法修行，具足正見，就是僧伽（團）的一員〔註9〕。這種定義，Richard A. Gard 稱為廣義的僧伽〔註10〕。本文所指的僧伽制度，係指以出家眾為主的佛教團體。其人數最初係指四人以上的比丘和而為眾，後來新譯家則以三人以上為僧伽〔註11〕。即《大智度論》卷三所謂：「僧伽秦言眾，多比丘一處和合是名僧伽。」〔註12〕唯其原義後經輾轉訛傳，逐漸的由出家僧團而被形容為個別的出家人〔註13〕。本文所稱的

年 2 月），頁 303。

〔註 9〕張大卿，《基礎佛法十講》（美國加州：新雨佛學社，1988 年 3 月），頁 82。

〔註 10〕Richard A. Grad, *Great Religions of Modern Man: Buddhism* (Taipei, Zhungshain Book, Ltd., 1970), P.156.

〔註 11〕丁福保，《佛學大辭典》（台北：佛教慈濟文化服務中心，民國 76 年 3 月影印），頁 2476。

〔註 12〕龍樹造，鳩摩羅什譯，《大智度論》，大正藏第二十五卷（台北：新文豐出版公司，民國 63 年 9 月），頁 80。

〔註 13〕藍吉富，〈傳燈的人──歷代僧侶的分類考察〉，收入《中國文化新論‧宗教禮俗篇──敬天與親人》（台北：聯經出版事業公司，民國 71 年 11 月），頁 69。

僧伽被稱為個別的出家人，宋僧贊寧在《大宋僧史略》下卷有提出說明：「若單云僧，則四人以上方得稱之。今謂分稱為僧，理亦無爽。如萬二千五百人為軍，或單己一人亦稱軍也。僧亦同之一。」（大正藏第五十四卷，台北：新文豐出版公司，民國 63 年 9 月），頁 251。

圖一：論文整體架構圖

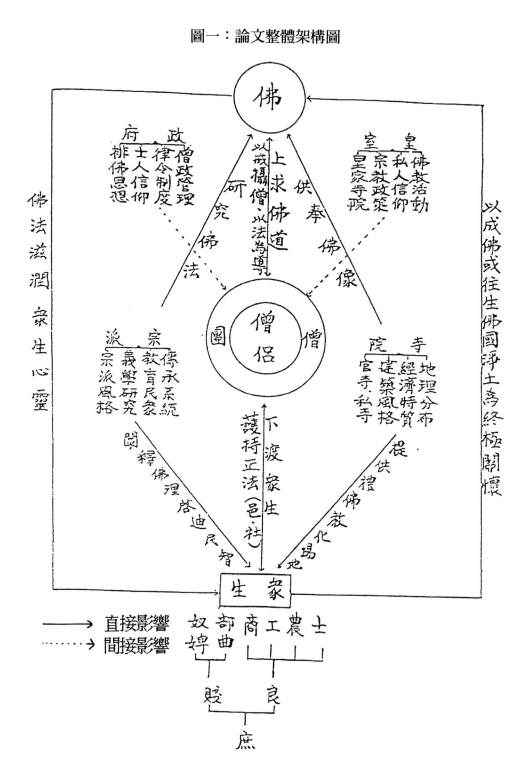

圖一：論文整體架構圖

僧伽，亦稱僧團，是指駐錫寺院，以寺院爲單位，且受僧官等轄的僧眾。個別的出家人，則以「僧侶」、「比丘」、「比丘尼」來稱呼。

僧侶出家謂之「入道」，出家之後，即成爲僧團的一份子，過著寺院的集體生活，他們因性別及受戒差異而有不同的稱呼，男性出家眾初爲沙彌，至受具足戒（二百五十戒）後稱比丘；女性初爲沙彌尼，至受具足戒（三百四十八戒）後稱比丘尼。在印度之沙彌尼與比丘尼之間，尚有式又摩那尼（Śiksamānā）的階段，此階段爲期兩年，主要目的一以磨鍊女子的性情，使她們漸的習慣出家生活；二來觀察女子的生理，是否曾經受孕〔註14〕。唯此制未傳入中國。故文中構成僧團的出家眾是指男性之沙彌、比丘，及女性之沙彌尼、比丘尼而言。

僧侶的居住地，在唐玄宗天寶六載（747）實施度牒制度以後，形成「以官轄寺、以寺轄僧」的制度，僧侶必需固定居住在某一寺院，生活舉止均受到國法與戒律的約束，寺院可說是僧團的靜態分布，並深受地理環境影響。此外，從南北朝末年至隋代時期，中國佛教宗派逐漸形成。宗派的定義，顏尚文先生在《隋唐佛教宗派研究》中謂：

> 所謂宗派，是某些教徒根據佛教主要教法，創造出獨特的宗義和修行方法，並且透過講者師承，使此種獨特宗義流傳數代而形成的獨立思想體系或教團。在宗義發展過程中，又產生專宗寺院與組織制度等史實。〔註15〕

本文以寺院的地理分布、經濟特質、寺院性質等因素看僧伽制度發展的外在條件，另從宗派的傳承系統、義學研究、佛學傳播、宗派風格等方向探討僧伽制度的動態情況。雖然小乘佛教（即部派佛教）思想曾陸續傳到中土，但影響力不大，中國佛教的精神爲大乘菩薩道思想的發揚〔註16〕。僧侶出家修

〔註14〕釋聖嚴，《戒律學綱要》（台北：東初出版社，民國80年12月十二版二刷），頁176～178。

〔註15〕中國佛教宗派產生的時間，藍吉富先生主張在隋代，《隋代佛教史述論》（台北：台灣商務印書館，民國63年5月），頁274。顏尚文先生則主張從南北朝末年開始，本文關於宗派產生時間及宗派定義採用顏說。顏尚文，《隋唐佛教宗派研究》（台北：新文豐出版公司，民國69年12月），頁9。

〔註16〕上座部佛教不注重大乘佛教所說的諸佛，也不祈求菩薩救度他們。因爲他們不同意諸佛菩薩留住淨土中不入涅槃，爲了一些祈求他們的眾生。參見 K. Sri Dhammananda 著，釋印海譯，《佛教徒信仰的是甚麼》（台北：寶印佛書流通處，民國77年），頁29。

到並非自了，尚須顧及廣大民眾，故「上求佛道，下渡眾生」為僧侶的主要職責，如此僧侶或僧團即成佛與眾生間的橋樑，它兼有「出世」與「入世」的雙重理念。佛法主要透過僧侶說法而滋潤眾生心靈，眾生則以成佛或往生佛國淨土為終極關懷。佛陀不但以戒律攝僧，其正法亦為僧侶之暗室明燈與活水源頭，而信徒亦可透過寺院禮佛與親近僧侶。並接受佛法教誨與修正自己修持偏差。部分信徒尚有邑、社等護持正法組織，使佛法可以綿延不斷的流傳。僧團亦因信徒護持，致有餘力發展社會福利事業，其理念與教義絕非部分史家所言，如緩和統治階級（上層僧侶）與被統治級（下層僧眾、寺戶、淨人等）的矛盾，或以小恩小惠換取更大布施等論點。

佛教的傳播，本身也是一種社會現象，影響其傳播的外在因素很多，例如政府干預、皇帝態度、外教競爭、排佛思潮等。本文將皇室及政府兩個因素作討論，重點為皇室部分的宮廷佛教活動、皇帝私人信仰態度與宗教政策〔註17〕、皇家寺院的形成。政府部分則討論僧政管理、律令制度、士人的宗教信仰等。

本文的寫作，嘗試為中國佛教史研究尋求新方向，除運用史學方法外，尚參考印順法師〈以佛法研究佛法〉一文，以「三法印」理論，作為研究佛教史實的方法。即以「三法印」中的「諸行無常」法則作為思考的主要方法，以「諸法無我」法則為研究的態度，及反省、比較、批判的方法，以「涅槃寂靜」法則作為研究的信仰與理念。〔註18〕

〔註17〕統計兩唐書刑法志，唐代以安史之亂為分界點，在此之前，曾先後在高祖、太宗、高宗、武后、玄宗時七次修撰唐律，及多次制訂令、格等法律文書，並規定「其有所違及人之為惡而入于罪戾者，一斷以律。」（《新唐書·刑法志》）但在玄宗以後，則見編纂制敕的記載，取代修撰唐律，頗有逐漸以皇帝旨意取代唐律的趨勢，編纂年代分別是德宗、憲宗、文宗、宣宗時期，前後共有七次之多。按：《唐律疏議·斷獄》「輒引制敕斷罪」條謂：「諸制敕斷罪，臨時處分，不為永格者，不得引為後比。若輒引，致罪有出入者，以故失論。」明白表示制敕的性質為臨時處分，不能為當常法使用，除非為永格。

唐玄宗以後的編纂制敕行為，常有代律、破律之事，說明皇帝意志在法律中的增強。見長孫無忌，《唐律疏議》，卷三十（台北：弘文館出版社，民國75年3月），頁562。

〔註18〕參考印順法師，《以佛法研究佛法》（台北：正聞出版社，民國74年3月），頁1～13。

筆者多次閱讀做並反覆體會《以佛法研究佛法》一書，嘗試與史學方法結合，希望從中找出一條佛教史研究的門徑，偶有所得，則分類書寫分類卡片

第二節　佛教僧伽制度的建立與特質

　　佛教是距今兩千五百多年前在印度成立的宗教，建立者為釋迦牟尼，有關釋迦牟尼的生平事跡，早期歐洲學者如 Emile Senart 與 Kernd 等人頗不乏主張為太陽神崇拜的神話，即佛陀是太陽神的化身〔註 19〕。但此說隨著佛教史蹟的發掘與古代碑刻的出土考釋，即部分佛典的考釋已被推翻，現學者均承認釋迦牟尼為歷史上的人物，其生平事蹟在南北傳佛典中有不少記載可供研究。〔註 20〕

　　綜合近代學者對佛傳的研究，得知佛教的建立，是釋迦牟尼不滿當時阿利安人建立的種姓制度與婆羅門教，對婆羅門教的「祭祀萬能」、「婆羅門至上」、「吠陀天啟」三大綱領及以祈願、供犧、祀火、唸誦等修行方法而達永住梵天的目標加以改革〔註 21〕。再此同時的宗教改革者尚有一些位於印度東方（恆河下游）的思想家，如六師外道〔註 22〕等沙門團，他們均否定了傳統下的婆羅門之特權和經典的神聖，而取代以自身的體驗與信念〔註 23〕。唯佛

　　　上，累積數年之札記，有〈中國佛教史研究方法初探——「以佛法研究佛法」理論的開擴〉一文，《獅子吼月刊》第三十三卷六期，民國 83 年 6 月 15 日，頁 30～34。

〔註 19〕狄雍原著、霍韜晦譯，《歐美佛學研究小史》（香港：佛教法住學會，1983 年 9 月），頁 30～32。

〔註 20〕有關釋迦牟尼的事蹟記載較著者如梵文佛典 Lalitavistara（《方廣大莊嚴經》，唐地婆訶羅譯，異譯本《普曜經》，西晉竺法護譯）、Mahāvastu（《大事經》）、Buddha-Carita（《佛所行讚經》，北涼曇無讖譯）、漢譯本《佛本行經》（宋寶雲譯）、《佛本行集經》（隋闍那崛多譯）；南傳巴利文本的 Jataka（《本生經》）的 Nidana-Katha（《因緣談》）等保留較完整。此外，較原始的 Nikaya（漢譯阿含 Āgama）、Vinayapiṭaka（律藏）亦有片斷記載。參見中村元等編，《佛典解題事典》（台北：地平線出版社，民國 66 年 12 月翻印），頁 70～72。
　　　山田龍城，《梵文佛典諸文獻——大乘佛教成立論序說・資料篇》（東京：平樂寺書店，昭和 34 年 2 月），頁 66～69。按：Buddha-Carita（《佛所行讚經》，北涼曇無讖譯），見《大正新修大藏經》第四卷，頁 1～54。按中村元等篇，《佛典解題事典》誤作寶雲譯。

〔註 21〕李世傑，《印度哲學史講義》（台北：新文豐出版公司，民國 68 年 9 月），頁 24、45；印順法師，《以佛法研究佛法》（台北：正聞出版社，民國 74 年 3 月），頁 17。

〔註 22〕六師外道為佛教對當時新興宗教思想家的總稱，包括順世派、不可知論、邪命外道、耆那教等六十二見三百六十三家，漢譯《長阿含經》的《沙門果經》保留有相當豐碩的資料。

〔註 23〕楊白衣，《印度佛教史略》（台北：普門文庫，民國 71 年 12 月），頁 4。

教以圓融的思想、中道（非苦行非縱慾）的修行方法、嚴密的僧伽制度，得到廣大信仰的皈仰，終於脫穎而出，成爲社會的信仰主流。

　　佛教建立僧伽制度，是釋迦牟尼在鹿野苑（Mrigadāva）度化阿若憍陳如等五比丘後，參考六師外道之教團，並依實際需要而設立的。僧伽制度（僧團）是一對內教育、對外佈教的團體，佛教成功的對外發展，僧團的建立是很大的關鍵。諸律部曾提佛教僧伽制度的基本精神十項，稱「十句義」，其詳細內容如下表：

表一：各律本所載「十句義」明細表

明　　　　　　　　　細	卷／頁數
一攝取於僧，二令僧歡喜，三令僧安樂，四令未信者信，五已信者令增長，六難調者令調順，七慚愧者得安樂，八斷現在有漏，九斷未來有漏，十正法得久住。	四分律一／570
僧和合故，攝僧故，調伏惡人故，慚愧者得安樂故，斷現世漏故，滅後世漏故，令未信者信故，已信者令增廣故，法久住故，分別毗尼梵行久住故。	彌沙塞五分戒一／3
攝僧故，極好攝故，僧安樂住故，折伏高心人故，有慚愧者得安樂故，不信者得淨信故，已信者增長信故，遮今世惱漏故，斷後世惡故，梵行久住故。	十誦律一／23
一者攝僧故，二者極攝僧故，三者令僧安樂故，四者折伏無羞人故，五者有慚愧人得安隱住故，六者不信者令得信故，七者已信者增益信故，八者於現法中得漏盡故，九者未生諸漏令不生故，十者正法得久住故。	摩訶僧祇律一／228
一攝取於僧故，二令僧歡喜故，三令僧樂住故，四降伏破戒故，五慚愧者得安故，六不信令信故，七信者增長故，八斷現在有漏故，九斷未來有漏故，十令梵行得久住故。	根本說一切有部毘奈耶一／629

　　起初的僧團人少事簡，僧侶們過的是遊化生活，如智華所譯的〈古代印度的佛教寺院〉一文述及他們：

> 一會兒住在這裏，一會兒住在那裏——在樹林中，耽在樹下，在山邊，在洞穴中，在山窟內、塚間、森林內，露天的草地上，以及草堆上。〔註24〕

巴利本律藏大品一·三〇，記載下列四點爲出家弟子的生活基準：

> 一者，必須用舊布縫綴起來做衣服。二者，必須靠托缽得來的食物過活。三者，必須以樹下或石上作住宿。四者，需用腐尿藥來作

〔註24〕智華譯，〈古代印度的佛教寺院〉，收入《印度佛教史論》（台北：大乘文化出版社，民國67年12月），頁69～70。

藥。〔註25〕

此時僧侶們所過的，正如《佛說四十二章經》、《八大人覺經》所說，是「三衣瓦缽」、「日中一食，樹下一宿」、「少欲無爲，身心自在」的生活〔註26〕。佛教僧侶從居無定所的遊化生活，轉變爲短期的定居生活，是因受到印度自然環境的影響，由於印度在六月中旬以後的三個月，正是草木滋長，蟲蛇蠢動的時期。此外，因季風帶來大量的降雨，使河川水位增大而泛濫成災，所有宗教界都在此期間結夏安居，以免受到傷害，而佛教並無此制，頗受各宗教及民眾的責難。故摩揭陀國頻婆沙羅王，建議釋迦牟尼仿照外道設結夏制度，首先在王舍城竹林精舍結合僧侶定居一處〔註27〕。僧侶在此三個月的結夏安居期間，可專心修持精進，在安居期滿時，僧眾集合一堂，進行「自恣」舉行檢舉懺悔集會，請他人恣意舉發自己的過失，自己對他比丘進行懺悔。同時也隨別人意願，而恣舉其所犯〔註28〕。此日，常有比丘因這段期間修持精進不懈而證果，亦稱「佛歡喜日」。結夏安居制度的短期集會中，比丘們已有一種合群生活的意義，漸漸的這種暫時生活的住所，因僧侶們的固定下來，

〔註25〕關世謙譯：《佛教聖典》（台北：佛教慈濟文化服務中心，民國78年6月），頁158。
此四事即中土所稱的盡形壽常乞食、盡形壽糞掃衣、盡形壽樹下住、盡形壽腐爛藥。如欲修頭陀行（苦行）則須遵守十二行；住阿蘭若處、常乞食、次第乞食、日一食、節量食、過中不飲漿、著掃糞衣、但三衣、塚間坐、樹下宿、露地坐、但坐不臥。參見傳印，〈佛教的僧團組織〉，《法音月刊》，1989年1月號，頁19。
托缽是印度修行者基本生活方式之一，釋迦牟尼本人亦不例外，梵文本金剛經有一段樸實生動的描述：「在正午前的時候，釋尊穿著袈裟，手持著缽，進入舍衛城乞食。當釋尊在舍衛城時，人們把飯丸丟進缽裡。乞食完畢走向住所，吃完飯後收起衣缽並洗足，然後在敷設的座位上結跏趺坐。」（釋自 F. Muller, ed., *Vajracchedika-Prajnapamita-Sutra*. London. Anecdota Oxoniensia, AryanSeries, Vol. 1, Part 1, 1881, P.19.）
〔註26〕范曄，《後漢書》，卷六十〈襄楷傳〉亦言：「浮屠不三宿桑下，不欲久生恩愛，精之至也。」（台北：鼎文書局，民國68年3月），頁1082。但這些均指出家的表相，《現在過去因果經》謂：「雖身在曠野，服食於粗澀，意猶貪五欲，是爲非出家。」指出出家的精神所在。
〔註27〕參見塚本啓祥，《初期佛教教團史の研究》（東京：山喜房佛書林，昭和41年3月），頁69～70。
佐佐木教悟等著，釋達和譯，《印度佛教史概說》（高雄：佛光出版社，民國75年12月），頁25。
〔註28〕丁福保，《佛學大辭典》（台北：佛教慈濟文化服務中心，民國76年3月影印），頁1036。

逐形成佛教的僧院制度。

僧院的種類，據傳有五種，其中精舍（Vihāra）與窟院（Guha）應用最久〔註 29〕。僧侶們在僧院裡過著身和共住、口和無諍、意和同事、戒和同修、見和同解、利和同均的「六和敬」生活〔註 30〕。為使「六和敬」法能順利實施，僧團以戒律為共住基礎，戒律的制定，是釋迦牟尼因僧團成立日久、人數眾多、流品複雜，故制律以約束弟子的行為，並成僧伽生活的規範。此戒律條文，梵語稱波羅提木叉（Pratimokṣa），作用是防止惡業，清淨（身口意）三業，《彌沙塞五分戒本》卷十八謂：

> 波羅提木叉者，以此戒防護諸根，增長善法，最為初門，故名波羅
> 提木叉。復次，數此戒法，分別名句，總名為波羅提木叉。〔註 31〕

當釋迦牟尼將入滅時，弟子們感到即將失去依靠，於是請示垂訓。世尊教誨弟子們應以戒為師，《佛垂般涅槃略說教誡經》謂：

> 汝等比丘，於我滅後，當珍重尊敬波羅提木叉，如闇遇明，貧人得
> 寶，當知此則是汝大師。〔註 32〕

釋迦牟尼為防止僧侶們對戒律的生疏，除規定出家僧眾在前五年專研戒律外〔註 33〕，並要求每半月舉行宣讀條文、檢討自身行為之布薩（即說戒）制度，此即前引《五分律》卷十八所謂「數此戒法，分別名句」，當布薩進行時，僧侶讀誦戒本，按篇題示、檢閱，通過自我檢討、發露（公開說出所犯行為）懺悔，從而收到僧眾自新、僧團純潔、正法久住的效果〔註 34〕。《根本說一切有部毘奈耶雜事》卷三十八，亦說明戒律在僧伽制度中所佔有的地位和殊勝處：

〔註 29〕佐佐木教悟等著，釋達和譯，《印度佛教史概說》，頁 26。

〔註 30〕釋善卿，《祖庭事苑》，卍續藏經第一一三冊（台北：中國佛教會影印，佛曆 2511 年），頁 67。
其中戒、見、利三者是體和，身口、意三者是相和。印順法師謂：「六和」僧制，並不通於在家眾。印順，《教制教典與教學》（台北：正聞出版社，民國 75 年 12 月），頁 2。

〔註 31〕佛陀什譯，《彌沙塞五分戒本》，卷十八，頁 122 上。

〔註 32〕鳩摩羅什譯，《佛垂般涅槃略說教誡經》，大正藏第十二卷（台北：新文豐出版公司，民國 68 年 9 月），頁 1110。

〔註 33〕株宏撰，廣化法師述，《沙彌律儀要略集註》，上篇〈戒律門〉謂：「佛制出家者，五夏以前，專精戒律，五夏以後，方乃聽教參禪。」（台北：佛教出版社，民國 75 年 4 月），頁 1。

〔註 34〕濟群，〈僧伽的自新大會——布薩〉，《法音月刊》，1989 年 8 月號，頁 22。

我令汝等每於半月說波羅提木叉，當知此則是汝師，是汝依處，若
我住世無有異也。〔註35〕

僧團是一自治性的有機體，即通常所說的「僧事僧斷」，在隨佛出家的信徒越
來越多時，爲使各項事務能順利推行，又不會破壞共住和諧性的原則下，發
展出在授戒、說戒、懺罪、以及各種僧事的辦事制度，此法被稱爲羯磨
（Karma），玄應《一切經音義》卷十四謂：

羯磨，此譯云作法辦事。〔註36〕

羯磨法在佛教中極爲重要，唯一符合民主原則的議事法或會議法，其方式據
聖嚴法師《戒律學綱要》中統計有三大類，一百零一種：

一、單白羯磨：或稱白一羯磨，意思是「唱言」，對於不必徵求同意的
　　事，向大眾宣告常行慣行而應行的事，唱說一遍就成。共有二十四
　　種。

二、白二羯磨：宣告一遍，再說一遍，徵求大家的同意。共有四十七
　　種。

三、白四羯磨：先作一遍宣告，再作三番宣讀，每讀一遍，即作一次徵
　　求同意，如果一白三羯磨了，眾中默然者，便表示沒有異議，而宣
　　布羯磨如法，議案成立，一致通過。共有三十種。〔註37〕

　　在白二羯磨與白四羯磨中，若有一人反對，便是僧不和合，議案則不通
過，這種儀式的目的，是既尊重大家的意見，又不失莊重嚴肅，使受戒、說
戒、懺罪等各種僧事，能取得僧眾的同意，而非私下的授受。〔註38〕

〔註35〕義淨譯，《根本說一切有部毘奈耶雜事》，卷三十八，大正藏第二十四卷（台
　　　　北：新文豐出版公司，民國68年9月），頁399。
〔註36〕玄應，《一切經音義》，卷十四，高麗大藏經第三十二卷（漢城：東國大學校
　　　　出版部，1964年10月），頁183。
　　　　Karma 有業、作事之義，音譯爲羯磨。印度人認爲天地萬物的存在，從而人
　　　　類和宇宙的歷史受到兩種超然力的支配；時（時間）和羯磨（決定來世運命
　　　　的行動）。參見雷蒙多・帕尼卡，〈印度傳統中的時間和歷史〉，收入《文化和
　　　　時間》（台北：淑馨出版社，民國81年元月），頁59。即今世的行事（業力），
　　　　將成爲決定來世命運的力量。
〔註37〕釋聖嚴，《戒律學綱要》，頁233～234。
〔註38〕釋迦牟尼在世時按事務召集僧眾，隨時舉辦羯磨。這些羯磨，在結集三藏時
　　　　編纂成爲二十篇「犍度」，如《四分律》中即列有受戒、安居、自恣、皮革、
　　　　衣、藥、迦絺那衣、拘睒彌、瞻波、人、覆藏、遮、破僧、滅諍、尼、法、
　　　　房、雜、調部等二十犍度。

　　釋迦牟尼入滅百年後，佛教僧團發生重大分裂，先有大眾與上座部的對立，後有十八部派的形成，大約從西元前 370 年到西元 150 年前後止，總計約有五百年的時間，是爲「部派佛教」時期。在此時期因佛教徒的努力弘化，及部分國王如孔雀王朝的阿育王（Aśoka）、貴霜王朝的迦膩色迦王（Kaniṣka）提倡，佛教傳播至鄰近的國家，其傳播所及，據呂澂在《印度佛學源流略講》中所述，東到金地（今緬甸東部），西到西北印度和國外的臾那世界（即大廈等地），南到獅子國（今斯里蘭卡），均有佛教僧侶傳教的記載〔註 39〕。佛教在向外發展過程中，爲了適應各地的社會文化，往往將印度僧伽制度改變。此種改變，雖有助於適應各國的民族心理，但在不知不覺中，也將印度僧團的部分精神喪失，造成佛教的世俗化及對政治的依賴性。

〔註 39〕 呂澂，《印度佛學源流略講》，收入《呂澂佛學論著選集》，卷四（濟南：齊魯書社，1991 年 7 月），頁 1945。

第二章　安史之亂前後的僧伽制度

第一節　佛教初傳至唐初僧伽制度的發展

　　佛教在何時傳入中國？一直眾說紛紜，未有定論。湯用彤曾檢討古代史籍中提到佛教入華傳說，提出伯益知有佛、周世佛法已來、孔子與佛、燕昭王、古阿育王寺、秦始皇與佛教、東方朔、張騫、休屠王金人、劉向敘列仙等十項說法，認爲這些傳說史料來源可信度不高，不能據以爲眞〔註1〕。除去上述傳說，西漢哀帝元壽元年（前二），博士弟子景盧（一作秦景憲），從大月氏使者口授佛經〔註2〕及東漢明帝的感夢求法〔註3〕，被認爲傳統文獻記載中較爲可信的。近年亦有人從《斯坦因西域考古記》書中得到啓發，認爲佛教在西元前二世紀左右，佛教僧侶追隨商人之後，進到塔里木盆地，即早在兩漢以前，佛教已傳到中國邊境，到張騫通西域後，便傳到中國本土

〔註1〕　湯用彤，《漢魏兩晉南北朝佛教史》（台北：鼎文書局，民國74年元月），頁2～15。
　　　　鎌田茂雄亦參考湯用彤說法，檢討湯書中東方朔以外的九種傳說，結論相同。參見鎌田茂雄著，關世謙譯，《中國佛教通史》，第一冊（高雄：佛光出版社，民國74年9月），頁84～101。
〔註2〕　有關景盧從大月氏使者口授佛經之記載，見《三國志》，卷三十，裴松之注引魚豢《魏略·西戎傳》（台北：鼎文書局，民國68年3月），頁859～860；《世說新語》，劉孝標注（上海：上海古籍出版社，1993年12月），頁213～214；魏收，《魏書·釋老志》（台北：鼎文書局，民國68年3月），頁3025。
〔註3〕　有關東漢明帝感夢求法說的文獻很多，較早有的《後漢紀》、《後漢書》、〈四十二章經序〉、〈牟子理惑論〉、《水經注》、《洛陽伽藍記》、《梁高僧傳》、《魏書·釋老傳》等史料。

〔註4〕。此外,也有些人綜合上述論點,認為現在一般公認的漢明帝永平求法,這只是指明朝廷或者官方正式派出使臣赴印度求法得佛經、佛像,偕同西域僧人同來我國的事蹟,而不是佛教傳華之始。佛教最初傳入中國的邊境,是在秦漢之際,而其傳入中國本土,則在張騫通西域以後。〔註5〕

　　佛教傳入中國之始,雖即與皇室及宮廷結下不解之緣,其較顯著之例如東漢明帝時楚王英「誦黃老之微言,尚浮屠之仁慈,絜齋三月與神為誓。」及桓帝時襄楷上書言:「聞宮中立黃老浮屠之祠。」〔註6〕但此時政府及民間對佛教認識不清,加上社會流行陰陽迷信思想與讖緯之學,時人亦以鬼神方術視之。據《高僧傳》所載,東漢時已有一些天竺、西域譯經僧侶來華,他們將印度各部派及大乘時期的經典翻譯成中文,逐漸的「百姓稍有奉佛,后遂轉盛。」〔註7〕由於東漢時期佛法初傳,來華僧侶人數有限,且所屬部派不盡相同、戒律不一,加上政府規定漢人不得出家等因素影響〔註8〕,致佛教初

〔註4〕　衛復華,〈漢代四川佛教活動問題初探〉,《法音雙月刊》,1986年第四期,頁24。

　　　　藤堂恭俊著,余萬居譯,《中國佛教史》,原名《漢民族的佛教——從佛教初傳以迄隋唐》(台北:華宇出版社,民國74年6月),頁11～12,亦有類似說法。

　　　　按《斯坦因西域考古記》(向達譯,台北:台灣中華書局,民國77年5月)原記載:當歷史時期,尤其是佛教時期,中國土耳其斯坦竟成為文化、宗教、種族、以及語言各方面勢力匯合的場所,而在廢址遺址遺物上面所表現的影響,沒有比從印度那一方面來的更為明白清楚了。幾乎在一切的證物上面都有很好的理由可以相信這些影響,是正在西元之前以及其後幾世紀,直接或間接從為佛教崇拜和宣傳大本營的印度西北部發展出來的(頁26)。論者據此認為佛教在西元前二世紀傳到塔里木盆地,可能是根據阿育王派遣佛子四出傳教時間推論出來的。

〔註5〕　衛復華,〈漢代四川佛教活動問題初探〉,引翦伯贊《秦漢論》一書論點,頁25。

　　　　也有學者根據考古挖掘與古物年代學,認為西域佛教傳入的時間較內地為晚,唯此說尚未成定論,本文採傳統說法。吳焯,《佛教東傳與中國佛教藝術》(杭州:浙江人民出版社,1991年6月),頁162～169。

〔註6〕　范曄,《後漢書》,卷四十二〈光武十王列傳〉,頁1428;卷六十〈襄楷傳〉,頁1082。

　　　　有學者根據這些記載,推論佛教的傳播是由上層社會的皇室、貴族逐步傳播到民間的下層社會,與道教的傳播是由下層社會的民間,逐漸傳到上層社會的貴族,雙方的傳播方向完全相反。李剛,《魏晉南北朝宗教政策》(成都:四川大學出版社,1994年8月),頁160。

〔註7〕　范曄,《後漢書》,卷十八〈西域傳〉,頁2922。

〔註8〕　慧皎,《高僧傳》,卷九〈佛圖澄傳〉,大正藏第五十卷(台北:新文豐出版公

傳的僧伽制度記載不多。目前僅推測：漢至東晉初，無論胡漢，出家人僅依循西域傳來的部分經律，及傳教僧的影響，過著離開家庭，完全禁慾的出家生活〔註9〕。鎌田茂雄在《中國佛教通史》中亦認為：

> 此時佛教教開始構成宗教團體的組織型態，確是事實。其最初型式是以沙門為中心，於其周圍亦配置了在家信眾的位置。以致教團運作的規則亦漸呈完備，特別是信仰對象的佛像，或執行宗教儀式場地的寺院，其原始型態亦告完成。宗教儀式方面，有經典的讀誦、焚香等宗教儀式。〔註10〕

我國傳律之始是三國時代天竺沙門曇摩迦羅，於嘉平二年（250）在洛陽譯出《僧祇戒心》，又立羯磨法授戒。七年後（257）潁川朱士行因魏政紊亂，禁止漢人出家法令廢弛，乃詣曇無諦出家受戒，成為我國史上第一位依律出家的漢僧。此後，由於戰亂頻繁，人民流離失所，北方政權淪入胡人之手，而南方政治為世族門閥所壟斷，文化則因儒家思想中衰，發展出以老、莊、易經為話題的清談，晉室南渡後，若干高僧如支道林、支愍度等人亦加入清談行列。同時，佛教以眾生平等的思想，透過佛寺，以講經、施賑、結社等方式來教育民眾，使民眾得以在戰亂流離之際得到心靈上的撫慰。這些因素均使佛教弘傳快速，僧侶、寺塔日漸增多，較大規模的僧團也因此而形成，其中較著者為天竺僧佛圖澄所領導的僧團。起初「石勒屯兵葛陂，專以殺戮為務，沙門遇害者甚眾。」〔註11〕至佛圖澄入石勒軍後，他以崇高的戒行道德（「酒不踰齒、過中不食、非戒不履、無欲無求」）與雜密咒術神通教化，並勸導石勒少殺戮，應以德化洽宇內，得到石勒、石虎父子的禮敬。其僧團人數不斷增加，「受業追遊常有數百，前後門徒幾且一萬；所歷州郡與立佛寺八百九十三所，弘法之盛莫與先矣。」〔註12〕後來石虎還下令取消不許漢人出家的禁令，他在〈下書聽百姓為道士〉文中說：

> 夫制由上行，永世作則，苟事允無虧，何拘前代。其夷趙百蠻有舍

司，民國68年9月），頁385。
　　李剛在《魏晉南北朝宗教政策》書中，認為東漢事實上有個別漢人為沙門的，頁43。
〔註 9〕參閱釋依仁，《僧團制度之研究——印度、中國及現行台灣三階段之比較》，中華學術院印度研究所論文，民國74年6月，頁94。
〔註10〕鎌田茂雄著，關世謙譯，《中國佛教通史》，第一冊，頁239。
〔註11〕慧皎，《高僧傳》，卷十〈佛圖澄傳〉，頁383。
〔註12〕慧皎，《高僧傳》，卷十〈佛圖澄傳〉，頁387。

於淫祀，樂事佛者，悉聽爲道士。〔註13〕

此制造成後趙人民大量出家，僧團中固然不乏戒行嚴謹之人，但也混入逃避賦役或官司之徒，在這眞偽混淆的情況下，不但引起歷代政權的抑制，同時也讓有識僧侶感到憂心，促使他們希望建立一套完善的僧伽制度。後來新的制度終於在佛圖澄的弟子道安，在其師圓寂後二十多年建立。其時道安在襄陽，領有徒眾數百，群居一處，爲了維持僧伽的和合，遂制定儀節，以資軌範，《高僧傳》謂：

> 安既德爲物宗，學兼藏，所制僧尼軌範，條爲三例。一曰：行香定座上經上講之法。二曰：常日行道飲食唱食法。三曰：布薩差使悔過等法。天下寺舍，遂則而從之。〔註14〕

關於道安所立的三例，諸書未見明解。從字面上來看，是包含上香、定座、講經、說法的教育儀式與方法；日常生活及修行的威儀細行；誦戒、懺悔與改過改三方面的規定。由於道安終身研究僧制，嚴約徒眾，遵行佛戒〔註15〕。故其制定的僧尼儀軌，與日後相繼翻譯的內典戒律，及部分君主制定的詔令（如北魏孝文帝立《僧尼制》）同爲僧團必須遵守的規範上。事實上，道安所立的僧團規範，在當時及後來備受稱讚，如與他交往甚密的名士習鑿齒在與謝安書云：

> 來見此釋道安，故是遠勝非常道士，師徒數百，齋講不倦，無變化伎術可以惑常人之耳目，無重大之威勢可以整群小之參差，而師徒肅肅自相尊敬。〔註16〕

此外，《法苑珠林·唄讚部》謂：

> 又昔時有道安法師集製三科上經上講布薩等，先賢立制，不墜於地，天下法則，人皆習行。〔註17〕

〔註13〕 石虎，〈下書聽百姓爲道士〉，收入《全晉文》，卷一四八（北京：中華書局，1991 年 10 月），頁 2315。《全上古三代秦漢三國六朝文》第三冊，文中所稱「道士」爲當時對和尚的稱呼。

〔註14〕 慧皎，《高僧傳》，卷五〈釋道安傳〉，頁 353。

〔註15〕 李瑞爽，〈禪院生活和中國社會——對百丈清規的一個現象學的研究〉，收入《佛教與中國思想及社會》（台北：大乘文化出版社，民國 67 年 12 月），頁 277。

〔註16〕 慧皎，《高僧傳》，卷五〈釋道安傳〉，頁 352。

〔註17〕 釋道世，《法苑珠林》，大正藏第五十三卷（台北：新文豐出版公司，民國 68 年 9 月），頁 575～576。

《大宋僧史略》亦謂：

> 晉道安法師傷戒律之未全，痛威儀之多缺，故彌縫其闕，埭堰其流，
> 立三例以命章，使一時而生信：一、行香定座上講；二、六時禮懺；
> 三、布薩等法。過逾此法者，則別立遮防。〔註18〕

道安晚年時，其弟子慧遠入廬山，九江刺史桓伊爲造東林寺，與沙門慧永駐
錫的西林寺，同爲嚴持戒律綱紀的僧團。廬山僧團的建立，得力於道安圓寂
後「廣律」的譯出，這個團體與佛圖澄、道安僧團最大的不同點，爲除了出
家人外，尚有在家信眾共同參與和修持，此即以念佛求生淨土爲目的的「白
蓮社」，「白蓮社」的設立，使未出家者亦能過著像僧侶似的修行生活，實施
佛教義。白蓮社的設立時，參與者均爲一時俊彥，在後世有十八高賢立蓮社，
入社者百二十三人之說。慧遠帶領這些僧俗共修，曾制定「法社節度」，以爲
團體的生活規範，惜此規範已佚，無從考察當時僧團情形。慧遠之後，歷代
均有結合僧俗成員所組成的團體，如《大宋僧史略》載：

> 齊竟陵文宣王募僧俗行淨住法，亦淨住社也。梁僧祐曾撰法社，建
> 功德邑會文。社之法以眾輕成一重，濟事功成。〔註19〕

文中所稱的「法社」，亦是由一些達官貴人與僧人組成的佛教組織。北方有爲
造像功德而設，兼及寫經、齋會、誦經等活動的「義邑」，其成員有邑師、邑
主、光明主、教化主、比丘維那、邑老、邑子等〔註20〕。此外也有某種特定
信仰或修行法門的結社，像「米社」、「文殊社」、「普賢社」、「觀音社」、「地
藏社」等，彼此出資結社互助。

　　《續高僧傳》記載唐貞觀年間潤州栖霞子僧人智聰建「米社」：

> 聰以山林幽遠，糧粒艱阻，乃合率揚州三百清信，以爲米社，人別一
> 石，年一送之，由此山糧供給，道俗乃至禽獸，通皆濟給。〔註21〕

《太平廣記》卷一一五載有「普賢社」：

中國佛教早期僧團制度，有些流傳到近、現代部份寺院，如安居、布薩、半
月誦戒等制度。參考唯慈，《近代中國的佛教制度》（台北：華宇出版社，民
國77年6月），頁148。

〔註18〕贊寧，《大宋僧史略》，卷中，頁241。

〔註19〕贊寧，《大宋僧史略》，卷下，頁250。

〔註20〕李文生，《龍門石窟與洛陽歷史文化》（上海：上海人民美術出版社，1993年
6月），頁101。

〔註21〕道宣，《續高僧傳》，卷二十〈釋智聰傳〉，大正藏第五十卷（台北：新文豐出
版公司，民國68年9月），頁594。

開元初，同州界有數百家，爲東西普賢邑社，造普賢菩薩像，而每日設齋。〔註22〕

《白居易集》卷六十八載有「華嚴社」：

有杭州龍興寺僧南操，當長慶二年，請靈隱寺僧道峰，講《大方廣佛華嚴經》至〈華藏世界品〉，聞廣博嚴淨事。操歡喜發願，願於白黑眾中，勸十萬人，人轉《華嚴經》一部。十萬人又勸千人，人諷《華嚴經》一卷。每歲四季月，其眾大聚會，於是攝之以社，齊之以齋。自二年夏，至今年秋凡十有四齋。……又於眾中募財，置良田千頃，歲取其利，永給齋用。〔註23〕

白居易也與香山僧如滿結「香火社」，《舊唐書》謂：

會昌中請罷太子少傅，以刑部尚書致仕，與香山僧如滿，結香火社，每肩輿往來，白衣鳩杖，自稱香山居士。〔註24〕

誠如吳永猛先生在〈佛教蓮社的合作事業〉一文言及這些蓮（法）社：

有共同的信仰，有一心靈依靠的主者，共同心嚮往之，再有一共同互助的組織體，使每一個人在這一蓮社當中，感覺到彼此是平等的，因同一主者的信徒無差別相，又感覺到生活有依靠，因彼此道友皆出資，不管金錢亦罷，實物亦罷，都可發揮互助的功能。〔註25〕

我國僧伽制度的建立，佛圖澄、道安的僧團可說是一種類型，說慧遠的僧團是另一種類型。道安所立的僧尼軌範，基本上是師承佛圖澄，並參當考當時已翻譯但不完全的律典，此情形他在〈比丘大戒序〉一文中已提到：

大法東流，其日未遠，我之諸師，始秦受戒，又之譯人考校者尟，先人所謂相承謂是。〔註26〕

〔註22〕李昉等編，《太平廣記》，卷一一五〈報應十四〉（台北：古新書局，民國 69年元月），頁 232。

〔註23〕白居易，《白居易集》，第六十八卷〈華嚴經社石記〉（北京：中華書局，1991年 7 月），頁 1429。
按文中「置良田千頃」，《文苑英華》作「置田十頃」，可信度較高。李昉等編，《文苑英華》，卷八一九（台北：大化書局，民國 74 年 5 月，）頁 1969。

〔註24〕劉昫，《舊唐書》，卷一六六〈白居易傳〉（台北：鼎文書局，民國 68 年 12 月），頁 4356。

〔註25〕吳永猛，〈佛教蓮社的合作事業〉，《華岡法科學報》第三期（中國文化大學，民國 69 年 7 月），頁 121。

〔註26〕道安，〈比丘大戒序〉，收入《出三藏記集》，卷十一，大正藏第五十五卷（台北：新文豐出版公司，民國 68 年 9 月），頁 20。

此外，由於中土的政治、社會情況不同於印度，道安在制僧尼軌範時對於托缽及三衣問題上，並未採行印度的僧制，以符合國情及中土氣候。道安圓寂後六年，鳩摩羅什至長安，後秦姚興召入逍遙園譯經，將印度大乘佛教般若系列經論如《維摩》、《法華》、《摩訶般若》、《持地》、《遺教》等經，及《中論》、《百論》、《大智度論》、《成實論》等譯成華文，對中國佛教義學之建立貢獻良多。在律藏方面，譯有《十誦律》（與弗若多羅合譯）及《梵網經》，對於當時及後世亦影響深遠。《十誦律》的譯出，一直到南北朝中葉，約七八十年的期間，始終以壓倒諸律的姿態流行在我國南北。到了唐代《四分律》大興，唐中宗曾令南北禁用《十誦律》，從此國內僧徒全用四分律〔註27〕。《梵網經》被認爲是大乘佛教的律典，與唐代玄奘翻譯的《瑜珈師地論》齊名，雖然它的來源可疑，被許多學者認爲是僞書，但無庸置疑的是，其對中國佛教有深遠的影響力。Sir Charles Eliot 說此經「自八世紀以後，在中國被接受爲寺院生活的標準範本。」即禪宗叢林的建立，理論基礎與規範有頗多地方來自《梵網經》。〔註28〕

　　慧遠的僧團，除參考其師道安的制度外，鳩摩羅什所翻譯的大乘經律論典，亦是重要來源，《十誦律》的精神用在僧團內部日常生活，《梵網經》的菩薩道精神靠「白蓮社」來實踐，以達到「上求佛法，下渡眾生」的目的。在表面上看來，道安與慧遠所領導的僧團分屬兩種類型，但以僧尼內部生活軌範而言，仍是有許多相承的。從道安、慧遠二大師以後，一直到唐憲宗元和年間，百丈懷海禪師立叢林爲止，爲期約四百年，中國佛教僧團雖歷經各朝政府的扶持、迫害或改造，在人數規模上有成長、澎脹、萎縮等情形；在政教關係上，雖有沙門不敬王者、父母，到向人主稱臣，向父母致拜的表相；在法律執行方面，雖從僧尼犯法依內律制裁到完全適用國法管理等變化，但僧團的型式與內部運作基本上是維持緩慢的變化，直到安史之亂後，才有較劇烈的變化。

第二節　唐玄宗時期的宗教政策

　　安史之亂發生於唐玄宗天寶十四載（755），經歷肅宗一朝（756～762），

〔註27〕妙音法師，《律學》（台北：天華出版社，民國68年1月），頁17、23。
〔註28〕轉引自李瑞爽，〈禪院生活和中國社會──對百丈清規的一個現象學的研究〉，頁274。

至代宗廣德元年（763）始平定，連亙八年之久。在安史之亂前，唐代的佛教，經歷太宗、高宗、武后等時期的發展，已呈諸宗競秀的局面。上都長安、東都洛陽的宗教活動尤為頻繁。唯自玄宗即位後，佛教已呈逐漸下坡的趨勢，這與玄宗時代的宗教政策有密切的關係。

　　玄宗在藩時，即與道士之流交往，即位後更加寵信道士與提高道士在政治上的地位，以下是其在位期間對道教的措施：

表二：玄宗在位期間對道教措施一覽表

時　　　間	西元	重　　要　　記　　事	資　料　來　源
先天二年	713	以葉法善為鴻臚卿，封越國公。	《舊唐書》191 / 5108
開元六年	719	以盧鴻為諫議大夫。	《新唐書》196 / 5604
開元八年	721	贈葉法善為越州都督。	《舊唐書》191 / 5108
開元十二年	724	五嶽各置真君祠一所。	《唐會要》50 / 879
開元十四年	726	以王希夷為朝散大夫、國子博士。 以嵩陽觀道士崔泌為太子洗馬。	《舊唐書》192 / 5121 《冊府元龜》98 / 18
開元十五年	727	追贈司馬承禎為銀青光祿大夫、號真一先生。	《舊唐書》192 / 5128
開元二十一年	733	親注《道德經》，制令士庶家藏一本，並減所貢舉《尚書》、《論語》兩條策。	《舊唐書》8 / 199
開元二十三年	735	用道門威儀司馬秀言，令天下應修官齋等州皆於一大觀立石臺刊勒御注《道德經》。	《金石萃篇》83 / 9
開元二十五年	737	以尹愔為諫議大夫、集賢院學士兼史館事，許以道士服視事。 令道士女冠隸宗正寺。 置崇玄學於玄元皇帝廟，立玄學博士。	《唐會要》63 / 1101 49 / 859 《新唐書》48 / 1252
開元二十八年	740	度壽王妃為女道士。	《全唐文》35 / 15
開元二十九年	741	制兩京諸州各置玄元皇帝廟，並置崇玄學，置生徒令習《老子》、《莊子》、《列子》、《文中子》，每年准明經例考試。 令天下諸觀轉《本際經》。	《舊唐書》8 / 213 《冊府元龜》53 / 23
開元中		徵召吳筠至京，待召翰林。 以張果為銀青光祿大夫，號通玄先生。	《舊唐書》192 / 5129 191 / 5107
天寶元年	742	親享玄元皇帝於新廟，為莊子、文中子、列子、庚桑子各上尊號，其四子所著書為真經。 崇玄學置博士、助教各一員，學生一百人。	《舊唐書》8 / 216

天寶二年	743	下敕道士由司封檢校，不隸宗正寺。追尊老君爲「大聖祖玄元皇帝」，改兩京崇玄學爲崇玄館，博士爲學士。改兩京玄元廟爲太清宮，東京爲太微宮，天下諸州爲紫微宮。	《舊唐書》8／216
天寶四載	745	下敕尊《道德》、《南華經》。	《冊府元龜》54／9
天寶五載	746	頒示《道德經注》、《孝經疏》詔。	《冊府元龜》40／24
天寶六載	747	冊贈張天師爲太師。 賜李含光號玄靜先生。	《唐會要》50／881 《全唐文》36／8
天寶八載	749	復尊老子爲「聖祖大道玄元皇帝」。	《新唐書》5／147
天寶九載	750	置觀於丹陽郡江寧縣。	《冊府元龜》54／14
天寶十三載	754	再尊老子號「大聖祖高上太道金闕玄元天皇大帝」。	《新唐書》5／147

相對於玄宗的禮尊道士，則爲對佛教的裁抑，其重要行事有：

表三：玄宗在位期間對佛教措施一覽表

時　　間	西元	重　　要　　記　　事	資　料　來　源
開元二年	714	質問左街僧錄，佛於眾生有何恩德，致捨君親妻子，若說有理，則當建立，否則除削。 徐姚崇之請，命沙汰僞濫僧尼一萬二千餘人還俗。 下「斷書經及鑄佛像敕」，禁民間鑄像寫經。 敕百官家不得輒容僧尼，緣吉凶等事項須設齋者，皆于州縣陳牒寺觀。 命毀除化度寺無盡藏院，將所得會帛供京城諸寺。	《釋氏稽古略》3／824 《舊唐書》96／3023 《唐大詔令集》113／5、6 《唐會要》49／860 《唐會要》28／15
開元三年	715	下「敕斷妖訛等敕」。	《唐大詔令集》113／85
開元七年	719	流僧人懷照。	《冊府元龜》922／5
開元九年	721	分散化度寺無盡藏財物。	《冊府元龜》159／15
開元十二年	724	下「試天下僧尼誦經詔」。	《冊府元龜》60／12
開元十三年	725	敕諸寺三階院除去隔障，使與大院相通，眾僧錯居，不得別住，所行之《三階集錄》，悉禁斷毀除。若綱維縱其行化誘人而不糾者，勒還俗。	《開元釋教錄》18／679
開元十五年	727	敕天村坊佛堂小者并拆除之，功德移入近寺，堂大者皆令封閉，公私望風凡大屋大像亦遭殘毀。	《佛祖統記》40／374

開元十七年	729	敕天下僧尼道士女冠三歲一造籍。 下敕括檢僧尼。	《佛祖統記》40／374 《冊府元龜》60／13
天寶六載	747	始令祠部給牒,用綾素。	《佛祖統記》40／375
天寶八載	749	敕僧尼帳籍十年一造。	《冊府元龜》474／15

　　玄宗的禮尊道教,一反其祖母武后的宗教政策,有其政治目的,一者藉傳說中的老子與李唐皇室同宗,以此虛構的神話裝點門面;二者佛教經武后的扶持發展,在社會上勢力頗大,尤其是寺院經濟的發展,常與仕宦之家的既得利益衝突(如爭奪水碓用水權之類),故思藉道抑佛。其對老子所上的尊號,對道教經典權威性的建立、注解,並與科舉制度結合,及對道士女冠的照顧,將之列入宗正寺,均為歷代帝王中少有的,故其廟號被稱「玄宗」,名實頗為相符。

　　但玄宗對佛教的措施,確將僧伽制度的許多精神喪失,對日後佛教的發展有很大的影響。開元二年(714)的毀除化度寺無盡藏院,與開元十三年(725)的禁毀《三階集錄》,是使三階教(隋唐之際盛行的佛教宗派)一蹶不振,於會昌法難後在歷史上消失的主要原因(有關無盡藏院設立的社會功能詳見第六章)。開元十五年(727)之敕,可說是一場小型的法難。而天寶六年(747)的度牒制度,是唐代僧政管理中最重要的措施,所謂度牒,是僧尼受度後,經州縣陳報尚書祠部後給與一證明文件,經造帳入冊,始得免除徭役。度牒上記載有僧侶的德號和所屬寺院,可作身份證明之用,僧侶在外出時須隨身攜帶以備檢查﹝註29﹞。度牒制度的實施,改變僧寺間的鬆散關係,度牒將僧侶限制在一特定寺院,僧侶未經許可,不得隨意更換寺院居住,如此寺院成為政府、僧官、僧侶間的媒介,而居於寺院代表的三綱(寺主、上座、維那)和尚,也往往是由政府指派,於是這種「以官轄寺、以寺轄僧」的僧寺合一制度於焉完成,中國僧伽制度中所殘存一些印度僧團的特質從此喪失殆盡,政府對佛教的發展,取得絕對的控制權,玄宗一朝,可說是中國佛教由盛轉衰的分水嶺。以後的僧團,若非接受政府監督控制,則為自謀生

﹝註29﹞按唐代僧侶出家剃度時有度牒,俟受比丘或比丘尼具足戒後有戒牒,度牒與戒牒均記載僧侶德號與所屬寺院。一般而言,擁有度牒可免賦役,成為安史之亂後政府所販賣的商品之一。唐代度牒、戒牒已無實物存在,本文參考日僧圓珍於淳和天皇天長十年(883)出家時度牒及受後之戒牒記載。參見〈北白川宮御所藏文書〉,收入《大日本國史科》,寬平三年十月二十九日(東京:東京大學史料編纂所,昭和43年4月覆刻),頁549～551。

路的另創新制度，以求慧命的延續。

第三節　安史之亂對中晚唐佛教的影響

　　影響中晚唐佛教發展的另一重要因素是安史之亂。天寶十四載（755）十一月，安祿山起兵范陽。十二月，陷洛陽，次年（756）六月，玄宗在倉皇中避難四川，長安失守，太子則奔赴靈武即位，是爲肅宗。是時唐代半壁江山已爲亂賊據有，在兵荒馬亂之際，正常的宗教活動幾乎停頓，政府亦因國用不足而販賣度牒，以濟軍需，關於此事，史書中記載頗多，如《新唐書・食貨志》載：

> 及安祿山反，司空楊國忠以爲正庫物不可以給士，遣侍御史崔眾至太原納錢度僧尼道士，旬日得百萬緡而已。……明年（肅宗即位），鄭叔清與宰相裴冕建議，以天下用度不充，諸道得召人納錢，給空名告身，授官勳邑號；度道士僧尼不可勝計；納錢百千，賜明經出身，商賈助軍者，給復。及兩京平，又於關輔諸州，納錢度道士僧尼萬人。

同書〈裴冕傳〉謂：

> 太子（肅宗）即位，進冕中書侍郎，同中書門下平章事，乃建言賣官、度僧尼道士，收貲濟軍興。時取償既賤，眾不爲宜。〔註30〕

《舊唐書・肅宗本紀》謂：

> 至德元年（756）十月癸未，彭原郡以軍興用度不足，權賣官爵及度僧尼。〔註31〕

販賣度牒本來是兵馬倥傯之際的權宜措施，未料政府在德宗之前，仍然以此行徑爲國家籌措經費的手段之一，影響所及，各地藩鎮武夫紛紛利用佛教斂財養軍。《舊唐書・李德裕傳》謂：

> 元和以來，累敕天下州府不得私度僧尼。徐州節度使王智興聚貨無厭，以敬宗誕月，請於泗州置僧壇，度人資福，以邀厚利。德裕論奏曰：「王智興於所屬泗州置僧尼戒壇，自去冬於江、淮以南，所在

<hr/>

〔註30〕歐陽修，《新唐書》，卷五十一〈食貨志一〉，頁 1347；〈裴冕傳〉，頁 4645。宋僧贊寧在《大宋僧史略》卷下謂：「鬻度僧道至（裴）冕始。」（頁 252）以《新唐書》這兩條資料覆核，得知販售度牒應從楊國忠、崔眾開始。

〔註31〕劉昫，《舊唐書》，卷十〈肅宗本紀〉，頁 244。

懸牓招置。江、淮至元和二年後，不敢私度，自聞泗州有壇，戶有
三丁必令一丁落髮，意在規避王徭，影庇資產。自正月以來，落髮
者無算。今臣於蒜山渡點其過者，一日一百餘人，勘問唯十四人是
舊日沙彌，餘是蘇、常百姓，亦無本州文憑，尋已勒還本貫。訪聞
泗州置壇次第，凡僧徒到者，人納二縑，給牒即回，別無法事。若
不特行禁止，此到誕節，計江、淮巳（以）南，失卻六十萬丁壯。
此事非細，繫於朝廷法度。」狀奏，即日詔徐罷之。〔註32〕

由於仕宦之家及僧尼道士在唐代可免賦役，故政府及藩鎮的販賣度牒深受民
間歡迎，此舉雖有助於經費的籌措，但國家因此損失部分納稅人口，也易形
成社會不公，關於此問題，德宗時宰相楊炎已談到：

迨至德之後，天下兵起，始以兵役，因之饑癘，徵求運輸，百役並
作，人戶凋耗，版圖空虛。……凡富人多丁者，率爲官爲僧，以色
役免；貧人無所入則丁存。〔註33〕

宋僧贊寧在《大宋僧史略》卷下亦謂：

緬想前朝度僧相繼，所開壇法無不利他，俄有澆時，乃求利國，雖
是權宜之制，終招負處之殃。……念此爲弊事，復毀法門。吁哉！

〔註34〕

以佛教的立場而言，民間出錢購買度牒，以後就籍屬空門。在此之前，一些
無知的僧官允許逃避賦役的豪門刁滑之輩，納入寺院，導致寺院腐敗，已深
爲有識者詬病。今則國家公然大開方便之門，讓一些自私、不道德，逃避國
家義務的人進入寺院。這些人進入寺院之後，不但不會發心向道，精進修持，
相反的，還會引誘無知的庸僧隨之墮落。再者，僧團對這些僧侶亦無拒絕接
納的權利，而使僧籍人數與寺產因此增加，給與中唐以後排佛者有利的口實，
佛教實爲販賣度牒政策下的最大犧牲者。

更有甚者，爲販賣度牒引發不少軍閥武人對佛教的覬覦，他們利用僧侶
爲斂財的工具乃至有謀財害命之事，《尚書故實》謂：

李抱眞之鎮潞州也，軍資匱缺，計無所爲。有老僧大爲郡人信服，
抱眞因詣之。謂約：「假和尚之道，以濟軍中，可乎？」僧曰：「無

〔註32〕劉昫，《舊唐書》，卷一七四〈李德裕傳〉，頁4514。
〔註33〕劉昫，《舊唐書》，卷一一八〈楊炎傳〉，頁3421。
〔註34〕贊寧，《大宋僧史略》，卷下，頁252。

不可。」抱眞曰：「但言請於鞠場焚身，某當於使它鑿一地道通連，候火作，即潛以相出。」僧喜從之，遂陳狀聲言。抱眞命於鞠場積薪貯油，因爲七日道場，晝夜香燈，梵唄雜作，抱眞亦引僧入地道，使之不疑。僧仍（疑乃之誤）升座執爐，對眾說法，抱眞率監軍僚屬，及將吏膜拜其下，以俸入檀施，堆于其旁。由是士女駢鎮，捨財億計。滿七日，遂送材積，灌油發焰，擊鐘念佛，抱眞密已遣人填塞地道。俄傾之際，僧薪並灰。數日，藉所得貨財，輦入軍資庫，別求所謂舍利子數十粒，造塔貯焉。〔註35〕

販賣度牒爲軍興時期的權宜措施，但此風一開遂不可收拾，引發一連串腐蝕佛教的後遺症，實爲我國佛教史上的一大秕政。除販賣度牒所造成的後遺症外，因戰爭使寺院機能改變，最後導致部分宗派式微，亦值得加以探討。安祿山、史思明的起事，在本質上是一武裝政變，故起事之初，凡是象徵李唐皇室正統地位者均加以摧殘，諸如安祿山在攻陷洛陽後，即自立爲「大燕皇帝」，改元「聖武」，並分置文武百官，以與李唐皇帝抗衡。《舊唐書・李寶臣傳》謂：

初，天寶中，天下州郡皆鑄銅玄宗眞容，擬佛之制。及安史之亂，賊之所部，悉鎔毀之，而恒州獨存，由是實封百戶。〔註36〕

《唐會要》卷四十八謂武后天授元年（689）十月，敕兩京及天下諸州，各置大雲寺一所。玄宗開元二十六年（738）六月，並改爲開元寺。另根據部分宋元方志及佛教史籍記載，得知各州所立的開元寺，內中均有銅鑄玄宗眞容〔註37〕。作爲百官在生辰誕日等行香之用。安史黨羽所鎔毀的玄宗鑄像，當係各淪陷州之開元寺鑄像。

戰爭進行中，寺院常成民眾的避難場所，而使部分職能變更，唐人筆記小說中有一些記載，如《章台柳傳》謂：

天寶末，盜覆兩京，士女奔駭，柳氏以豔獨異，且懼不免，乃剪髮毀形，寄跡於法靈寺。〔註38〕

〔註35〕李綽，《尚書故實》（台北：新興書局，民國49年6月），頁6。
〔註36〕劉昫，《舊唐書》，卷一四二〈李寶臣傳〉，頁3866。
〔註37〕朱長文，《吳郡圖經續記》，卷中（台北：中國地志研究會，民國67年8月），頁10。梁克家，《三山志》（台北：中國地志研究會，民國67年8月），頁2975。陳宏緒，《江城名蹟》（台北：台灣商務印書館，四庫全書珍本五集》，頁13。
〔註38〕許堯佐，《章台柳傳》（台北：新興書局，民國49年6月），頁1。

《東城老父傳》亦載主角賈昌：

> （天寶）十四載，胡騎陷洛，潼關不守，大駕幸成都。祿山往年朝
> 於京師，識昌於橫門外。及亂二京，以千金購昌長安洛陽市。昌變
> 姓名，伏於佛舍，徐地擊鐘，施力於佛。〔註39〕

亦有寺院因收容民眾逃難而遭攻擊，如《舊唐書‧迴紇傳》謂：

> 初，迴紇至東京，以賊平，恣行殘忍，士女懼之，皆登聖善寺及白
> 馬寺二閣以避之。迴紇縱火焚二閣，傷死者萬計，累旬火焰不止。
>
> 〔註40〕

《舊唐書》〈文苑傳‧王維傳〉謂：

> 祿山陷兩都，玄宗出幸，（王）維扈從不及，為賊所得。維服藥取
> 痢，偽稱瘖病。祿山素憐之，遣人迎至洛陽，拘於普施寺，迫以偽
> 署。〔註41〕

此例說明寺院被改做拘禁犯人之用。《新唐書‧忠義傳》亦謂睢陽守將張巡，
在城危之際，派遣部將南霽雲到賀蘭進明處求救。賀蘭忌巡聲威，無出師
意，又愛霽雲壯士，欲留之，設饗以勞之。霽雲不食而去，抽矢回射佛寺浮
屠，矢著磚，曰：「吾破賊還，必滅賀蘭，此矢所以志也！」〔註42〕是則賀蘭
進明部隊以寺院為駐軍設饗之所，勢必影響到寺院的正常功能。另《舊唐
書‧李光弼傳》亦有類似記載：

> 賊憚光弼威略，頓兵白馬寺，南不出百里，西不敢犯宮闕，於河陽
> 南築月城，掘壕以拒光弼。〔註43〕

在寺院內頓兵或駐軍，固然會直接影響到佛教例行活動，如果在寺院附近發
生戰爭，寺院的活動也同樣受到影響。《舊唐書》〈肅宗本紀〉謂：

> 至德二載九月壬寅，與賊將安守忠、李歸仁戰於香積寺西北，賊軍
> 大敗，斬首六萬級，賊帥張通儒棄京城東走。〔註44〕

由於唐代的佛教寺院除提供僧侶駐錫弘法、民眾膜拜親近外，同時也是地區
的社會福利中心，寺院往往透過社會福利事業與眾生結緣，以十方財行十方

〔註39〕陳鴻祖，《東城老父傳》（台北：新興書局，民國49年6月），頁1。
〔註40〕劉昫，《舊唐書》，卷一九五〈迴紇傳〉，頁5204。
〔註41〕劉昫，《舊唐書》，卷一〇九下〈文苑傳下〉，頁5052。
〔註42〕歐陽修，《新唐書》，卷一九二〈忠義傳中一〉，頁5539。
〔註43〕劉昫，《舊唐書》，卷一一〇〈李光弼傳〉，頁3307。
〔註44〕劉昫，《舊唐書》，卷一一〇，頁247。

事，安史之亂後，北方經濟殘破，寺院得不到充足的經濟力量而日趨沒落。
另外，從魏晉以降，寺院本身也是譯經、講經、說教等場所，寺院透過譯經，
吸引優秀僧侶前往，如鳩摩羅什與玄奘之譯場，均是人才輩出。他們一面幫
忙譯經，一面聆聽佛法解說，致宗派人才鼎盛，義理推陳出新。安史之亂發
生，北方淪陷，兩京殘破不堪，在兵馬倥傯之際，各項例行之譯經、講經活
動均遭停頓，致人才培育出現斷層，自然而然的影響宗派興衰。同時戰爭期
間，若干寺院因駐軍或改作其他用途，寺院所藏經典也常因此而散佚，其中
最嚴重者為代表宗派立論基礎的祖師著作，此類典籍散失後，後代弟子無從
閱讀，無法以繼往開來，致宗風式微。宋僧志磐謂：「初天台教跡，遠自安史
挺亂，近從會昌焚毀，殘篇斷簡，傳者無憑。」〔註45〕實道盡宗派因典籍缺
令所面臨的困境。

〔註45〕志磐，《佛祖統紀》，卷八，大正藏第四十九卷（台北：新文豐出版公司，民
　　　　國 68 年 9 月），頁 189～190。
　　　　天台經典於後唐清泰二年（935），由四明法師子麟前往日本、高麗取回，造
　　　　成宋初天台學的復興。(《佛祖統記》，卷二十二，頁 246）

第三章 僧團的地域分布

第一節 佛教入華路線僧團分布──以高昌、敦煌爲例

　　佛教在兩漢之際傳入中國，早期學者因受景盧從大月氏使者口授佛經，及東漢明帝感夢求法等傳統說法的影響，認爲佛教是從印度、中亞、新疆到中國內地之陸路傳入，亦即德國地理學家李希霍芬（Ferdinand von Richthofen）所稱的「絲綢之路」（見圖二）。民初梁啓超首倡「佛教萌芽，實先遵海以入南部」之說〔註1〕，此後，佛教傳入路線一直就被認爲有陸路、海路雙軌並行，這條海路是從印度經南洋到我國東南沿海、江淮地區（見圖三）。此外，法國學者伯希和（Paul Pelliot）於 1904 年發表《交廣印度兩道考》，提出中國、印度間另有一條經雲南、緬甸的道路可通。近年來因考古學的發達，大陸西南地區，一向被認爲缺乏佛教活動記載的四川，發現有許多東漢三國時期的佛教遺物，如彭山崖墓陶佛像座、樂山麻浩崖墓石刻佛坐像、樂山柿子灣崖墓石刻佛坐像、什邡畫像磚佛塔圖、綿陽何家山崖墓銅搖錢樹飾佛坐像等。對於這些發現，也引發佛教初傳路線的討論，四川佛教的傳入，可能是在西北陸路、海路之外的另一途徑，即從四川，經雲南、緬甸、印度的「西南絲綢之路」傳入（見圖四）〔註2〕。在這三條路線中，西北絲綢之路沿多綠

〔註1〕 梁啓超，〈又佛教與西域〉，收入《佛學研究十八篇》（台北：台灣中華書局，民國 65 年 7 月），頁 1。

〔註2〕 參見阮榮春等編，《佛教初傳南方之路文物圖錄》（北京：文物出版社，1993 年 6 月）；衛復華，〈漢代四川佛教活動問題初探〉，《法音雙月刊》，1986 年第四期，頁 26。

圖二：隋唐西北絲路簡圖

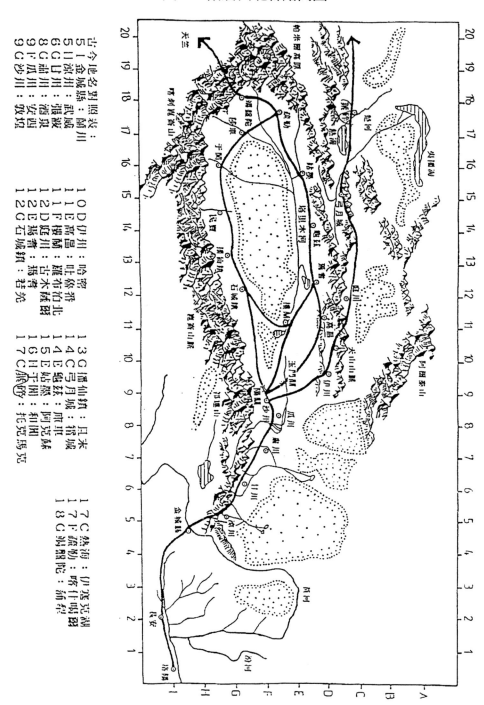

參考李明偉：《絲綢之路與西北經濟社會研究》路線地望繪製。

圖三：隋唐中國印度海上交通簡圖

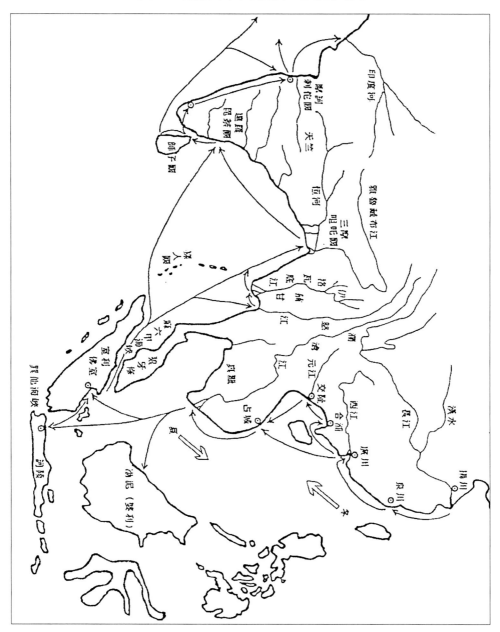

參考馮承鈞：《中國南洋交通史》地望繪製。

圖四：漢晉時期西南絲路簡圖

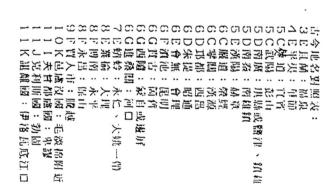

參考藍勇：《南方絲綢之路》繪製。

洲城市，有無數政權在此興衰，留下眾多的遺址洞窟與文書，對研究佛教傳播模式有相當大的幫助，本節試以唐代西州（高昌）與沙州（敦煌）二地為例，觀察佛教變化。

漢武帝時張騫通西域，開啓了中國、西域、印度間較大規模的交流，漢朝為維持絲路的暢通，「列四郡，據兩關」、「自敦煌西至鹽澤，往往起亭，而輪臺、渠梨皆有田卒數百人」〔註3〕即以軍事控制保障交通路線的通行無阻，屯田區也提供商旅歇息的地方。武帝以後至隋朝時，中國通往西域的道路，經各朝代的關闢，據《隋書·裴矩傳》引《西域圖記·自序》所言在我國境內凡有三路：

> 發自敦煌，至于西海，凡為三道，各有襟帶。北道從伊吾，經蒲類海鐵勒部，突厥可汗庭，渡北流河水，至拂菻，達于西海。其中道從高昌，焉耆，龜茲、疏勒、度葱嶺。其南道從鄯善，于闐，朱俱波，喝槃陀，度葱嶺。〔註4〕

唐貞觀年間，文成公主下嫁吐蕃，中、印間的交通路線闢有吐蕃尼波羅道，其主要路線據道宣《釋迦方志》記載為：

> 其東道者，從河州西北度大河，上曼天嶺，減四百里至鄯州，又西減百里至鄯城，鎮古州地也。又西南減百里，至故承風戌，是隋互市地也。又西減二百里，至清海。海中有小山，海東七百餘里，海西南至吐谷渾衙帳。又西南至國界名白蘭羌，北界至積魚城，西北至多彌國，又西南至蘇毗國，又西南至敢國，又南少東至吐蕃國。又西南至小羊同國，又西南度呾倉去闢吐蕃南界也。又東少南度末上，加三鼻關東南入谷，經十三飛梯十九棧道，又東南或西南緣葛攀藤，野行四十餘日，至北印度尼波羅國。〔註5〕

此外，唐代又新闢一條從庭州至碎葉的「碎葉路」，這條路線是沿玉門關、伊吾、高昌、阿耆尼（焉耆）、屈支（龜茲）、跋祿迦國（姑墨）等裴矩所稱的中道，再向西北過凌山及今別迭里山口，經清池（熱海）到素葉（碎葉

〔註3〕班固，《漢書》，卷九十六上〈西域傳〉序（台北：鼎文書局，民國68年2月），頁3873。
〔註4〕魏徵，《隋書》，卷六十七〈裴矩傳〉（台北：鼎文書局，民國68年3月），頁1579。
〔註5〕道宣，《釋迦方志》，卷上，大正藏第五十一卷（台北：新文豐出版公司，民國72年1月），頁950。

城）。〔註6〕

　　上述五條路線，為隋唐中國、西域、印度間的主要交通要道，若再進一步分析，經過吐蕃尼波羅道的僧侶，僅集中在文成公主下嫁到吐蕃的那段時期，據義淨《大唐西域求法高僧傳》記載，經過這條道路的僧侶有玄照與侍者慧輪、道希、玄太、道方、道生、末底僧訶、師鞭、玄會、及不知名者二人〔註7〕。唯尼波羅道創通三、四十年即遭封閉，其原因可能與地理環境的險阻及尼波羅人的阻撓有關，《大唐西域求法高僧傳》所記載「泥婆羅道吐蕃擁塞不通」、「泥婆羅既有毒藥，所以到彼多亡也」等語，隱約透露當時求法者通過此路的困難〔註8〕。此外，通過「碎葉路」的求法僧侶僅玄奘一人，而走天山北路（北道）者亦不見記載，故在隋唐時期，中、印度佛教的傳播與交流，主要是以塔里木盆地南、北兩端的中道與南道為主。而高昌與敦煌正位於通往印度的要道上，且在中唐後相繼淪沒吐蕃與回紇（788 年改回鶻），宣宗大中五年（851），沙洲刺史張議潮以瓜、沙、伊、肅等十一州來歸，隴右故地陷於吐蕃百餘年，至是悉復。〔註9〕

　　高昌位於今新疆省吐魯番地方，該國創始於北魏滅北涼沮渠氏，沮渠氏亡命到此地而建國，南朝宋孝武帝大明四年（460），「柔然攻高昌，殺沮渠安周，滅沮渠氏。以闞伯周為高昌王。」〔註10〕此後相繼為王者有闞姓、張姓、馬姓等。齊明帝永泰元年（498）麴嘉被推為高昌王，此後麴氏在此地立國，前後共九代一百四十多年，唐太宗貞觀十四年被滅後，其地被納入大唐的版圖——西州。高昌「橫八百里，縱五百里。」被滅時凡「三州、五縣、

〔註6〕　有關「碎葉路」的路線，參見辯機，《大唐大慈恩寺三藏法師傳》，卷二，大正藏第五十卷（台北：新文豐出版公司，民國72年1月），頁226～227。

〔註7〕　義淨，《大唐西域求法高僧傳》，卷上，大正藏第五十一卷（台北：新文豐出版公司，民國72年1月），頁1～6。

〔註8〕　義淨，《大唐西域求法高僧傳》，卷上，頁2～3。
　　　　引文中「泥婆羅既有毒藥，所以到彼多亡也」中的毒藥是指什麼東西，不得而知，唯永徽、顯慶後國人前往輒被毒死，是造成尼婆羅道閉塞的原因之一。參見季羨林，〈玄奘與《大唐西域記》——校注《大唐西域記》前言〉，收入《季羨林學術論著自選集》（北京：北京師範學院出版社，1991年5月），頁177；梁啟超，〈中國印度之交通〉，收入《佛學研究十八篇》（台北：台灣中華書局，民國65年7月），頁31。

〔註9〕　劉昫，《舊唐書》，卷十八下〈宣宗本紀〉，頁629。

〔註10〕司馬光，《資治通鑑》，卷一二九（台北：新象書店，民國68年9月），頁4053。

二十二城，戶八千，口三萬。」〔註11〕約與內地一大郡相等。唯高昌地處絲路東西交通之重要據點，與塔里木盆地其他綠洲城市一樣，爲佛教東傳必經地區之一，西元前二世紀左右，佛教僧侶追隨商人之後，把佛教傳入。其後印度和西域之僧人東來，或中國僧人西行求法，常經由高昌，並在其地傳譯經卷，開講說法，習久染漸，該地官民自然易接受佛法薰陶，致其國佛教發達〔註12〕。僧侶人數據《大唐大慈恩寺三藏法師傳》謂「僧徒雖少，亦有數千。」〔註13〕寺院數目，大陸學者謝重光據《吐魯出土文書》第一至第五冊作一不完全統計，數目有一百四十五所之多，每寺人數頗爲懸殊，大型官寺，僧徒與寺領人口可高達近百人，而小寺僧徒與隸戶亦有十來人者，若平均每寺有僧徒二十五人，隸戶六七人，則一百四十餘寺當有僧徒三千五百人以上，寺領人口總數四千多人〔註14〕，二者總和約佔該國人數的四分之一，佛教的影響力相當的大。

　　唐滅高昌後，將該地置西州，根據敦煌出土《西州志》殘卷記載，西州柳中縣界至北山二十里之丁谷窟，有一寺一禪院；另前庭縣北山二十二里之寧戎谷有一寺；皆有僧徒住居。據考證《西州志》所謂的丁谷窟即今吐峪溝千佛洞，開鑿於麴氏建國前；而寧戎谷的寺院即今柏孜克里克千佛洞，開鑿時間較晚，現遺址多存高昌回鶻時期的作品〔註15〕。此外，在今吐魯番縣城西約十公里的交城故城，及縣城東約五十公里的高昌故城的發掘，出土爲數頗多的寺院遺址、佛教文物。茲以文獻記載及考古研究所得管窺高昌佛教的變化。

　　早期高昌佛教是從印度地區傳入，這點可從當地出土爲數頗多的梵文經典得到證明，且這些經典都是有關小乘說一切有部的東西，其中有不少保存了經典的原形或以佛教劇爲內容者〔註16〕。以文獻記載看，有學者認爲高昌

〔註11〕歐陽修，《新唐書》，卷二二一上〈高昌傳〉，頁6220、6222。
　　　　按《通典》謂其地：「郡三、縣五、城三十二、戶八千四十六、口萬七千七百三十四。」城數、口數均有出入，疑口數有脫字。
　　　　參見杜佑，《通典》，卷一九一〈高昌傳〉（台北：台灣商務印書館，民國76年12月），頁1030。
〔註12〕謝重光，〈麴氏高昌的寺院經濟〉，收入《漢唐佛教社會史論》（台北：國際文化事業公司，民國79年5月），頁190。
〔註13〕辯機，《大唐大慈恩寺三藏法師傳》，卷一，頁225。
〔註14〕謝重光，〈麴氏高昌的寺院經濟〉，頁187。
〔註15〕金維諾，《中國美術史論集》（上海：民人美術出版社，1981年），頁281～282。
〔註16〕岡崎敬等著，張桐生譯，《絲路與佛教文化》（台北：業強出版社，民國76年

以前的車師前部就是以佛教為國教，且逐步成為大乘佛教，而小乘並未斷絕
的國家〔註17〕。《出三藏記集》卷八〈摩訶波羅蜜經抄序〉說：

> 建元十八年（382）正車師前部王，名彌第來朝，其國師字鳩摩羅跋
> 提，獻胡（一作梵）大品一部。〔註18〕

此處所稱的大品，即是《大般若經》的簡稱，再同書卷二中載亦有高昌沙門
所譯的經典包括：《方等檀特（一作持）陀羅尼經》、《觀彌勒菩薩生兜率天
經》、《觀世音經》、《妙法蓮華經》等〔註19〕，其中《觀世音》、《彌勒》二觀
經，後因北涼君主沮渠蒙遜之從弟安陽侯西至于闐求法，於東歸時得之於高
昌〔註20〕。另根據《梁高僧傳》、《續高僧傳》的記載，入唐前高昌地區僧才
輩出，如法朗、僧遵、道普、法緒、智林、法惠及慧嵩等，他們分別在本地
及中土講經、習禪或研習義學，均有極高的成就，在在顯示此地人民雖「俗
事天神、兼信佛法」〔註21〕，但佛教仍然發達，僧團鼎盛之情況。

　　入唐前後，高昌在佛教的傳播，始終是以大乘為主，不同於鄰近的龜
茲，在鳩摩羅什以後到玄奘來此之間的三百年，大乘佛教由盛而衰，小乘
成為主流〔註22〕。這點可從下列二例得到證明：一為《續高僧傳・慧乘傳》
中記載隋大業年間（605～616），慧乘奉敕為高昌王講《金光明經》，其王
伯雅乃以髮布地，請慧乘踐之〔註23〕；二為玄奘西行求法，到經高昌，講

5月），頁170。高昌除出土梵文佛典外，也出土為數不少的焉耆語、吐火羅
語等西域語言經典。

〔註17〕水谷幸正等著，余萬居譯，《絲路佛教》，原名《絲路的宗教──夢幻寺院的
參訪》（台北：華宇出版社，民國74年6月），頁142。該書謂車師前部以佛
教為國教，出自《出三藏記集》卷八所說，但覆查該引文，未見有此說。（頁
數見註16）

〔註18〕僧祐，《出三藏記集》，卷八〈摩訶波羅蜜經抄序〉，頁52。

〔註19〕水谷幸正等著，余萬居譯，《絲路佛教》，頁12～13。

〔註20〕慧皎，《高僧傳》，卷二〈曇無讖傳〉，大正藏第五十卷（台北：新文豐出版公
司，民國68年9月），頁237。

〔註21〕李延壽，《北史》，卷九十七〈西域傳〉（台北：鼎文書局，民國68年3月），
頁3212。

〔註22〕辯機撰，《大唐西域記》，卷一〈屈支國〉條謂：「伽藍百餘所，僧徒五千餘人，
習學小乘教說一切有部，經教律儀取則印度。」（台北：新文豐出版公司，民
國72年1月），頁870。
參見辯機，《大唐大慈恩寺三藏法師傳》，卷二〈屈支國〉所載：該國食三淨
肉、稱《瑜伽師地論》為邪見書，乃至高昌僧出家別居一寺等，亦可知該國
信仰者為小乘佛教，頁226～227。

〔註23〕道宣，《續高僧傳》，卷二十四〈慧乘傳〉，大正藏第五十一卷（台北：新文豐

《仁王般若經》，其王文泰恭執香爐自來迎引，將開法座，文泰又低跪爲蹬，讓玄奘躡上，日日如此，至玄奘西行時，高昌王供養豐厚，並爲高昌以西諸國寫二十四封信，同時在給西突厥君主葉護可汗的信上稱：「法師是奴弟，欲求法於婆羅門國，願可汗憐師如憐弟，仍請敕以西諸國給鄔落馬遞送出境。」〔註24〕

　　上述二例，不僅說明麴伯雅父子對高僧的好感與禮遇，同時也揭示整個高昌朝野對佛教的態度，以及佛教在高昌的地位和流行情形。

　　關於高昌國時代的佛教情形，日人井ノ口泰淳謂：

　　　麴氏王朝成立後，高昌國的風俗漢化，漢土的佛教也應運在此盛行，
　　　但是種種跡象顯示，通曉梵文的僧侶幾無。大多數僧侶是來自漢土
　　　的中國人，否則就是倒過來學習漢譯經典的高僧傳。〔註25〕

入唐後的高昌佛教，與麴氏時代一樣，寺院透過信眾施捨、自行購買或租賃等途徑，取得寺領土地，並利用本寺僧眾及寺領人口來耕種，如有不足，則以租賃經營或雇工生產，其寺院生產方式在租賃經營方面，較內地早實施二百年左右。〔註26〕

　　安史之亂後，回紇勢力壯大，除幫助唐室收復兩京外，同時也佔領西州等地，高昌在回紇佔領時代，於西元 763 年由唐傳入摩尼教，並以摩尼教爲國教〔註27〕，佛教發展受到少許限制，德宗貞元五年（789）悟空由天竺取經回來，取道回紇路，已不敢將梵本經卷帶在身上，《悟空入竺記》謂：

　　　洎貞元五年己巳之歲九月十三日，與本道奏事官節度押司牛昕、安
　　　西道奏事官成鍔等隨使入朝，當爲沙河不通，取回紇路，又爲單于
　　　不信佛法，所齎梵夾不敢持來，留在北庭龍興寺藏，所譯漢本隨使
　　　入都。〔註28〕

高昌在回紇佔領期間，雖然摩尼教的並存，及君主信仰的不同，但佛教仍在

出版公司，民國 72 年 1 月），頁 632。
〔註24〕辯機，《大唐大慈恩寺三藏法師傳》，卷一，頁 215。
〔註25〕水谷幸正等著，余萬居譯，《絲路佛教》，頁 143～144。
〔註26〕謝重光，〈麴氏高昌的寺院經濟〉，頁 161～203。
〔註27〕程溯洛，〈釋漢文《九姓回鶻毗伽可汗碑》中有關回鶻和唐朝的關係〉，收入
　　　　《唐宋回鶻史論集》（北京：人民出版社，1993 年 5 月），頁 110。
〔註28〕圓照，《悟空入竺記》，大正藏第五十一卷（台北：新文豐出版公司，民國 72
　　　　年 1 月），頁 981。類似記載另見贊寧，《宋高僧傳》，卷三〈釋戒法傳〉，大正
　　　　藏第五十卷（台北：新文豐出版公司，民國 68 年 9 月）。

當地發展傳播，有《金光明經》、《妙法蓮華經》、與中土方面認為是偽經《天地八陽神咒經》以及一些密教經典出土。這些出土經典，絕大多數是譯自漢譯經典的重譯本。〔註29〕

　　敦煌是河西重鎮，通往西域的三路由此分出，亦是東西文化交流匯集之處，印度佛教由西北絲綢之路經西域傳到中國，敦煌可說是內地最早接納佛教的地方。從西元四世紀開始當地的僧俗士庶及往來商旅分別在鳴沙山、三危山等地鑿有莫高窟、西千佛洞、榆林窟、水峽口窟等四處石窟，並且建立佛教寺院，僧伽制度〔註30〕。倫敦所藏的《十誦律比丘戒本》跋頁中記載有：

> 建初元年歲在乙巳十二月五日戌時，比丘德祐于敦煌城南，受具足戒，和尚僧法相、戒師寶慧、教師慧穎，同時戒場者道輔、惠卿等十二人，到夏安居寫到戒諷之文，成具字而已，見者但念其意，莫笑其字也。〔註31〕

跋中所記的建初為西涼主李嵩的年號，從此文中可知敦煌在此時已有頗具規模的僧伽制度。事實上敦煌僧侶人才輩出，如有「敦煌菩薩」之稱的竺法護，就被《出三藏記集》譽為：「經法所以廣傳中華者，護之力也。」〔註32〕其弟子竺法乘亦在此地「立寺延學，忘身為道。」〔註33〕佛教之流行，可從敦煌石窟藝術與出土文書中得知。敦煌在西晉以後，先歷五涼的建國，後被北魏統治，在這走馬燈式的政權更迭中，佛教始終維持一定程度的發展，尤其是西元529年，敦煌升格為「瓜州」時，北魏東陽王元泰榮為瓜州刺使，熱心於佛教事業的發展，曾派人大量抄寫經典，營造千佛石窟，促成敦煌佛教的盛況〔註34〕。在敦煌出土的文獻中包括了六世紀北朝時代的經疏，其研究水

〔註29〕水谷幸正等著，余萬居譯，《絲路佛教》，頁144。

〔註30〕據刻於唐武則天聖曆元年（698）的〈李懷讓重修莫高窟佛龕碑〉記載，鳴沙山莫高窟有明確始建年代，為前符堅建元二年（366），由樂傅和尚舉其事，後由法良禪師等承其業。收入姜亮夫，《莫高窟年表》（台北：華世出版社，民國76年2月），頁268～274。

〔註31〕S797號。按本文所用敦煌文書均轉引姜亮夫，《莫高窟年表》；池田溫，《中國古代帳籍研究》。

〔註32〕僧祐，《出三藏記集》，卷十三，頁98。

〔註33〕慧皎，《高僧傳》，卷四〈竺法乘傳〉，頁347。

〔註34〕東陽王元太榮，《西魏書》作元榮，任職瓜州刺史時間為大統十一年。收入新校本《魏書》第四冊（台北：鼎文書局，民國68年2月），頁107。

準不亞於長安、洛陽等地。〔註35〕

　　唐代將河西地區設置涼州、甘州、肅州、瓜州和沙洲等五州，其中沙洲包括敦煌和壽昌縣。根據出土的法制文書可知，敦煌與高昌在大唐有效控制期間，如同內地一樣，為唐律令的施行地區。其中敦煌還實施均田制，與設立大雲等、龍興寺、開元等官寺〔註36〕，此時中原佛教以優勢的發展影響敦煌教團，這種情形一直到安史之亂後纔有激烈變化，此因吐蕃的興起與攻佔敦煌。

　　敦煌淪陷的時間傳統說法是德宗建中二年（781），但也有人主張貞元元年（785）、貞元三年（787）者〔註37〕，淪陷於吐蕃後的敦煌教團，曾經歷過短暫的沒落，但不久後又恢復盛況，寺院從初轄時期的十三所，到中後期時增為十七所；僧尼從三百一十人增為六、七百人以上〔註38〕。這段時間，敦煌佛教起初以中原的落蕃僧曇曠為中心，傳授中原漢地佛法。曇曠原出家於長安西明寺，精通《起信論》、《金剛經》與唯識學說，天寶末年欲回故鄉河西時遇到吐蕃軍隊，後躲避戰火輾轉逃到敦煌，成為敦煌義學的中心，僧尼們紛紛向他學習，甚至吐蕃赤松德贊（755～797 在位）亦因拉薩中、印僧侶的法諍而請教曇曠，因此撰有《大乘二十二問本》〔註39〕。到了中晚期，另一漢僧法成學識超群，受吐蕃王「大蕃國大德三藏法師」的封號，所出經論頗多，他透過曇曠等人的著作瞭解長安佛教義學研究情形，同時大量引用西藏著作，貫通唐土與西藏兩方的佛教教義，推陳出新，終成一代大師〔註40〕。其著作中敦煌有傳本者頗多，如《大乘稻芉經隨聽疏》、《般若菠羅蜜多心經》、《諸心母陀羅尼經》、《瑜珈論附分門記》、《薩婆多宗五事論》、《釋迦如來像法滅盡之記》、《歎如來無染著功德讚》等〔註41〕，惜未隨沙洲光復而傳

〔註35〕 水谷幸正等著，余萬居譯，《絲路佛教》，頁 144。

〔註36〕 據 S0542 號（八）背面《戌年六月十八日諸寺丁口車牛役部》所記寺院。

〔註37〕 姜伯勤，《唐五代敦煌寺戶制度》（北京：中華書局，1987 年 5 月），頁 9。

〔註38〕 謝重光，〈吐蕃時期和歸義軍時期沙州寺院經濟的幾個問題〉，收入《漢唐佛教社會史論》，頁 209。

〔註39〕 有關西元八世紀末，漢僧摩訶衍與印僧蓮華戒的宗教辯論，法國學者戴密微撰有《吐蕃僧諍記》一書，考證精闢入微。

〔註40〕 水谷幸正等著，余萬居譯，《絲路佛教》，頁 168～170。
　　　　陳寅恪推崇法成法師在吐蕃佛教的地位稱：「成公之於吐蕃，亦猶慈恩之於震旦。」參見陳寅恪，〈大乘稻芉經隨聽疏跋〉，收入《陳寅恪先生論文集》（台北：九思出版社影印），頁 1398。

〔註41〕 姜亮夫，《莫高窟年表》，頁 376～377。

到中土。

高昌（西州）與敦煌（沙洲）的佛教變化相當類似，二者均為絲路的綠洲城市，唐朝曾經治理過一段頗長的時間，後來均淪陷於外族。這二地的佛教發展，在初傳時期自印度傳入義理，並且在當地醞釀發酵，然後傳到中原。後來隨著漢地佛教的發展，與漢人勢力的增強，這二地佛教回過頭來吸收中原佛教文化。到了淪陷外族以後，與中原佛教的臍帶關係被切斷，當地僧侶仍然透過殘存的漢譯經典，與藏地佛教結合，為佛教發展尋求新的契機。

第二節　唐代中期內地主要僧團的分布

隋代統一中國後，經歷文、煬二帝的提倡與上層社會的崇法護持，中國佛教逐漸走出周武法難的陰影而步入復興之途，也奠定唐代佛教的盛世基礎。安史之亂前，主要僧團分佈是以北方為主，《大唐六典》記載唐玄宗時國忌日兩京外，州縣長官行香設齋之州八十一，其中有縣名可考者七十九州，位於長江以南者僅十三州〔註42〕，佔百分之十六點四，即反映出當日實情。

安史之亂不但造成唐代的動盪不安與國力衰弱，同時也造成中、晚唐社會、經濟、文化的變化，中國佛教僧伽制度亦因此動亂，造成宗派勢力的重新整合與發展，舊有的宗派及僧團有的因勢力衰弱而欲振之力，也有的則利用這個機緣活躍於政治舞台，得到當政者護持而使宗門鼎盛，尤其是禪宗在南方的發展，使主要僧團的地域分布不同於唐代前期。武宗會昌五年（845）會昌法難發生，除上都、東都兩街各留二寺外，天下節度觀察使治所及華、同、商、汝州可被保留佛寺一所，再依等級決定留僧人數，據《資治通鑑》引《唐實錄》得知兩京外全國可保留寺院者共計五十六州四十一道，其中分布在長江以南的州道有二十州十四道〔註43〕，其中州佔百分之三十五點七、道佔百分之三十四點一，較安史之亂前的比重有大幅度的增加。

唐代中期主要僧團的地域分布，根據《宋高僧傳》、《佛祖統紀》及近代學者研究成果，依各道佛寺分布密度，由密至疏分別敘述如下：

〔註42〕詳細州名為潤、越、常、蘇、杭、婺、衢、湖、宣、洪、潭、廣及桂州。
〔註43〕司馬光，《資治通鑑》，卷二四八，頁8016。

表四：方志所見唐代州縣著錄佛寺統計表

層　區	道（地區）	州數	有寺著錄州數	縣數	有寺著錄縣數	有寺失載縣數(擬)	無寺著錄州數	後廢無寺縣數(擬)	有寺縣佔總縣數%
至密區	京　畿	5	5	45	40	5		0	100
	都　畿	6	6	50	40	10		0	100
	江南東	20	20	109	107	1		1	99.08
次密區	河　北	28	28	166	122	38		6	96.38
	河　南	26	26	155	98	51		6	96.13
	淮　南	12	12	54	45	4		5	90.74
	江南西	18	18	96	85	2		9	90.62
間密區	河　東	21	18	109	66	21		22	79.81
	山南東	18	17	82	40	21		21	74.39
	劍南中	20	20	118	57	41		20	83
	南詔中	3	3	21	16				76.19
次疏區	關　內	28	11	97	22		56	17	22.68
	隴　右	21	11	61	15		27	19	24.50
	山南西	17	13	86	25		47	14	27.91
最疏區	嶺　南	62	21	256	37		173	46	14.45
	黔　中	18	5	54	6		35	13	11.11
	劍南西、北	18	4	63	5		52	6	7.80
合　計		341	238	1622	826	194	390	205	

資料來源：張弓，《唐代佛寺群系的形成及其布局特點》。

　　京畿道、都畿道、江南東道為僧團分布密度最高者，尤其是京畿道為唐代的政治中心，境內有京兆府、華、同、歧、邠等五州四十五縣，且各縣均有佛教寺院〔註44〕。安史之亂前，主要宗派大都以上都長安（京兆府）為中心，如華嚴、法相、三論等宗派，宋敏求《長安志》徐松《唐兩京城坊考》等載長安城內有僧寺七十五所、尼寺二十八所，共一〇三所（見圖六）這些寺院大都是建於隋、唐之際，安史之亂後仍為長安僧團的居住地。段成式在

〔註44〕張弓，〈唐代佛寺群系的形成及其布局特點〉，《文物》，1993 年 10 月號，頁70～71。

會昌法難前曾與友人遊京師寺塔，會昌法難後寫下《寺塔記》之追憶文章，在此可看到中唐佛教僧團在京師活動情形之梗概。此外，唐末張彥遠的《歷代名畫記》對長安寺院佈局及藝術品保存情形敘述亦多。長安城外的僧團及寺院有少陵原法相唯識宗的興教寺、華嚴宗的華嚴寺，神禾原上有淨土宗的香積寺，圭峰山下有華嚴宗的草堂寺，終南山有律宗的豐德寺、華嚴宗的至相寺，歧州的法門寺更是以真身寶塔而享盛名。

　　都畿道境內有河南府、陝、虢、汝、鄭、懷等六州五十縣，各縣均有佛教寺院〔註45〕。其中東都洛陽佛法最盛，據日本學者平岡武夫主編《唐代的長安與洛陽·索引》統計，洛陽共有僧尼寺院塔等七十五所〔註46〕。此外，以陝州、懷州及嵩山少林寺僧團最著，為禪宗北宗的重要活動基地〔註47〕。日人鹽入良道統計長安、洛陽兩京高僧人數佔全國高僧人數的百分之三十一點一（756～800年間）及二十五點三（801～846年間）〔註48〕人數與百分比均居全國之冠。（見圖五）

　　江南東道在安史之亂後漸成全國經濟重心，社會富裕，寺院發展迅速，有別於北方藩鎮割據統治下的擾攘不安，與僧團活動的停滯。境內二十州一○五縣，僅一縣無佛寺著錄〔註49〕，其中以潤州、常州、杭州、湖州有禪宗與律宗僧團活動，蘇州有禪宗、律宗、天台宗、華嚴宗僧團活動，越州有禪宗、律宗、天台宗僧團活動，天台山則為天台宗僧團的根據地，溫州、建州、福州、泉州、漳州為禪宗僧團活躍的地區〔註50〕。會昌法難時，本區破壞嚴重，宣宗大中年間，日僧圓珍到天台山巡禮，沿途所見仍是滿目瘡痍。

　　僧團分布次密區為河北道、河南道、淮南道與江南西道。河北道轄二十八州一六六縣，其中二十八州全部、一六○縣有佛教寺院著錄，但有部分縣的寺院因瀕河而廢，如魏州之朝城、臨河，博州之聊城、武水，澶州之觀

〔註45〕張弓，〈唐代佛寺群系的形成及其布局特點〉，頁70～71。

〔註46〕平岡武夫主編，《唐代長安與洛陽·索引》（上海：上海古籍出版社，1991年1月），頁97～122。

〔註47〕參見顏尚文，《隋唐佛教宗派研究》（台北：新文豐出版公司，民國69年12月），頁320。

〔註48〕藤堂恭俊著，余萬居譯，《中國佛教史》（台北：華宇出版社，民國74年6月），頁381。

〔註49〕張弓，〈唐代佛寺群系的形成及其布局特點〉，頁70～71。

〔註50〕參見顏尚文，《隋唐佛教宗派研究》，頁322～324。

圖五：唐代長安寺院分布圖

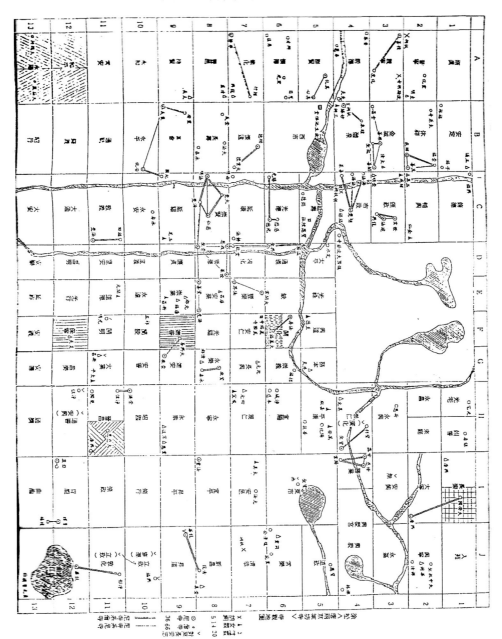

資料來源：李玉珍，《唐代的比丘尼》，頁175。

城、臨黃，德州之安德；莫州莫縣則因湮於白洋淀而廢〔註51〕。其中以相州的佛法最盛，此因北齊定都於此（鄴），為我國北方佛教中心之一，唐代除律宗相部開基於此地外，禪宗、華嚴宗、地論宗、攝論宗均曾活躍在此。其他如衛州、趙州、定州有禪宗僧團活動記載。〔註52〕

河南道有二十六州、一五五縣，其中二十六州全部、一四九縣有佛教寺院著錄，但其中有五十一縣因瀕臨黃河、汴水、濟水、沇水、淮水及入淮諸河，或瀕臨洪澤、巨野、孟諸、女兒諸湖泊，致佛寺興建後湮廢或遷徙〔註53〕。本區佛寺規模不大，如日僧圓仁在登州到五台山路上所見者，有許多為殘破不堪的小寺，僅少數州縣有較大型的活動。

淮南道轄十二州五十四縣，其中十二州全部、四十九縣有佛教寺院記載〔註54〕，其中揚州因地處運河與長江會口，在南北交通上具有重要地位，在唐代先後有禪宗、律宗、天台宗、三論宗、攝論宗僧團在此活動。其他各州佛教活動亦多，如安州有先後有禪宗、天台宗、三論宗、涅槃宗，蘄州為禪宗四祖、五祖駐地，舒州、黃州為禪宗僧團的天下。〔註55〕

江南西道有十八州、九十六縣，其中十八州全部、八十七縣有佛教寺院著錄〔註56〕。江南西道為慧能禪法的化地，以南嶽懷讓與青原行思的影響力最大，後代禪門五宗均由南嶽、青原二系發展出來。較重要分布地有洪州、袁州、吉州、撫州、潭州、澧州、朗州、衡州等〔註57〕。此外廬山有禪宗與天台宗之活動記載。〔註58〕

僧團分布間密區為河東道、山南東道、劍南道中部、南詔國中部，其中南詔國因有自己的政治傳承，不同於大唐疆土，本文略而不論。河東道轄二十一州、一〇九縣，其中有佛教寺院著錄者為十八州、八十七縣〔註59〕。僧團分布以五台山最密，華嚴、天台、禪宗均在此傳習。一般往五台山朝聖者

〔註51〕張弓，〈唐代佛寺群系的形成及其布局特點〉，頁70～71。
〔註52〕參見顏尚文，《隋唐佛教宗派研究》，頁320～321。
〔註53〕張弓，〈唐代佛寺群系的形成及其布局特點〉，頁70～71。
〔註54〕張弓，〈唐代佛寺群系的形成及其布局特點〉，頁70～71。
〔註55〕參見顏尚文，《隋唐佛教宗派研究》，頁323～324。
〔註56〕張弓，〈唐代佛寺群系的形成及其布局特點〉，頁70～71。
〔註57〕參見嚴耕望，〈唐代佛教之地理分佈〉，收入《中國佛教史論集（二）隋唐五代篇》（台北：大乘文化出版社，民國66年9月），頁90。
〔註58〕參見顏尚文，《隋唐佛教宗派研究》，頁325。
〔註59〕張弓，〈唐代佛寺群系的形成及其布局特點〉，頁70～71。

常以太原爲落腳處，太原爲唐代的北都，佛教亦盛，禪宗、律宗、淨宗、淨土宗均盛行。蒲州爲長安、洛陽兩地高僧來往之中間地點，佛教僧團與活動亦多。澤州有涅槃、地論、攝論宗諸師的活動記載。并州玄宗寺爲淨土宗的發源地，同時該州曾有三階段、攝論宗、毗曇宗活動，弘法之盛不亞於東都洛陽。〔註60〕

　　山南東道轄十八州八十二縣，其中十七州、六十一縣有佛教寺院著錄〔註61〕。由於地處秦嶺、大巴山之間的漢中盆地與南陽盆地，以及長江三峽出口、江漢平原上，本區自古以來就是南北往來的通道，許多高僧在過境途中滯留弘法，如襄州爲禪宗、律宗、天台宗、三論宗、涅槃宗、攝論宗等僧團活躍過的地方。荊州在隋唐之初爲天台宗的大本營，後來因神秀在此弘揚禪法，致中晚唐成爲禪宗的天下。〔註62〕

　　劍南道在安史之亂以後，部分轄區淪陷於吐蕃與南詔，茲以劍南道中部二十州、一一八縣而論，其中二十州、九十八縣有佛教寺院著錄〔註63〕。四川盆地位於南北方之間，形勢封閉，中古時南北高僧往來長安、荊州之間，往往假道四川，又每當長安戰亂時，四川常成避亂之所在，如安史之亂時玄宗幸蜀。佛教活動以成都最爲活躍，先後有三論宗、毗曇宗、禪宗、律宗等僧人活動。據嚴耕望先生考統計，唐五代期間成爲設有大聖慈寺等十六寺及福慶禪院，其中以大聖慈寺規模最大，凡九十六院、八千五百二十四間，寺額爲玄宗御書〔註64〕。梓州先有三論宗、俱舍宗等活動記載，至唐代中晚時期轉爲禪宗的天下。眉州有涅槃宗、俱舍宗；綿州有禪宗、三論宗活動。資州、閬州則全爲禪宗的天下。〔註65〕

　　僧團分布次疏區爲關內道、隴右道、山南西道。這三道的佛寺著錄不多，活動記載亦少，關內道二十八州（府）、九十七縣，有寺著錄州府僅十一州（府），有寺著錄縣數爲二十二、原有寺院但後被廢成無寺院縣數爲五十六。隴右道轄二十一州（府）、六十一縣，有寺院著錄爲十一州（府），有寺著錄

〔註60〕參見顏尚文，《隋唐佛教宗派研究》，頁319。

〔註61〕張弓，〈唐代佛寺群系的形成及其布局特點〉，頁70～71。

〔註62〕參見顏尚文，《隋唐佛教宗派研究》，頁323～324。

〔註63〕張弓，〈唐代佛寺群系的形成及其布局特點〉，頁70～71。

〔註64〕嚴耕望，〈唐五代時期之成都〉，收入《嚴耕望史學論文集》（台北：聯經出版事業公司，民國80年5月），頁246。

〔註65〕參見顏尚文，《隋唐佛教宗派研究》，頁321～322。

嚴耕望，〈唐代佛教之地理分布〉，頁87。

縣數為十五、原有寺院但後被廢成無寺院縣數為二十七縣。關內、隴右為唐與外族接壤之地，多廢寺可能與戰亂瀕仍有關，隴右道在安史之亂後大多淪陷，其中西州、沙州的佛教發展如本章第一節所述。山南西道有十七州（府）、八十六縣，其中十三州府、二十五縣有置寺記載，四十七縣原有寺院，但後被廢成無寺院。本區僧團活動資料缺乏。〔註66〕

僧團分布最疏區為嶺南道、黔中道、劍南道北部與西部。嶺南道轄七十四州（府）、三一五縣，其中有十二州、五十九縣在今日越南境內。僧團分布以廣州為中心，廣州為「海上絲路」的起點，為我國僧侶西行求法或天竺僧侶東來的重要節點。安史之亂前，廣州佛教似乎僅以孤立的點狀發展，天竺僧侶東來先在此地駐錫，然後北上到長江、黃河流域。但安史之亂後，因禪宗的積極南拓，珠江以北已有許多僧團建立，如韶州、羅浮山、潮州、連州、桂州等，其中桂州城附近刻有為數眾多的磨崖佛像〔註67〕。廣州以南則是佛法所不及之地，如《太平廣記》載：

> 南人率不信釋氏，雖有一二佛寺，吏課其為僧，以督責釋之土田及施財。間有一二僧，喜擁婦食肉，但居其家，不能少解佛寺。土人以女配僧，呼之為師郎。或有疾，以紙為圓錢，置佛像旁，或請僧設食，翌日，宰羊豕以啖之，目曰除齋。

> 又南中小郡多無淄流，每宣德音，須假作僧道陪位。唐昭宗即位，柳韜為容廣宣告使，敕文到下屬州。崖州自來無僧，皆臨事差攝。宣時，有一假僧不伏排位。太守王弘夫怪而問之，僧曰：「役次未當，差遣編並。去歲已曾攝文宣王，今年又差攝和尚。」見者莫不絕倒。〔註68〕

黔中道開發時間較晚，佛法不盛，境內十八州僅五州有佛教寺院著錄，五十四縣中僅六縣有佛寺記載，另五十二縣原有佛寺記載，但被廢後成無寺院地區〔註69〕。《太平廣記》載散朝大夫郪城令牛騰自稱布衣公子，到牂牁做官時，素秉誠信，篤敬佛道，雖已婚宦，如戒僧焉，口不妄言，目不妄視，言無偽，

〔註66〕張弓，〈唐代佛寺群系的形成及其布局特點〉，頁70～71。

〔註67〕羅香林，〈唐代桂林磨崖佛像考〉（台北：台灣商務印書館，民國69年6月），頁73～126。

〔註68〕李昉編，《太平廣記》，卷四八三〈南中僧條〉（台北：古新書局，民國69年元月），頁1028。

〔註69〕張弓，〈唐代佛寺群系的形成及其布局特點〉，頁70～71。

行無頗，以是夷獠漸漬其化，歲大布釋教於群牁中〔註 70〕。牛騰以中土士人到群牁作官，以居士身分即可傳布佛法於此地，可見此區佛法之缺乏。

第三節　佛寺與僧團分布的區位分析

由於唐玄宗開始實施「以官轄寺，以寺轄僧」制度，僧團是以寺院為根據地，依附於寺院，非經許可不得隨意變換住所，故佛寺區位的良窳可影響僧團規模的大小及發展。地理學上的區位是由位置及地點二方面組成，位置為對外關係，如與外界交通是否方便、該區域是否可形成更大的聚落等。地點指本身條件，即確實地點，如是否為「藏風聚氣」風水絕佳之地、或受飲水避洪等因素影響等。茲以文獻所載，就僧團之區位加以分析。

一、在位置方面

在位置方面，容易形成佛寺與僧團的因素有下列數種：

（一）交通線上

大抵唐代交通以長安、洛陽大道為樞軸，汴州、岐州為樞軸兩端之伸延點，由此兩軸端四都市向四方輻射發展，而以全國諸大都市為區域發展之核心，海運對外方面則以廣州、交州為港口〔註 71〕。每隔一段距離就有一驛站，商旅往來頗為便捷，唐代政治、經濟、文化、軍事、宗教發展亦與交通路線發達有密切的關係，許多著名的寺院就設在主要交通線上，如《唐大和上東征傳》謂：

> （自廣州）發向韶州，傾城遠送，乘江七百里，至韶州禪居寺，留住三日，韶州官人又迎引入法泉寺。……普照師從此辭大和上，向嶺北去明州阿育王寺，是歲天寶九載（750）也。……至貞昌縣，過大庾嶺，至虔州開元寺，……次至吉州時諸州道俗，聞和上歸嶺北，四方奔集，日常三百人以上，人物駢陟闐，供具煒燁。從此向江州，至廬山東林寺，……而潯陽龍泉寺，……從此陸行至江州城，……從此七日至潤州江寧縣，入瓦官寺，……即引還棲霞寺，住三日，卻下攝山，住（往）楊府，過江至新河岸，即入楊子亭既

〔註 70〕李昉編，《太平廣記》，卷四八三〈牛騰〉，頁 227。
〔註 71〕嚴耕望，《唐代交通圖考》，序言（台北：中央研究院歷史語言研究所，民國77 年），頁 5。

> 濟寺，江都道俗奔填道路，江中迎舟，舳艫連接，遂入住本龍興寺
> 也。〔註72〕

這是記載鑑眞渡日前從廣州經北江到韶州（今曲江），過張九齡開的大庾嶺新道〔註73〕，沿贛江下鄱陽湖和長江，再順江而下到潤州江寧（今南京）、揚州的旅程。與此情形類似者爲從梧州經沿灘水到桂州，經靈渠下湘江到潭州的沿路。此外在日僧圓仁的《入唐求法巡禮行記》中，敍述開成五年（840）圓仁本人從山東文登到五台山禮佛，然後從五台山沿汾河河谷南下渡蒲津到長安的行程，亦記載許多設在交通路線上規模很小的佛教寺院，茲舉山東青州到五台之行程所經寺院以作說明：

三月二十一日：宿青州府龍興寺，四月三日離開。

四月六日：宿長山縣醴泉寺。

四月九日：經臨邑縣先代寺。

四月十三日：宿唐州開元寺。

四月十四日：宿唐州開元寺戒壇院。

四月十五日：入唐州善光尼寺、宿開元寺。

四月十七日：宿唐陽縣覺觀寺。

四月十八日：宿趙州寧晉縣唐城寺。

四月十九日：宿趙州開元寺。

四月二十一日：到鎮州節度府，入城西南金沙禪院。

四月二十二日：到鎮州行唐縣，宿城西禪院。

四月二十三日：到黃山八會寺，宿普通院。

四月二十四日：到兩嶺普通院、宿果菀普通院。

四月二十五日：宿解（脫）普通院。

四月二十六日：到淨水普通院、唐城普通院、宿龍泉普通院。

四月二十七日：到張花普通院、栱鋪普通院、宿角詩普通院。

四月二十八日：到停點普通院，向中五台山禮文殊菩薩。〔註74〕

〔註72〕 元開，《唐大和尚東征傳》，大正藏第五十一卷（台北：新文豐出版公司，民國72年1月），頁991～992。

〔註73〕 張九齡，《張曲江集》，卷十七〈開鑿大庾嶺路序〉，文淵閣四庫全書本（台北：臺灣商務印書館，民國75年7月），頁5～6。

〔註74〕 圓仁，《入唐求法巡禮行記》，卷二（台北：文海出版社，民國65年10月），頁56～60。

圓仁在開成五年（840）四月三日至四月二十八日，前後共二十五晚的旅途中，其中夜宿民宅者十二晚，宿佛教寺院及為巡禮五台山僧俗設置的普通院者十三天晚，二者約各佔一半，這不但說明佛寺在唐代可充當商旅往來的邸店，同時也說明在交通線上佛寺多，僧團也較密集。

（二）名山勝景

唐代中期的佛教名山很多，有一些是在前代佛教基礎上發展的，如江南西道的廬山，在晉代時的「廬山僧團」就已名聞遐邇，到了唐代更是高僧輩出，為禪宗重要闡揚基地，如馬祖道一就曾在此興建「凌霄院」，與門下弟子神湊、智常與法藏等人，致力於禪宗江西法系的延續；熙怡與顏真卿、趙憬、盧群為「參禪之侶」，往來唱和；靈徹與韋丹、劉長卿、朱放、權德輿等人詩詞酬酢頻繁〔註75〕。劍南道的峨嵋山、江南東道的九華山，則是經與道教的競爭後，成為佛教名山。其他如長安附近的終南山、驪山，洛陽的香山是兩京佛教僧團的延伸地區，天台山為天台宗的根據地，嵩山為禪宗祖庭，長江以南為禪宗主要教化區域，如江南東道的牛頭山、鍾山。另有一些山嶺經過禪師的開發後，已成佛教名山重地，正如謝重光先生在《漢唐佛教社會史論》所言：

> 僧侶墾地的情形在中晚唐時期也很常見，特別是禪宗僧徒，以「一日不作，一日不食」相號召，許多大師帶頭躬行「普請」法，帶領徒眾在南方各省的淺山區開墾出許多新的耕地。當時遍布於江淮、閩贛、湖廣、四川各地山區的叢林，大都是按上述方式建立起來的。〔註76〕

當時著名的新墾淺丘有江西青原山、百丈山、仰山、洞山、曹山（本名吉水山）、末山，湖南衡山、大溈山、廣東羅浮山、福建黃檗山、武夷山、雪峰山等。這些僧團的好處是自立更生，不仰仗外人，可以保持僧團的自主與獨立。由於禪宗僧侶「農禪合一」制度的推行，佛教名山遍及各地，故有「天下名山僧占多」之說，甚至以山為寺院的別名，《四分律行事鈔資持記》云：

另據 P4648 號敦煌文書《失名中國僧參五台山記殘簡》，記某失名僧從潞安府經太原府前往五台山巡禮，途中亦以寺院、普通院、世俗民宅為住宿地，與圓仁五台山巡禮情形相似。

〔註75〕張國宏，《廬山與宗教》（九江：江西人民出版社，1993 年 3 月），頁 15、78。

〔註76〕謝重光，《漢唐佛教社會史論》，頁 30～31。

山謂蘭若即上根也，世謂聚落即中下根也。然上世不獨居山，中下豈唯在聚。〔註77〕

（三）政治中心

佛法東來後，即沿國內幾條重要路線傳播，全國各地的政治重心均為主要僧團的分布地區，如三國時代的洛陽與建康，南北朝時的長安、洛陽、鄴、建康、成都、廣州等地。到了唐代中期，這種情形仍未改變，除了上述都市外，各節度使治所及各州州治均是佛寺較多，僧團較密的地區。唐代的官寺，如大雲寺、龍興寺、開元寺等均建於各州州治之地，以供奉皇帝聖容及在國忌日充當官員行香禮拜之用。安史之亂時，北方的開元寺大都受到摧毀，沙州、西州及南方的這些寺院大都未受損，仍可看到一些活動記載。

二、在地點方面

在地點方面，佛寺興建地點的選擇，常被稱為「選址相地」，甚至被稱為「看風水」，雖然正信的佛教是不鼓勵弟子們看風水等術數行為，但中國佛教僧侶受到傳統陰陽五行等術數觀念影響，興建寺院時「選址相地」情形相當普遍，好的風水常被認為容易形成素質高、人才多的僧團，茲舉數種容易形成佛寺的地點：

（一）藏風聚氣的山巒溝壑

此地點的選擇，符合堪輿學的理論，「風」指的是整體環境，「氣」指的是內涵的神氣。這種風水，從地貌上看來，以溝壑上源半封閉的山坳或小盆地最佳，有的在河流中游溝谷一側的寬谷內（滑走坡）。這類地形地貌，口狹內闊，外有幽谷可通，內有峰巒環列的腹地。寺址多選在背依青山、面臨流溪的台坡地上，前有溪水潺潺，後有蘭巒疊翠，側有密林相印，嚴冬寒流被阻，夏暑聚雲多雨，冬暖夏涼，氣候溫和，風光秀麗，環境靜幽〔註78〕。為求得藏風聚氣的好風水，僧侶們往往在叢山峻嶺中闢地為寺，而此等寺院的「開山祖師」多具神奇能力。蓋新闢之地，必多蠻煙瘴雨，或為盜匪出沒之所，因此在僧傳中，凡屬開山祖師，或擅於治水，或長於引水，或有功於消

〔註77〕元照，《四分律行事鈔資持記》，卷上一上，大正藏第四十冊（台北：新文豐出版公司，民國72年3月），頁167。

〔註78〕王清和、張和緯，〈中國佛寺地域分布與選址相地〉，《河北師範大學學報》，1993年第三期，頁76。

滅虎患，或感化盜賊而使地方能安居樂業〔註 79〕，個中辛苦，非局外人所能體會。

（二）居險奇幻與居高臨下

佛寺建造，常利用現有的地形地貌，一些險峻的地勢，經僧侶的開闢與經營，建立崇高的佛寺，常令人讚嘆不已。居險奇幻的佛寺選址，多在面臨深壑的山腰。如河東道的懸空寺，位於恒山主峰西側峪溝金龍口的翠平山半，全寺四十餘間殿閣，皆在絕壁間「懸空」而築，高出谷底四十多公尺，建築方式利用翠屏山二百多公尺的絕壁，鑿洞插樑爲架，下砌石或豎立柱，支撐整個寺院，寺院樓閣環崖排布，前後由狹棧溝通，人登其上，上依絕壁，下臨深澗〔註 80〕，對不利人居的地形徹底的改變，發揮人力勝天的精神。

居高臨下型的佛寺，常選在名山之頂，前有朝山步道，信徒從山底懷著虔敬的心拾級而上，象徵佛陀的至高無上。這類佛寺，著名者如五台山文殊寺（菩薩頂）、峨嵋山普光殿與臥雲庵，江南西道的雲居寺等。上述兩種類型的佛寺選址，先決條件是要解決水源問題，一些崇山峻嶺，若缺乏水源可資利用，則此地僅止於個人禪修，無法成爲僧眾聚集之地，《宋高僧傳》中記載惟忠：

> 觀覽聖跡，見黃龍山鬱翠而奇異，乃營茅舍。其窮溪極谷，而多毒龍，噴氣濛濛，山民犯者多如中瘴焉，醫工寡效。忠初不知，獨居禪寂，澗飲木食，其怪物皆卷而懷矣，山民無害。

一些僧侶尋找水源之事，如僧寰中住南嶽常樂寺時，「一日永飯，然其乏水，羸瓶遠求，俄爾深宵，常有虎吼嗥廬側，詰旦視之，果濫泉坼地而湧，足其汲用」。位於黃土高原的佛寺，大多臨近河流興建，否則會影響寺院日常運作，藍田悟眞寺北方上院原來並無水源，寺僧須到很遠的地方取水，後有游方僧清虛路經此地，經祈願而得泉水〔註 81〕。如將這些故事神話外衣脫去，可知

〔註 79〕 參見方豪，〈宋代僧侶對於栽茶之貢獻〉，《方豪六十自選集》（台北：作者自印，民國 68 年 6 月），頁 1271。
　　　　興隆，《鼓山志》，卷四載：「靈嶠禪師未知何許人，先是鼓山有毒龍，每作風雨損人禾稼，建中四年（783）郡從事裴胄請師遣之，師入山誦華嚴於潭旁，龍出聽法，遂引去，裴公乃奏請立寺，賜名華嚴。」（清乾隆二十六年木刻本，頁 1）。文中所述之毒龍，可能指的是蛇或鼉魚（豬婆龍），中國古代長江以南鼉魚頗多，韓愈曾作〈祭鼉魚文〉以驅之。
〔註 80〕 王清和、張和緯，〈中國佛寺地域分布與選址相地〉，頁 76。
〔註 81〕 贊寧，《宋高僧傳》，卷九〈惟忠傳〉；卷十二〈寰中傳〉；卷二十五〈清虛傳〉，

僧侶為求水源花費相當大的精力。

《煎茶水記》記載各地泉水等第高下七等，其中無錫惠山寺石水、蘇州虎丘寺石水、丹陽觀音寺水、揚州大明寺水分別名列第二至第五。此外，該文後附陸羽口授各地泉水宜茶者二十等，其中無錫惠山寺石泉水第二、蘇州虎丘寺石泉水第五、廬山朝賢寺下方橋潭水第六、丹陽縣觀音寺水第十一、揚州大明寺水第十二〔註82〕。這些寺院的泉水有些是僧侶發現或開發的，光緒《無錫縣志》卷三謂：

> 若冰泉，在二泉（指《煎茶水記》中的惠山寺石水）之上，唐詩僧若冰斷巖得之，故洞及泉並以冰名，亦稱北巖洞，池廣方丈，水頗濁。

同書卷二十九謂：

> 若冰，不知其所自來，寓惠山之普利院，惠山泉本出洞，歲久而湮，冰披荊榛劃巖谷乃求得之，古洞既啟，新泉乃注，故後世稱惠山泉必本於冰。〔註83〕

西北地方的一些沙漠綠洲，如敦煌或高昌，寺院與官署、民宅一樣，為取水方便，全都聚集在河流的兩側。

此類佛寺大都遠離塵囂，為山林佛教的典型，對欲求清淨修行，上求佛道的僧侶而言，是一理想的修道場所。

（三）近城方便之地

佛法不離世間覺，為求取更多的信徒與香火，城市或城市的近郊，就成為佛寺最常見的地點，此類地點的選擇，是佛寺選址相地中最普遍的，如長安城及其近郊僧寺密布。江南東道的太湖流域和杭州灣各城鎮及近郊亦是寺舍密集，會昌法難時被毀寺院之可考者即高達一三〇所。〔註84〕

此類佛寺則適合以都市弘法，下渡眾僧為職志的僧侶居住。

區位良好的地方易使僧團密集，僧團的屬性往往也與地域有密切的關係，劉禹錫以民風解釋佛法的地域分布差異，可謂觀察入微：

　　　頁 763、778、867。

〔註82〕張又新，《煎茶水記》（台北：新興書局，民國49年6月），頁1。

〔註83〕裴大中、秦緗業，《無錫縣志》，卷三〈水〉（台北：無錫同鄉代表會，民國57年2月），頁16；卷二十九〈釋道〉，頁22。

〔註84〕黃運喜，《會昌法難研究——以佛教為中心》（中國文化大學史學研究所碩士論文，民國76年1月），頁98～118。

佛法在九州間，隨其方而化。中夏之人泪於榮利；破榮莫若妙覺，
故言禪寂者皆宗嵩山。北方之人銳以武力，攝武莫若示現，故言神
通者宗清涼山。南方之人剽而輕，制清莫若威儀，故言律藏者宗衡
山。是三名山爲莊嚴國，必有達者與山比崇。〔註85〕

〔註85〕劉禹錫，〈唐故衡岳大師湘潭唐興寺儼公碑〉，收入《全唐文》，卷六一○（上
　　　　海：上海古籍出版社，1990 年 12 月），頁 2730～2731。

第四章　僧團的內部結構

第一節　叢林制度建立以前的內部結構

　　由於印度早期未有僧院制度，故僧團僅是一鬆散的集合體，僧侶除在每月兩次的布薩日聚集在一起外，平日分散四方，各自進行修行或弘法工作。後來隨著僧院制度的確定與「六和敬」法共住原則的實施，部分寺院常住僧侶不斷增加，逐漸設立一些公共建築如公共浴室、廁所、廚房、餐廳等，在人多事繁的情況下，遂仿照政治組織設立許多管理僧事與經營寺務的部門〔註1〕，其名稱與類別則視實際情況而有增減，其中為中國僧團所承襲，構成隋唐僧團內部最重要職務的是上座、寺主、都維那三綱。三綱中以維那設置時間最早，可溯源到佛制，《四分律刪繁補闕行事鈔》謂：

> 十誦中，時僧坊中無人知時限，唱時至及打犍稚，又無人灑掃塗治講堂食處，無人相繼鋪床及教人淨果菜食中蟲，飲食時無人行水，眾亂語時無人彈指等，佛令立維那。聲論翻為次第也，謂知事之次第，相傳云悅眾也。〔註2〕

三綱職事在印度實施的情形，義淨在《大唐西域求法高僧傳》敘及那爛陀寺謂：

〔註 1〕　印順，〈泛論中國佛教制度〉，收入《教制教典與教學》（台北：正聞出版社，民國 75 年 12 月），頁 4。
　　　　Sukumar Dutt, M. A., B. L., *Early Buddhist Monachism 600B.C~100B.C.* (London, Kegan Paul, Trench, Trubner & Co., LTD.), P.144.
〔註 2〕　道宣，《四分律刪繁補闕行事鈔》，卷一上，大正藏第四十卷（台北：新文豐出版公司，民國 68 年 9 月），頁 6。

寺內但以最老上座而為尊主，不論其德。諸有門鑰每宵封印，將付
上座，更無別置寺主、維那。但造寺之人名為寺主，梵云毗訶羅莎
弭。若作番直典掌寺門及和僧白事者，名毗訶羅波羅，譯為護寺。
若鳴犍稚及監食者，名為羯磨陀那，譯為授事，言維那者略也。眾
僧有事集眾平章令其護寺，巡行告白一一人前，皆須合掌各伸其事，
若一人不許則事不得成。全無眾前打槌秉白之法，若見不許以理喻
之，未有挾強便加壓伏。〔註3〕

從上引文中得知，那爛陀寺除設上座、寺主、都維那三綱外，另設有護寺，
其職為輪值掌管寺門以及在作法辦事時擔任羯磨工作。在我國，則未見護寺
之職，上座又稱長老、上臘、首座、尚座、住位等，由比丘眾中之宿德且年
臘最高者充任，以統領寺院內部僧眾，《大宋僧史略》中稱上座為居席之端，
處僧之上〔註4〕；寺主又作院主、住持，原為造寺之人，後指寺院堂宇之營造
及管理者，為寺院與社會、外界往來的負責人；都維那為按寺規指授大眾日
常諸事雜物者，有司掌庶務，保護僧物之責，須以順應諸僧願望，嚴持戒律，
心存公正之賢能者任之。因負責職務廣泛，有些寺院另設典座、直歲、庫司、
知事等職，以分管維那之事。〔註5〕

三綱之制何時傳到中國目前仍無定論，或謂寺主始於東漢白馬寺，東晉
時已有僧官系統的維那與寺職系統的維那〔註6〕，或謂姚秦時已設有此制
〔註7〕，亦有謂梁武帝任法雲為光宅寺主，創立僧制。《魏書・釋老志》則正
式將維那、上坐（座）、寺主並列〔註8〕，《翻譯名義集》稱隋代比丘智琳，受

〔註3〕義淨，《大唐西域求法高僧傳》，卷上，大正藏第五十一卷（台北：新文豐出
版公司，民國72年1月），頁5～6。
〔註4〕贊寧，《大宋僧史略》，卷中〈講經論首座〉，大正藏第五十四卷（台北：新文
豐出版公司，民國63年9月），頁244。
按：據道誠，《釋氏要覽》卷上載有四種上座：（一）僧房上座，即律中所說
三綱上座；（二）僧上座，即壇上之上座，或授戒時堂中之首座；（三）則房
上座，即禪林諸寮之首座；（四）住家上座，即計齋席之上座。（大正藏第五
十四卷，台北：新文豐出版公司，民國68年9月），頁261。
〔註5〕藤堂恭俊著，余萬居譯，《中國佛教史》（台北：華宇出版社，民國74年6
月），頁223。
〔註6〕藤堂恭俊著，余萬居譯，《中國佛教史》，頁222～223。
〔註7〕參見贊寧，《大宋僧史略》，卷中〈僧寺綱科〉，頁242。
〔註8〕魏收，《魏書》，卷一一四〈釋老志〉（台北：鼎文書局，民國79年6月），頁
3040。

潤州刺史李海游命爲斷事綱維，爾後寺立三綱：上座、維那、典座也〔註9〕。《唐律疏議》名議疏議謂：「觀有上座、觀主、監齋，寺有上座、寺主、都維那。」〔註10〕唐高宗顯慶二年（657）長安西明寺落成，以道宣律師爲上座，神泰爲寺主，懷素爲維那〔註11〕，《大唐大典》尚書禪部條載：諸州寺總五千三百五十八所，三千二百三十五所僧，一千一百一十三所尼，每寺上座一人、寺主一人，都維那一人〔註12〕。《佛祖統紀》代宗大曆十一年（776）條則以寺主、知事、維那爲崇聖寺三綱〔註13〕，但《大宗僧史略》則謂西域知事僧總曰羯磨陀那，譯爲知事，亦曰悅眾〔註14〕，事實上維那是梵漢兼舉之詞，維指綱維，統領之義，那是梵 Karma-Dana 的略譯，也可譯爲次第、授事、悅眾，在中土較通行的稱呼是都維那，略稱維那，《佛祖統紀》中知事、維那並列爲三綱，或許是維那事多轉分爲二職，而將上座取消。文宗開成三年（838）八月，日求法僧圓仁至揚州開元寺，赴集者有三綱並寺和上（尚）及監僧等，分別是上座僧志強、寺主令徵、都師（維那）修達、監寺方起、庫司令端〔註15〕。宣宗大中七年（853）日求法僧圓珍在《行曆抄》上在台州的寺院三綱名稱有寺主、知事、上座〔註16〕，基本上仍可視知事爲維那性質的職事僧。

　　三綱之名稱變化與次序，或許是因時間演變，寺務繁簡不一所致，《翻譯

〔註 9〕 法雲，《翻譯名義集》，卷一，大正藏第五十四卷（台北：新文豐出版公司，民國 63 年 9 月），頁 1075。

〔註10〕 長孫無忌，《唐律疏議》，卷六〈名例〉（台北：弘文館出版社，民國 75 年 3月），頁 144。

〔註11〕 贊寧，《宋高僧傳》，卷十四〈道宣傳〉，大正藏第五十卷（台北：新文豐出版公司，民國 63 年 9 月），頁 790。

〔註12〕 李林甫等注：《大唐六典》，卷四〈尚書祠部〉（台北：文海出版社，民國 63年 6 月），頁 100。
按：《大唐六典》僧、尼寺數與總計數不符，《舊唐書》，卷四十三〈職官志二〉，在天下寺五千三百五十八所，三千二百三十四所僧，二千一百二十二所尼，較接近總數。

〔註13〕 志磐，《佛祖統紀》，卷四十一，大正藏第四十九卷（台北：新文豐出版公司，民國 63 年 9 月），頁 379。

〔註14〕 贊寧，《大宋僧史略》，卷中〈僧寺綱科〉，頁 242。

〔註15〕 圓仁，《入唐求法巡禮行記》，卷一（台北：文海出版社，民國 65 年 10 月），頁 7。

〔註16〕 圓珍，《行曆抄》，大日本國史料一編之一（東京：東京大學史料編纂所，1968年覆刻），頁 625～626。

名譯集》所載上座、維那、典座或為隋末唐初之制，高宗至玄宗時則以上座、寺主、維那為三綱，代宗時演變成寺主、知事、維那，唐末時則有寺主、知事、上座、都師（維那）之名稱。在事相上，三綱之名常因時代不同而有變化，但仍以上座、寺主為常設，維那則因寺院事情增多而有不同名稱與人數。寺院三綱往往被視為基層僧官，其選任或由官派，如宣宗時西明寺以道宣為上座、神泰為寺主，懷素為維那。亦有由寺內僧眾自行產生，如圓仁在揚州開元寺時的的三綱，也因部分寺院的三綱並非官派，故另設有官派的監寺來加以牽制，《入唐求法巡禮行記》謂：

> 凡此唐國，有僧錄、僧正、監寺三種色，僧錄統領天下諸寺，整理佛法，僧正惟在一都督管內，監寺限在一寺。自外方有三綱并庫司。〔註17〕

在三綱之下為普通僧眾，其人數因寺院大小而不同，大者如長安慈恩寺有十餘院，一千八百九十七間，敕度三百僧〔註18〕。台天山國清寺常有一百五十餘僧久住，夏節（結夏安居）有三百以上僧；禪林寺常有四十人住，夏節有七十餘人〔註19〕。晚唐時敦煌諸各寺院僧尼人數從十七至四十二不等，平均人數為二十七人〔註20〕。小者則如圓仁在登州到五台山路上所見之殘破寺院，僅有少數僧侶，如弁平縣廬山寺只有三綱、典座、值歲五人，更無僧人；萊州龍興寺僅有寺主、典座二僧；北海縣觀法寺有十二來僧，寺內有典座僧一人；淄州醴泉寺本有百來僧，今隨緣散去，現住寺者三十向上〔註21〕。若寺院內僧侶眾多，則常因事實需要而分職設事，成為三綱之下的職事僧，如典座、庫司、知事、直歲、知莊、知墅、知客等，名目繁多，這些僧值有時因地位重要，與寺主、上做同列為三綱之一，如前述三綱名稱之變化。在基本上，僧侶人數較多的寺院，除少數義學僧（學問僧）外，一般僧眾在講誦做法事之於，也經常參與寺院或田園勞務工作，在僧傳中也常見一些代表專管某一職務之僧職，如園頭（職司栽種菜蔬，及時灌溉）磨頭（職司碓坊作務，米麵供眾）、莊主（職司視田界至，修理莊舍，提督農務，撫安莊佃，些

〔註17〕圓仁，《入唐求法巡禮行記》，卷一，頁17。

〔註18〕段成式，《寺塔記》，大正藏第五十一冊（台北：新文豐出版公司，民國72年1月），頁1024。

〔註19〕圓仁，《入唐求法巡禮行記》，卷一，頁18。

〔註20〕參考姜伯勤，《唐五代敦煌寺戶制度》（北京：中華書局，1987年），頁213。

〔註21〕圓仁，《入唐求法巡禮行記》，卷一，頁47、52、57。

少事故，隨時消弭）等，這些僧職到中唐以後，因寺院耕作勞役地租轉爲實物地租（詳見下節）後轉爲更重要，至禪宗叢林制度普及後，漸成仿照朝廷文武兩班的東序、西序，各有不同且名目繁多的僧職出現〔註 22〕。在成年且受戒的僧眾之下，另有一些未受大戒的佛教皈依者，如沙彌、童子、行者、童行等，與一些寺院依附人口如寺院奴婢、部曲階級。他們在一般的研究中被視爲勞動力的提供者，爲整個寺院結構中的最下層，有關此階層之地位及工作內容，相關研究已多，本文不列舉。

第二節　叢林制度建立的背景

中國的僧伽制度，到了禪宗馬祖道一（708～788，師承慧能弟子南嶽懷讓）與百丈懷海（720～814）師徒建立叢林與清規制度以後又有了重大的變化，最初叢林是指禪宗的寺院而言，但自會昌法難以後，禪、淨以外諸宗均面臨「斷簡殘篇，學者無憑」的困境，禪宗因此盛行於天下，後世教（指天台、華嚴等宗）、律等各宗寺院亦仿禪林制度而稱叢林，各種因時因地制宜的祖訓師說，取代了傳統寺院所持的戒律。有學者稱百丈清規完全表現出中國化的寺院生活，其普遍性不但傳播所有的禪門集團，且亦延伸到一般佛教團體與道教團體，甚至成爲遠東一般宗教社團的準繩〔註 23〕，在歷史上具有特殊的意義。

爲何禪宗叢林與清規制度會在中唐時出現呢？從歷史與佛教本身考察可歸納爲：佛學思想、重要人物、經濟生產方式等三個主要因素及其他一些次要因素。

首先是在佛學思想上，「諸行無常」是佛教對一切世間法的看法，佛法在不斷演變中，本來就無一成不變的制度與現象，佛法初入中國，起先還依根

〔註 22〕有關園頭、磨頭、莊主之職司參見無著道忠禪師，《禪林象器箋》，卷八（高雄：佛光出版社，民國 13 年 12 月），頁 502～503、509。
〔註 23〕李瑞爽，〈禪院生活和中國社會——對百丈清規的一個現象學的研究〉，收入《佛教與中國思想及社會》（台北：大乘文化出版社，民國 67 年 12 月），頁 314～315。
東初法師稱：馬祖創叢林，百丈立清規，既改變僧眾生活方式，迫使僧眾不得不放棄印度原有的三衣一缽的外形，改著唐朝的衣冠，即今圓領方袍的僧裝。至此，佛教在中國，不惟思想中國化，即外表服裝也完全中國化了。（見〈叢林制度與禪宗教育〉，《佛光學報》創刊號，民國 65 年 3 月，頁 4）

本戒律共住，後因政治、社會等因素干擾，遂有官寺、叢林、子孫廟等出現，與因時因地制宜的規範、清規、祖訓、師說等，佛法在世間，不能不受此無常法則的支配。〔註24〕

此外，《五分律》卷二十二已有因地制宜，在不違反戒律精神的原則下，可以隨方應用的許可：

> 佛言：雖是佛所制，而於餘方不以爲清淨者，皆不應用；雖非我所制，而於餘方必應行者，皆不得不行。〔註25〕

在重要人物方面，證諸中國佛教的僧伽內部，在東晉道安、慧遠後爲期約四百年的發展，始終都維持緩慢的變化以適應中土政治、社會、文化的需求，其中最常見是一些僧容人士綜合律藏後訂定律儀，以爲僧團運作的準繩，《續高僧傳》卷二十一謂：

> （梁）武帝以律部繁廣臨事難究，聽覽餘隙遍尋戒檢，附世結文，撰爲一十四卷，號曰出要律儀，以少許之詞，網羅眾部，編集而成。〔註26〕

《大宋僧史略》卷中說：

> 支遁立眾僧集儀度，慧遠立法社節度，至于（道）宣律師，立鳴鐘軌度，分五眾物儀，章服儀，歸敬儀，……又南齊文宣王著僧制一卷，又梁祖造光宅等，詔法雲爲寺主，創立僧制，用爲後範。觀其北魏南朝，俗施僧制，而皆婉約且不淫傷。〔註27〕

《廣弘明集》卷二十四稱北魏孝文帝謂：

> 自象教東流千齡已半，秦漢俗華制禁彌密，故前世英人隨宜興例，世輕世重以禅玄奧。先朝之世嘗爲僧禁，小有未詳宜其修立。〔註28〕

北魏孝文帝因此在太和十七年（493）制訂《僧制》四十七條〔註29〕，謝重光

〔註24〕 參考印順法師，《以佛法研究佛法》（台北：正聞出版社，民國 74 年 3 月），頁 1～13。

〔註25〕 佛陀什譯，《彌沙塞五分戒本》，卷二十二，大正傳第二十二冊（台北：新文豐出版公司，民國 68 年 9 月），頁 153。

〔註26〕 道宣，《續高僧傳》，卷二十一〈釋法超傳〉，大正傳第五十冊（台北：新文豐出版公司，民國 72 年 1 月），頁 607。

〔註27〕 贊寧，《大宋僧史略》，卷上〈道俗立制〉，頁 241。

〔註28〕 道宣，《廣弘明集》，卷二十四〈帝立僧尼制詔〉，大正藏第五十二冊（台北：新文豐出版公司，民國 72 年 1 月），頁 272。

〔註29〕 魏收，《魏書》，卷一一四〈釋老志〉，頁 3039。

認為僧制與印度傳來的戒律，中國僧人自制的規範（如東晉釋道安所創《僧尼規範》），同為僧尼必須遵守的行為準則。這樣，就從立法方面打破了教團只依僧律實行內部自治的局面〔註30〕。在宗派方面，天台宗章安灌頂（561～632）致力於教團的發展，制定律儀十條。規定天台山之法徒，須依堂坐禪，或別場懺悔，或知僧事。依堂之僧，以四時坐禪、六時禮佛為恆務，若禪禮失時，則罰當眾禮拜懺悔。知事之僧須以大眾利益為本行事，不可私自為己，侵佔大眾財務等事〔註31〕。禪宗則自四祖道信一改達磨以來的隨緣而住，獨來獨往的頭陀行（苦行），近於雲水的生活，在蘄州黃梅西北的破頭山（一名雙峰山）建立僧團，會下有五百多人。其後五祖弘忍住黃梅北方的憑墓山（一名東山），受學者多達七百多人。印順法師認為道信、弘忍師徒「擇地開居，營宇立象」，改變以往禪者來去不定，學者不易攝受的缺點，安定的在黃梅五十多年，接受天下學眾。更符合了釋迦正法住世的大原則，從團體生活規範中，陶賢鑄聖，使禪者開始獨立的發展，為未來創立禪寺（叢林）的先聲。〔註32〕

　　僧俗之所以不斷的制定僧制僧制或律儀，其背後尚有一基本原因，即中土國情不同於印度，道安在制訂僧尼軌範時就已考慮到此點，故對於托缽及三衣問題上，並未採行印度僧制。自梁武帝制出要律儀，撰〈斷酒肉文〉，以「白衣僧正」自居，及受一些大乘經典如《梵網經》、《楞嚴經》、《大般涅槃經》等譯出的影響，寺院全部採行素食，以避免殺業。此時僧團的維持方式，必須不斷的檢討、配合社會環境的挑戰，才能繼續發長茁壯，因此不斷有僧俗睿智之士，為僧團制定可隨方應用的制度。

　　經濟生產方面，在印度僧侶以托缽為生，不從事農業生產活動，戒律中亦規定比丘不得掘地、砍斲草木等，主要原因不外乎避免殺害生命、不壞鬼神村、避免比丘被迫從事勞役等。由於從事農作，須以鋤犁鑤鑵等器械，無論掘土燃火，均會傷害到附著於草木上的生物，殺生是佛教的根本戒之一，故不從事農作是避免殺生的方法之一。此外，在印度佛教的觀念中，鬼神等眾生棲止於草木中，名鬼神村，斫截草木，即是壞鬼神村，比丘犯波逸提。

〔註30〕謝重光，《漢唐佛教社會史論》（台北：國際文化事業公司，民國79年5月），頁300。

〔註31〕蔡琪惠，《百丈懷海禪師之研究》（政治大學中文研究所碩士論文，民國80年6月），頁111。

〔註32〕印順法師，《中國禪宗史》（台北：正聞出版社，民國64年2月），頁44。

《毗尼止持會集》引根本律釋義稱五種鬼神村爲：

> 村有五種，一根種：謂香附子、菖蒲、薑等，此物皆由一根乃生故。
> 二莖種：即枝種也，謂石榴、楊柳、菩提貝多（菩提樹）、葡萄等樹，
> 此等皆由莖生故。三節種：謂甘蔗、竹葦等，此等皆由節生故。四
> 開種：謂蘭香、橘、柚等，此等諸子皆由開裂乃得生故。五子種：
> 謂稻、麥、豆、芥等，此等由子還生子故。然斯五種乃鬼神託之棲
> 止，由若人之依村落也，故名鬼神村。〔註33〕

《重治毗尼事義集要》引《薩婆多論》謂：

> 有三戒大利益佛法：不得擔、不殺草木、不掘地。若不制三戒，國
> 王當使比丘作役。三眾是淨人故不犯。〔註34〕

印度及中國晉唐期間，寺院曾以淨人從事生產勞動，這些淨人的身分地位大約與唐律中寺觀部曲階層相當〔註35〕，由於唐中葉後，寺院獲取土地、勞地的方式有很大的變化，賞賜、施捨的來源減少，靠一般經濟手段如買賣或開墾獲取的比重大爲增加。在經濟生產方面，亦由依附寺院淨人耕作的勞役地租制，轉變成靠以招佃爲主由莊客、客戶擔當的實物地租制（或稱契約租佃制）〔註36〕。在這生產制度轉型的過程中，原來負擔生產工作的淨人逐漸變爲「爲僧眾給侍」的次要地位。由寺僧負擔生產工作，對於以開墾長江以長淺丘爲主的禪宗僧團而言，不但可以減少對招佃人口的依賴與支出（租佃支出），同時也可以與禪修結合爲「農禪制度」，實現禪宗「行亦禪、坐亦禪，語默動靜體安然」（永嘉大師證道歌語）的風格。

禪宗重視勞務是發端於道信所率領的僧團，開拓於弘忍、法融、慧能等人，直到懷海時才建立正式的制度。《歷代法寶記》稱弘忍：

> 常勤作務，以禮下人。晝則混跡驅給，夜便坐攝至曉，未常懈怠。
> 〔註37〕

法融亦從道信禪法，後開牛頭一宗，《景德傳燈錄》稱：

> 唐永徽中，徒眾乏糧，師往丹陽緣化，去山八十里，躬負米一石八

〔註33〕見月，《毗尼止持會集》，卷八（泰國曼谷：甘露寺，1959年），頁655～656。
〔註34〕藕益，《重治毗尼事義集對》，卷六（南投：津律寺，民國77年10月），頁21。
〔註35〕謝重光，《漢唐佛教社會史論》，頁120。
〔註36〕謝重光，《漢唐佛教社會史論》，頁28～29。
〔註37〕不著撰者，《歷代法寶記》，大正藏第五十一冊（台北：新文豐出版公司，民國72年1月），頁182。

斗，朝往暮還，供僧三百，二時不闕。〔註38〕

慧能至弘忍處學禪法，曾被分派舂米房中作勞務，王維在〈六祖能禪師碑銘〉稱：

安於井臼，素剋其心，獲悟於稊稗。〔註39〕

因六祖慧能禪法的普及，致廣東、福建、湖南、湖北、江西、安徽、浙江、江蘇、四川等地均有禪師前往，他們跋山涉水，批荊斬棘的開發淺山丘陵。具有移民社會居民般的冒險犯難精神，崇尚簡潔，不喜繁文縟節是他們共同的特徵。特別是在安史之亂後，北方經濟殘破，南方經濟漸漸繁榮發展，致民眾及政府有餘力支持宗教。此外，當時湘贛地區文化程度尚低，禪宗「頓悟」的境界與傳教方式，多少有些神秘感，而又簡而易從，最適合文化落後民風純樸地區人民去信仰〔註40〕，在此背景下，傳統宗派的修行儀式與作息安排，已面臨迫切修改的必要。

　　在時機方面，因安史之亂後造成北方經濟殘破、社會結構逐步改變，兩稅法的實施也直接衝擊到傳統寺院，這種種的改變，現代學者稱「唐宋轉型期」或「唐宋變革期」，此時為傳統寺院調整經營組織及運作型態的最佳時機。再者，一些求法僧至印度回國後，寫下印度等地佛教傳布實況的報導，如義淨法師在《南海寄歸內法傳》中敘述熱帶地區的僧侶生活，使國內僧侶對佛教戒律因時因地制宜的精神有更進一步的認識，突破傳統僧人認知中的僵化教條主義。同時藉由中印間文化交往，對印度婆羅門教鳩摩利婆多（Kumaril Bhatta）與商羯羅闍利耶（Shankaracharya）恢復吠陀經典原先的崇高地位，吸收佛教教義後再攻擊佛教，終於復興婆羅門教（改稱印度教）的事情亦有所知〔註41〕，商羯羅教團對叢林制度的建立是否有啟發或參考作用，因史料不足無法推論，有待來日多方再作詳察。

〔註38〕道原，《景德傳燈錄》，卷四〈金陵牛頭山六世祖宗〉（台北：真善美出版社，民國62年8月），頁61。

〔註39〕王維，〈六祖能禪師碑銘〉，收入《全唐文》，三二七卷（上海：上海古籍出版社，1990年12月），頁1465。

〔註40〕參見嚴耕望，《治史經驗談》（台北：台灣商務印書館，民國71年12月），頁10～11。

〔註41〕聖嚴法師，《世界佛教通史》，上集（台北：台灣中華書局，民國58年9月），頁207～211。

　　　　按：透過中、印僧侶的來往交流，以及海上絲路貿易的興起，印度許多文化輾轉流傳到我國，較著者如渾天學說與佛曲音樂。

第三節 〈禪門規式〉與禪宗僧團組織

禪宗自四祖道信開始建立共僧團，但僧侶多居律寺中的別院，因禪者灑脫，律宗拘謹，二者宗風差異極大，對於寺院說法住持等運作頗多不便之處，一些傑出禪僧開始尋找解決方案，如約與百丈同時的禪宗僧侶中，已有藥山惟儼（751～834）在傳統寺院外另闢禪院的記載，《祖堂集》卷四謂：

> 師初住時，就村公乞牛欄爲僧堂，住未得多時，近有二十來人，忽然有一僧來請他爲院主，漸漸有四五十人，所在迮狹，就後山上起小屋，請和尚去上頭安下。〔註42〕

《宋高僧傳》亦有官府爲道通（731～813）建禪宗、爲圓修（735～833）造伽藍之記載〔註43〕。百丈師徒的叢林制度，也是在此背景下產生的。後人將禪宗叢林制度的創立者歸於百丈，主要原因是在他之前雖有緇素立下許多的僧制，但無人敢如此明目張膽的改革；與他同時及在他之後更無完美的僧制能夠超越百丈所立者。

叢林制度建立後之所以能屹立不搖，主要是靠清規的支持，使日常運作靈活，佛教史上所說的「馬祖立叢林，百丈立清規」即是反映出其一體性，以今日術語來說，叢林爲硬體，清規則如軟體，二者缺一不可。遺憾的是百丈清規原文已佚失，後人對其研究僅能從有關百丈懷海禪師的幾則資料中尋找，如陳詡的〈唐洪州百丈山故懷海禪師塔銘〉、《祖堂集》卷十四、《宋高僧傳》卷十〈懷海傳〉、《景德傳燈錄》卷六〈禪門規式〉等，以時代來說，〈塔銘〉及《祖堂集》的資料最早，但此二資料對百丈創立清規一事並未有記載〔註44〕，現存資料中，以〈懷海傳〉對清規之事記載最早，〈禪門規式〉完全承襲〈懷海傳〉內容而有所增添，爲日後所修如南宋時宗賾《禪苑清規》卷十〈百丈規繩頌〉、元時德輝《敕修百丈清規》卷八〈古清規序〉所本。本節所論即以〈懷海傳〉、〈禪門規式〉所載爲主，〈塔銘〉略記百丈一生活動作爲

〔註42〕靜、筠合編，《祖堂集》，卷四，佛光大藏經（高雄：佛光出版社，民國83年12月），頁199。

〔註43〕贊寧，《宋高僧傳》，卷十〈道通傳〉、〈圓修傳〉，頁767、774。

〔註44〕據日人近藤良一在〈百丈清規の成立えと原型〉一文中，認爲「百丈清規」之名的成立大約是在十二世紀以後的事，百丈所立制度可能是一部分筆錄，一部分則是透過弟子們的口語傳播，而在各地流行起來，並經後人不斷的修訂補充，逐漸發展出完備的條文。（北海道駒澤大學研究紀要三號，昭和43年11月，頁19～30）

佐證。

《宋高僧傳》卷十，〈懷海傳〉述其別立禪居的始末爲：

後檀信請居新吳界，有山峻極，可千尺許，號百丈歟？海既居之，禪客無遠不至，堂室隘矣。且曰：「吾行大乘法，豈宜以諸部阿笈摩教爲隨行耶？」或曰：「瑜伽論、瓔珞經是大乘戒律，胡不依隨乎？」海曰：「吾於大小乘中博約折中，設規務歸於善焉。」乃創不循律制，別立禪居。〔註45〕

《景德傳燈錄》卷六〈禪門規式〉記載亦大致相同，唯於前段中述及：

百丈大智禪師以禪宗肇自少室，至曹谿以來，多居律寺。雖別院，然於說法住持，未合規度，故常爾介懷。乃曰：「祖之道欲誕布化元，冀來際不泯者，豈當與諸部阿笈摩教爲隨行耶。」〔註46〕

綜合上述二資料，可知懷海在江州新吳百丈山建立寺院，後因禪客雲集，堂室狹隘，欲思以新的制度，擺脫傳統禪者居律寺別院的束縛〔註47〕，故以保留戒律精神，不拘泥大小乘律法而創立禪宗寺院。

懷海新創的禪宗寺院，最大特色是不立佛教，唯樹法堂，代表著禪宗重「法」不重「佛」的精神。在一般寺院中，佛殿是最主要的建築，且大都建在中軸線上，法堂則是僅次於佛殿的另一建築，是演說佛法皈戒集會之處。懷海之所以將法堂作爲禪宗寺院的主要建築，象徵「表祖佛親囑受，當代爲尊也。」（禪門規式語）由於法堂有說法集會之用途，故成叢林的教育中心，由道高臘長的僧侶負教育之責，爲突顯這些道高臘長的地位，懷海對於僧伽制度亦作調整，〈禪門規式〉謂：

凡具道眼有可尊之德者號曰長老，如西域道高臘長呼須菩提等之謂也。既爲化主，即處于方丈，同淨名之室，非私寢之室也。

按長老原爲小乘律對上座比丘的稱呼，如舍利弗、須菩提、摩訶迦葉等佛陀弟子，均被稱爲長老，懷海以長老稱呼寺院住持，代表不拘於小乘戒律。禪

〔註45〕贊寧，《宋高僧傳》，卷十〈懷海傳〉，頁770。
〔註46〕道原，《景德傳燈錄》，卷六〈百丈懷海傳附禪門規式〉（台北：眞善美出版社，民國62年8月），頁117。
〔註47〕〈永嘉大師證道歌〉謂：「有二比丘犯婬殺，波離螢光增罪結，維摩大士頓除疑，猶如赫日銷霜雪。」可作爲禪宗對於傳統戒律的普遍觀點。文中所說波離是指佛教律藏結集者優波離，他曾以小乘事法向無心犯殺戒及婬戒的二比丘結罪，致此二比丘心疑不決，轉生疑惑，即往大乘行者維摩居士處懺悔，維摩居士以理說性空無相法門，致此二比丘頓悟了罪性空寂之理。

居住持，名為化主，居「方丈」室，則明示此室同於維摩居士所住之室，雖僅一平方丈大小，但容量無限，並非同於一般人的寢室，此丈室的由來出於大乘經典《維摩詰所說經》，代表懷海亦採大乘之教。

以今日術語而言，法堂為硬體，職司教化的長老則為軟體，禪宗學眾在僧堂中的威儀及學習情形，〈禪門規式〉亦有詳細規定：

> 所褒學眾，無多少無高下，盡入僧堂中，依夏次安排；設長連床，施椸架，掛搭道具；臥必斜枕床脣，右脅吉祥臥者，以其坐禪既久，略偃息而已，具四威儀也。除入室請益，任學者勤怠，或上或下，不拘常准，其閤院大眾朝參夕聚，長者上堂陞坐，主事徒眾，雁立側聆，賓主問酬，激陽宗要者，示依法而住也。

學眾在僧堂中的位置安排，不以職務高下，而以僧臘大小為標準。行住坐臥四威儀中，懷海特別提出「臥」的威儀作例子，僧堂中設可連坐多人的長床，學僧在上頭的臥姿必須是右脅枕的吉祥臥，以為長時間坐禪後的略事休息。全體學僧，每日早晚齊聚法堂，長老上堂陞座說法，主事徒眾均如群雁飛行有序的排列聽講，老長學眾互相問難，依法不依人，務立確立禪門宗要。除進入方丈室向長老請益外，方丈對學眾用功於否並不過問，顯示禪門自由放任的宗風。

由於安史之亂後禪宗漸次在長江以南地方發展，他們披荊斬棘的開發淺山區，為因應山區經濟結構及生產方式的改變，懷海將傳統寺院中勞作觀念加以改變，並調整寺僧的職務，使其成為以住持要十務、大眾為主體的一所叢林。〈禪門規式〉謂：

> 行普請法，上下均力也；置十務謂之寮舍，每用首領一人，管多人營事，令各司其局也。

所謂普請法是指「普」遍邀「請」眾僧作務，為禪宗與其他傳統寺院最大不同的地方，在懷海之前禪宗已有勞動的傳統，如弘忍在道信門下，常勤作務，不邇艱辛，夜則斂容而坐，恬澹自居；神秀在弘忍處，決心苦節，以樵汲自役而求其道〔註48〕，慧能初從弘忍，亦曾在舂米房報石以供眾，唯此類勞動較不涉及挖土掘地，破壞鬼神村之事。懷海的普請法，由僧侶擔任叢林寺院山林之所有工作，無論斬樹伐木、挖土掘地、灑掃燒煮等粗細作活，為一典型的農禪結合，自耕自給的經濟型態，膾炙人口的百丈名言「一日不作，一

〔註48〕分見贊寧，《宋高僧傳》，卷八〈弘忍傳〉、〈神秀傳〉、〈慧能傳〉，頁 754、756。

日不食」就是禪宗勞務的典型，《廣錄》上說：

> 師凡作務，執勞必先於眾。眾皆不忍早收其作具而請息之。師云：「吾
> 無德爭，合勞於人。」師既遍求作具不獲而亦忘食，故有一日不作，
> 一日不食之言流播寰宇矣。〔註49〕

懷海的清規，事涉傳統戒律的改變，馬上受到僧眾的質疑，甚至被人罵以「破
戒比丘」，《古尊宿語錄》卷一記載有懷海師徒的對話：

> 問：斬草伐木、掘地墾土，為有罪報相否？師云：不得定言有罪，
> 亦不得定作無罪。有罪無罪事在當人，若貪染一切有無等法，有取
> 捨心在，透三句不過，此人定言有罪。若透三句話，心如虛空，亦
> 莫作虛空想，此人定言無罪。又云：罪若作了，道不見有罪，無是
> 有處；道有罪，無有是處。如律中，本迷煞人及轉相煞，尚不得煞
> 罪；何況禪宗下相承，心如虛空，不停留一物，亦無虛空相，將罪
> 何處安著？〔註50〕

慧能在偈語中言及：「菩提本無樹，明鏡亦非台，本來無一物，何處惹塵埃。」
其同門師兄的偈語則為：「身是菩提樹，心如明鏡台，時時勤拂拭，莫使惹塵
矣。」這二句偈語的意境因慧能、神會心境與體悟不同而有差異。懷海對於
斬草伐木，掘地墾土是否犯戒，回答以心無從取捨、心如虛空、罪無處安著
的心法立場來解釋，與慧、神會是否執著於身心有異曲同工之妙，心起罪生、
心滅罪亡。不過此心種法解釋，仍不能免除在事相上，掘土伐木等誤傷誤殺
蟲蟻的事實存在，故後代禪宗寺院，紛紛把田地租賃給佃農耕作，以避免殺
生的事實。〔註51〕

　　懷海的普請法精神為後代所承襲者，為僧眾勞務分攤，也因此神精而有
「十務」僧職的出現，「十務」的名稱，在〈禪門規式〉中出現有「維那」、「飯
頭」、「菜頭」等三個。日人近藤良一認為懷海時的禪宗叢林，在住持之下，
屬於「十務」的尚有火頭、園頭、米頭、典座、侍者、浴主、莊主等〔註52〕。

〔註49〕普請法並非創始於百丈懷海，據《景德傳燈錄》，卷六〈杉山智堅傳〉與〈鄧
　　　　隱峰傳〉所載，當時馬祖道一及石頭希遷門下均已實施此法。

〔註50〕守頤，《古尊宿語錄》，卷一，佛光大藏經（高雄：佛光出版社，民國83年12
　　　　月），頁178。

〔註51〕晚唐五代沙州（敦煌）寺院就盛行租賃耕作制度。參見姜伯勤，《唐五代敦煌
　　　　寺戶制度》，頁177～179。

〔註52〕近藤良一，〈百丈清規の成立とと原型〉，頁36。

在「十眾」之下的則為大眾（即普通僧眾），他們在普請法下亦負擔勞務工作。〔註53〕

〈禪門規式〉亦有整肅僧團，維持清淨的辦法：

> 或有假號竊形混於清眾，并別致喧撓之事，即堂維那檢舉，抽下本位掛搭，擯令出院者，貴安清眾安。或彼有所犯，即以拄杖杖之，集眾燒衣缽道具，遣逐從偏門而出者，示恥辱也。

僧伽制度貴在維持和合清淨，如有人假冒僧人，混入僧團中，喧嘩撓嚷，維那要檢舉出來，拿下其掛搭的衣缽，驅逐出禪居，以維持僧團和合。對於違犯清規的僧侶，則處以杖責，並當眾燒其衣缽道具，從偏門驅逐而出，以示恥辱。懷海之所以有這樣的規定，其目的有四：（一）不污清眾，生恭敬故；（二）不毀僧形，循佛制故；（三）不擾公門，省獄訟故；（四）不洩於外，護宗綱故（〈禪門規式〉語）。懷海之後禪宗發展日盛，尤其是會昌法難以後，其他宗派均面臨「斷簡殘篇，學者無憑」的困境，唯禪、淨二宗能快速發展，叢林的組織日益壯大，結構日益複雜，職事名目層出不窮且亦混淆。自北宋起，以懷海叢林清規（後人稱「古清規」）為基礎的清規不斷出現，如宋徽宗時宗賾的《禪苑清規》，立〈龜鏡文〉，對叢林人事與僧職，作更詳細的區分。元順帝時，命百丈山住持德輝，採輯以前諸清規本子重新輯訂，並由金陵大龍翔集慶寺住持大訢等校正，成《敕修百丈清規》，僧職仿朝廷組織，發展出東、西二序的龐大組織，且為日後的通行本，懷海對中國佛教的貢獻由此可見。

第四節　比丘尼僧團的建立與特質

佛教的僧團依性別可區分為男性的比丘僧團，以及女性的比丘尼僧團，釋尊成道後在鹿野苑度阿若憍陳如等五比丘，而成立比丘僧團，若干年後，佛陀的養母摩訶波闍波提（大愛道瞿曇彌）與五百釋種女，加入僧團，而成立比丘尼僧團。比丘尼僧團的成立，是釋尊主張修道解脫眾生平等，打破印度種姓階級與性別歧視的具體作法，在根本佛教時期，比丘尼的活動十分活躍，她們受集體教育，有辯難教理的機會。但現存的比丘尼律及早期部派時

〔註53〕非叢林寺院的結構為：三綱－職事僧－普通僧。叢林寺院的結構為：住持－十眾－大眾僧。

期的經典，是由上座長老比丘結集，對比丘尼的生活史並不重視，因此留下許多令人爭議之處，如「女眾出家，正法滅少五百年」之說，以及世尊爲何制定女眾的八敬法。〔註54〕

　　討論比丘尼僧團的特性，必須從八敬法（或譯八尊敬法、八不可越法、八尊師法）談起，八敬法的內容因各部派對女性看法的不同而有出入，印順法師在《原始佛教聖典之集成》中將各派記載整理，作出對照如下：

敬　法　條　文	律　　本　　類　　別						
	銅　部	十誦律	明了律	僧祇律	根有律	五分律	四分律
受具百歲應禮迎新受具比丘	1	1	2	1	6	8	1
不得無比丘處安居	2	4	7	7	3	2	7
半月從比丘眾請教誡問布薩	3	6	3	6	2	1	6
安居已從兩眾行自恣	4	5	8	8	8	3	8
犯尊法於兩眾行摩那埵	5	3	4	5	7	7	5
二年學法已於兩眾請受具足	6	2	1	2	1	4	4
不得罵詈讒謗比丘	7		5		5	5	2
不得向白衣說比丘過失，不得說（舉）比丘罪	8	8	6	3	4	6	3
問比丘經論不聽不得問		7					
不得先受				4			

按：表中 1、2、3 等次第爲八敬法之條數次第。〔註55〕

　　八敬法的內容，各家說法大同小異，僅一、二條文及次序出入。印度佛教史上，對女性及比丘尼的態度，除部派佛教時的大眾部，其《摩訶僧祇律》僅部分的接受八敬法，且在解釋上認爲比丘尼接受八敬法，還可得使佛法久傳等五種好處〔註56〕。後起的大乘佛教則對比丘尼最爲包容且缺乏嚴密的戒律組織，這也是比丘僧團在中國建立後能繼續生存發展的原因之一。

〔註54〕王翠貞，《佛教的女性觀》（中國文化大學印度文化研究所碩士論文，民國76年5月），頁54。
〔註55〕印順，《原始佛教聖典之集成》（台北：慧日講堂，民國67年7月），頁402〜403。
〔註56〕李玉珍，《唐代的比丘尼》（台北：學生書局，民國78年2月），頁125。

　　中國女性依律出家始於西晉的淨撿，由於淨撿出家時受制於戒律，無和尚尼可爲依止，只能向比丘大德處受戒，於升平元年（357）依僧祇律而成立比丘尼僧團〔註57〕。淨撿尼受戒之初，即因未符「二部受戒」——先向比丘尼受戒，再向比丘受戒，而受到批評。到了劉宋時，佛教「邊地意識」與政治的介入，使中土比丘尼僧團是否合乎戒律受到更多的關切，文帝元嘉六年（429）師子國八位比丘尼到達建業後，慧果比丘尼即向求那跋摩請教以前中土尼眾受戒是否合律，及「二部受戒」與「邊地受戒」等實務問題，於是求那跋摩乃請難提居士到師子國延請比丘尼。元嘉十一年（434）當師子國比丘尼鐵薩羅等十一人至建業時，求那跋摩已逝，改由僧伽跋摩在南林寺壇依佛國（印度）戒律，重新爲中國比丘尼在兩眾（二部）前授戒，完成了中國比丘尼僧團第二次成立的程序〔註58〕。唐代比丘尼亦須從「二部受戒」，如長安濟度寺尼惠源（蕭瑀之孫女）之受戒和尚爲寺大德尼、羯摩阿闍黎爲太原寺大德律師薄塵、尊證阿闍黎爲迪延法師。〔註59〕

　　比丘尼僧團的成立，爲許多有意修行的中國女性提供安身立命之處，也使佛法更容易因比丘尼傳播給女性同胞，由於政府的許可與信眾的護持，唐代比丘尼寺數量頗多，《大唐六典》統計天下寺總五千三百五十八所，其中三千二百四十五所僧寺，二千一百一十三所尼寺，僧、尼寺比例約爲三比二〔註60〕。《唐會要》載僧數爲七萬五千五百二十四、尼數爲五萬五百七十六，僧尼比例亦爲三比二〔註61〕。爲比丘尼僧團分布以長安、洛陽最爲密，長安尼寺是帝王興建新都計劃中的一部分，但也開放平民建寺。但長安尼寺的分布都和僧寺對偶，合乎戒律上比丘尼須於有比丘處居止的規定。〔註62〕

　　唐代比丘尼僧團如同比丘僧團一樣，納入政府僧組織與控制中，除戒律

〔註57〕寶唱，《比丘尼傳》，卷一〈淨撿傳〉，大正藏第五十卷（台北：新文豐出版公司），頁934。

〔註58〕李玉珍，《唐代的比丘尼》，頁129～130。

〔註59〕楊休烈，〈大唐濟度寺故大德比丘尼惠源和上神空誌銘并序〉，收入周紹良主編，《唐代墓誌銘彙編》，編號：開元四五九（上海：上海古籍出版社，1992年11月），頁1473。震華，《續比丘尼傳》，卷一〈惠源傳〉（台北：佛教出版社，民國72年8月），頁12。

〔註60〕李林甫等注，《大唐六典》，卷四〈祠部尚書〉（台北：文海出版社，民國63年6月），頁100。

〔註61〕王溥，《唐會要》，卷四十九〈僧籍〉（台北：世界書局，民國71年12月），頁863。

〔註62〕李玉珍，《唐代的比丘尼》，頁233。

規定有別外，其他世俗法規則是共通的。雖然比丘與比丘尼在寺數及人數上，均程三比二的比例，但目前所留下的比丘尼僧團資料相當的有限，為研究這段史實增添許多困擾。茲將目前所知唐代比丘僧團的特點敘述如下：

一、比丘尼的出身可分為士族、宗室、宮人、平民四大類

具士族背景中最著名的是蘭陵蕭氏，其家族自梁武帝時就傾心佛教，蕭氏姑姪中，法樂尼、法願尼、法燈尼為蕭瑀之女，惠源尼為其孫女〔註63〕。其他士族出身比丘尼則包含山東、江南、關中、代北士族，唯自武后後，士族比丘尼數量漸多且遍及大族、小姓，顯示出佛教的普及〔註64〕。宗室（含配偶）出家者數量不如成為女冠者多，較著者有中宗從姑法琬尼、嗣彭王女彌多羅尼、源出隴西申公之裔的如願尼、高宗孫女李上座等〔註65〕。唐代皇宮內道場有許多內尼，宮人是來源之一，宮人出身的比丘尼在《唐代墓誌銘彙編》中多帶有官品，但頗多佚名，唯以〈大唐故亡尼七品〉、〈亡尼八品〉等名稱出現者。平民出家者多見筆記小說記載，如《謝小娥傳》、《聶隱娘傳》、《幻異志》、《酉陽雜俎》等，墓誌資料則不多見。

二、唐代比丘尼寺院在社會中的最大功能為提供婦女修行守節之處所

據李玉珍女士的統計，唐代士族比丘尼出家原因可分為五大類：（一）寡婦守節；（二）離婚出家；（三）還願；（四）家道中落；（五）為先人追福作功德。出家取代了自殘身體或自殺的表志不嫁作法〔註66〕。亂世或遭遇不幸的婦女更寄身於比丘尼寺院，如《章台柳傳》中的柳式，在安史之亂時剪髮毀形，寄跡於法靈寺；（見第一章第三節）《謝小娥傳》中的謝小娥在父、母遭人殺害後，為尼寺收容並俟機報仇，後得李公佐的協助而完成心願，後謝

〔註63〕佚名，〈大唐濟度寺大比丘尼（法願）墓誌銘并序〉；佚名，〈大唐濟度寺故比丘尼法樂法師墓誌銘并序〉；佚名，〈大唐濟度寺故比丘尼法燈法師墓誌銘并序〉；楊休烈，〈大唐濟度寺故大德比丘尼惠源和上神空誌銘并序〉，收入周紹良主編，《唐代墓誌銘彙編》，頁386、676、677、1473。

〔註64〕李玉珍，《唐代的比丘尼》，頁73。

〔註65〕王昶，《金石萃編》，卷六十八〈法琬法師碑〉（台北：台聯國風出版社，民國53年4月），頁1200～1204；震華，《續比丘尼傳》，卷一〈法澄傳〉，頁11；飛錫，〈唐國師故如願律師謚大正覺禪師誌銘〉，收入周紹良主編，《唐代墓誌銘彙編》，頁1786～1787。

〔註66〕李玉珍，《唐代的比丘尼》，頁230。

小娥正式出家受戒。〔註67〕

三、內道場比丘尼僧團的建立

　　唐代宮廷佛教活動頗多，有三教講論、宮廷授戒、宮內行道、迎佛骨、內齋等（詳見第四章第三節），這些活動都是由外面迎請法師大德入宮主持，與此相對應的是宮內設有「內道場」與「內尼」，以從事佛教活動、先帝后忌日行香祭祀或帝王生辰慶典之用。內道場比丘僧團（內尼）的成員，均來自內官、宮官、宮女和官婢，由於戒律上八敬法的規定，比丘尼必須在二部受戒，每半月須在比丘前發露自恣、比丘尼不得於無比丘處坐夏等限制，所以內尼必須借重外來高僧賦與其合法的宗教地位，唐代內道場比丘尼僧團較一般僧團封閉又仍依賴比丘特色，為唐代比丘僧團的特殊型態。〔註68〕

四、唐代比丘尼大都持戒嚴謹，成就亦高

　　僧侶出家受戒，須經重重資格審查與年齡限制，受戒後行住坐臥均須依律而行，以養成三千威儀八萬細行，較之唐代女冠多采多姿、風光綺麗的現象，呈現完全不同的風格。由於比丘尼的精進不放逸，故有許多人的修行成就不亞於《續高僧傳》及《宋高僧傳》所記的比丘僧，較著者如末山了然禪師、實際禪師為比丘說法啟悟；圓機禪師寂後神通顯異、劉鐵磨禪師與潙山靈祐的機鋒相對海印尼師的詩作等〔註69〕，為我國佛教史增光不少。

〔註67〕歐陽修，《新唐書》，卷二○五〈列女傳〉（台北：鼎文書局，民國68年2月），頁5861。

〔註68〕李玉珍，《唐代的比丘尼》，頁206～209。

〔註69〕參見釋恒清，《菩提道上的善女人》（台北：東大圖書公司，民國84年7月），頁137～162。

第五章　唐代的僧政管理與政教關係

第一節　僧官制度的演變

　　唐代的僧政管理，承襲南北朝的作法，以扶植與抑制并舉，利用與改造共行為基本模型〔註1〕。具體者如僧官、僧籍制度是延續前代者，寺監（貞觀初廢）、度牒則為唐代所創立者。由於佛教史籍的失載，致部分制度的來龍去脈已難考察，後人對此問題多感茫然以致疑問叢生，如宋僧贊寧的《大宋僧史略》就有疏忽落失及語焉不詳之弊。明復法師在《中國僧官制度研究》一書中，亦提到唐代在僧務隸屬不定的局面，有「度牒」、「籍帳」、「寺監」等三事無法探究其施行的真相〔註2〕，此誠治佛教史者之一大憾事。本節僅以中央僧官制度從鴻臚寺、祠部到功德使的演變以說明之。

　　李唐革命，承隋之舊，於鴻臚寺下設崇玄署，以掌釋、道二教，其職掌見《新唐書·百官志》：

> 崇玄署：令一人，正八品下，丞一人，正九品下。掌京都諸觀名數，與道士帳籍齋醮之事。新羅日本僧人入朝學問，九年不還者編諸籍。道士、女官、僧、尼，見天子必拜。凡止民家，不過三夜。出踰宿者立案，連宿不過七日，路遠者州縣給程。有府二人，史三人，典

〔註1〕李剛，《魏晉南北朝宗教政策研究》（成都：四川大學出版社，1994年8月），頁1。

〔註2〕明復法師，《中國僧官制度研究》（台北：明文出版社，民國70年3月），頁60。

　　按：度牒制度實施的部分表相見第一章第三節，其實際運作情形已難以考察。

事六人，掌固二人，崇玄博士一人，學生百人。……唐初諸寺觀監，

隸鴻臚寺，每寺觀有監一人。貞觀初，廢寺觀監。初，天下僧、尼、

道士、女冠，皆隸鴻臚寺。〔註3〕

從上述可知，唐初鴻臚寺崇玄署對僧政管理，職掌包括外國僧管理、帳籍、

僧伽行止、寺院行政等。其下統寺觀監，作爲官府和寺觀間的橋樑。唐代鴻

臚寺曾二度易名司賓，分別是在高宗龍朔二年（662，於咸亨元年恢復舊名）、

及武后光宅元年（684，中宗神龍元年恢復舊名）。當武后改鴻臚寺爲司賓之

際，僧政主管單位易手，《唐會要》謂：

延載元年（694）五月十一日敕，天下僧尼道士，隸祠部，不須屬司

賓。〔註4〕

僧、尼、道士自此次隸祠部，爲祠部職掌觸及僧政之始，《舊唐書·職官志》

謂：

（禮部）祠部郎中一員、員外郎一員、主事二人、令史五人、書令

史十一人、亭長六人、掌故八人。郎中、員外郎之職，掌祠部，享

祭、天文、漏刻、國忌、廟諱、卜筮、醫藥、僧尼之事。

又謂：

凡天下寺有定數，每寺立三綱，以行業高者充。凡僧簿籍，三年一

造。凡別敕設齋，應行道並官給料。凡國忌日，兩京大寺各二，以

散齋僧尼。文武五品已上，清官七品已上皆集，行香而退，天下州

府亦然。凡遠忌日，雖不廢務，然非軍務急切，亦不舉事。餘如常

式。〔註5〕

《舊唐書》之文取自《大唐六典》，爲玄宗時制度。以此觀之，此時祠部除繼

承前代職務外，尚需負責造僧籍、安排設齋行香等例行之事務工作。此外，

尚有二事由祠部負責致其權力大爲增加：一是開元十年（722）敕祠部管收天

下寺觀田，餘均給貧下欠田丁。二是天寶六載（747）始令祠部給牒用綾素。

關於度牒之事第一章第三節已有敘述，現僅述及祠部管收寺觀田之事，《唐會

〔註3〕歐陽修，《新唐書》，卷四十八〈百官志三〉（台北：鼎文書局，民國68年2

月），頁1252。

按：崇玄署在開元二十五年（737）起改隸宗正寺，不屬鴻臚寺。

〔註4〕王溥，《唐會要》，卷五十九（台北：世界書局，民國71年12月），頁1028。

〔註5〕劉昫，《舊唐書》，卷四十三〈職官志二〉（台北：鼎文書局，民國68年2月），

頁1831。

要》謂：

> 其寺觀常住田，聽以僧尼道士女冠退田充，一百人以上，不得過十
>
> 頃，五十人以上，不得過七頃，五十人以下，不得過五頃。〔註6〕

由引文得知，僧尼所占田，並非由政府頒授，而是由舊有田數中抵充，若逾
此數，則交祠部管收，以頒貧下欠田丁，爲一限制寺院田產增加的行政措
施。

祠部主管僧政後，部分事務性業務成爲例行性工作，並不受臨時性之業
務移轉所影響。《舊唐書·職官志》謂：

> 鴻臚寺：凡天下寺觀三綱，及京都大德，皆取其道德高妙，爲眾所
>
> 推者補充，申尚書祠部。〔註7〕

文中鴻臚寺和祠部並舉，可能是指開元十四年（726）後依中書門下建議僧尼
割屬鴻臚寺，所產生的一種現象〔註8〕。因唐會要載武后延載元年（694）敕
天下僧尼道士隸祠部後，即不屬司賓（鴻臚寺），自然鴻臚寺若非另獲授權，
不能對寺觀三綱、京都大德的人選置喙。這次鴻臚寺接掌僧政時間，各史料
記載不一，《大宋僧史略》謂至次年（727）〔註9〕，《資治通鑑》胡三省註文
稱至開元二十四年（736）〔註10〕，《舊唐書》謂開元三十五年（737）正月，
敕道士、女冠隸宗正寺，僧尼令祠部檢校〔註11〕。從這些記載可推測，鴻臚
寺這次接管僧政，最長僅十年時間，且部分業務仍由祠部負責，祠部自武后
延載元年（694）後，即成爲唐代主管僧政的重要機構，直到安史之亂以後功
德使設置後纔改變。

安史之亂後因藩鎮坐大、宦官專權、外患逼侵，致唐代政治在用人上無
法依唐初之法，許多原屬「因事設職」性質的臨時職務，被後代繼承，甚至
這些臨時性職務侵犯了六部合法權力，使六部淪爲次要性質的事務性機關。
這些臨時性差遣即初唐以來盛行的「使」職，中唐以前朝臣任「使」職者頗
多，如楊國忠即「由御史至宰相凡領四十餘使」〔註12〕。安史之亂後，爲應

〔註6〕王溥，《唐會要》，卷五十九，頁1028。

〔註7〕劉昫，《舊唐書》，卷四十四〈職官志三〉，頁1885。

〔註8〕贊寧，《大宋僧史略》，卷中，頁245。

〔註9〕贊寧，《大宋僧史略》，卷中，頁245。

〔註10〕司馬光，《資治通鑑》，卷二四八，「會昌六年」，胡三省註，頁8024。

〔註11〕劉昫，《舊唐書》，卷九〈玄宗本紀下〉，頁207。

〔註12〕歐陽修，《新唐書》，卷二〇六〈楊國忠傳〉，頁5849。

付時勢所需，增加許多「使」職，由大臣宰相身兼是職，如度支使、鹽鐵使、轉運使、兩稅使、鑄錢使等名目繁多，致大臣可因身兼「使」職而將權力擴大，剝奪六部的合法權力。當此之際，宦官亦逐漸得勢，進而干涉朝政，皇帝亦使其身兼「使」職以安撫之，使其權力由宮中擴充到外朝。到了代、德之際，由於功德使的設置，委由中官兼任，宦官遂進一步染指僧政，影響中晚唐佛教相當深遠。

　　明復法師在《中國僧官制度》一書中認爲代宗信佛，廣修功德，爲方便計令宦官中使「勾當京城寺觀修功德」，遂有「修功德大使」之名。此後更敷衍出「內道場功德使」、「東都功德使」、「左右街功德使」、「京城寺觀功德使」等名目職位〔註13〕。唯此時功德使係非常設機構，其職權亦無法統轄僧尼，《大宋僧史略》謂大曆十四年（779）敕內外功德使並宜停罷〔註14〕。另據《大唐貞元續開元釋教錄》亦謂：

　　　　（代宗卒，德宗即位），閏五月二十五日，勾當京城寺觀修功德使劉
　　　　崇訓，奉表上聞，請停京城修功德使。上覽所奏將爲至公。是日宣
　　付所司曰：敕旨內外功德使宜並停，自此僧尼悉屬祠部。〔註15〕

引文中所稱內功德使，本名「內道場功德使」，《舊唐書》記載肅宗時以有內道場之設，有供奉僧數百人〔註16〕，至德宗建中元年（780）始罷〔註17〕。此內功德使所主管之僧尼即內道場供奉僧。外功德使之全銜雖不可考，其設置係爲方便管理京師皇宮外之皇家寺院，這些寺院爲先（太）后追福而設，如興福寺（太宗爲太穆皇后追福立）、資聖寺（高宗爲文德皇后追福立）、章敬寺（魚朝恩爲章敬皇后立）等。這些寺院的管理權及使用權均屬皇室，故設外功德使以管理。內外功德使所主管僧尼，係指內道場及京師皇家寺院所屬僧尼。此乃外朝不便管理宮內之事，以免侵犯皇家職權，所行之變通措施。內外功德使被罷停之後，其所轄之僧尼再度歸建於祠部乃理所當然之事。

　　功德使侵奪祠部職權，是在德宗貞元四年（788）時，《資治通鑑》載憲宗元和四年（809）「左軍中尉吐突承璀領功德使」條註云：

〔註13〕明復法師，《中國僧官制度研究》，頁58～59。
〔註14〕贊寧，《大宋僧史略》，卷中，頁245。
〔註15〕圓照，《大唐貞元續開元釋教錄》，大正藏第五十五冊（台北：新文豐出版公司，民國68年9月），頁761～762。
〔註16〕劉昫，《舊唐書》，卷一一一〈張鎬傳〉，頁3327。
〔註17〕劉昫，《舊唐書》，卷十二〈德宗本紀〉，頁326。

武后以僧尼屬祠部。開元十四年（726），以道士、女冠屬宗正寺。
天寶二載（743），以道士屬司寺，崇玄館置大學士，以宰相為之，
領兩京玄元宮及道院。貞元四年（788），崇玄館罷大學士，置左右
街大功德使、東都功德使、修功德使，總僧尼之籍及功役。〔註18〕

在此眾多功德使中，權勢最大，管事最多的是左右街功德使。舉凡皇帝在京
城左右街大寺院中所作的一切功德事務，統歸其策劃執行，久而久之，寺院
的經常寺務，僧伽的一般作業，乃至譯場業務，都成為其染指置喙的對象
〔註19〕。左右街功德使勢力的增大，與涇原兵變後宦官掌握軍權有關，宦官
因掌握軍權，得以擅自擁廢天子，干涉朝政，百官無法抗衡，最後只好任其
擴充權力，破壞正常行政運作，以滿足其無饜的野心。《唐會要》卷四十九
謂：

元和二年（807）二月，詔僧尼道士同隸左右街功德使，自是祠部司
封，不復關奏。〔註20〕

《佛祖統紀》卷四十一亦謂：

元和二年（807），吐突承璀為左右街功德使，僧道隸焉。〔註21〕

這是唐代正式承認左右使主管全國僧尼事務的聲明，祠部從武后以來成為僧
政主管機關亦告一段落。其後祠部與功德使的關係，只能從殘存史料中加以
推測。《唐會要》卷四十九謂：

會昌五年（845）敕：祠部檢括天下寺及僧尼人數，凡寺四千六百，
蘭若四萬，僧尼二十六萬五百人。

同卷又謂：

（會昌）六年（846）五月制，僧尼依前令功德使收管，不要更隸主
客。所度僧尼，令祠部給牒。〔註22〕

從這兩條資料中得知，功德使成為僧政主管機關之後，祠部仍然負責籍帳與
度牒業務。以今日行政組織推論，功德使是政務機關，負責決策用人等工作，
祠部淪為事務性機關，負責一般行政業務，需仰功德使之鼻息辦事。以下有

〔註18〕司馬光，《資治通鑑》，卷二四八，頁7661。
〔註19〕明復法師，《中國僧官制度研究》，頁59。
〔註20〕王溥：《唐會要》，卷四十九，頁860。
〔註21〕志磐，《佛祖統紀》，卷四十一，大正藏第四十九卷（台北：新文豐出版公司，
　　　　民國68年9月），頁380。
〔註22〕王溥：《唐會要》，卷四十九，頁860、864。

數條資料可說明此種形情。《唐會要》謂：

> 元和四年（809）二月敕，自今以後，在京諸司，應決死囚，不承正
> 敕，並不得行決。如事尤險，須速決遣，并預特敕處分者，亦宜令
> 一度覆奏。時，右功德使吐突承璀牒京兆府，稱奉敕令杖死殺人僧
> 惠寂，府司都不覆奏，故有是詔。〔註23〕

《佛祖統紀》卷四十一謂：

> （德宗貞元十二年）詔罽賓三藏般若寺，於長安崇福寺譯烏荼所進
> 華嚴經，圓照、鑒虛、靈邃、澄觀潤文證義。帝（德宗）觀預譯場
> 臨文裁正。令左右街功德使霍仙鳴、竇文場專領監護。

同書卷四十二謂：

> （敬宗寶曆元年）敕兩街建方等戒壇，左街安國寺，右街興國寺。
> 以中護軍劉規充左右街功德使，擇戒行者爲大德，另試童子能背誦
> 經百五十紙、女童誦百紙者許與剃度。〔註24〕

以上引文說明功德使在擴張職權過程中，已介入司法、譯場、出家試經等業
務，也因此造成部分朝臣的不滿，而思恢復對僧尼的影響力，皇甫湜在〈韓
文公神道碑〉中就提到：

> （貞元中）除尚書都官郎中，分司判祠部。中官號功德使，司京城
> 觀寺，尚書斂手失職。先生按六典，盡索之以歸，誅其無良，時其
> 出入，禁譁眾以正浮屠。〔註25〕

韓愈與功德使爭權是件爲中晚唐僅見者，此後朝臣斂手，不敢爭鋒。按史冊
所載，曾擔任功德使之宦官有劉崇訓、王希遷、霍文場、竇仙鳴、劉規、吐
突承璀、田令孜、仇士良、楊欽義、楊復恭等人，這些人均人品不佳，頗爲
清流所不齒，在他們與朝臣的鬥爭中亦往往波及到僧侶。如《舊唐書》卷一
六九謂：

> （甘露之變）是日，訓中拳而仆，知事不濟，乃單騎走入終南山，
> 投寺僧宗密。訓與宗密素善，欲剃其髮匿之，從者止之，乃趨奉
> 翔，欲依鄭注。……仇士良以宗密容李訓，遣人縛入左軍，責以不
> 告之罪，將殺之。宗密怡然曰：「貧僧識訓年深，亦知反叛。然本師

〔註23〕王溥，《唐會要》，卷四十，頁719。
〔註24〕志磐，《佛祖統紀》，卷四十二，頁384。
〔註25〕皇甫湜，《皇甫持正集》，卷六〈韓文公神道碑〉，四庫叢刊本（台北：台灣商務印書館影印），頁23。

教法，遇苦即救，不愛身命，死固甘心。」中尉魚弘志嘉之，奏釋
其罪。〔註26〕

甘露之變發生在文宗大和九年（835）十一月，爲朝臣李訓、鄭注等人欲剷除
宦官仇士良等人的政治鬥爭，結果宦官得勝，李、鄭等人被殺。華嚴五祖圭
峰宗密因未向官府申告李訓行止，違返「以官轄寺，以寺轄僧」中寺院三綱
對僧侶行止及特殊事件，須向官府報告政策而被捕，顯示功德使在勢力極盛
時的威力。

　　武宗會昌年間，功德使的權勢受到挫折，此因武宗與李德裕決意剷除宦
官，並實施廢佛政策。日僧圓仁在《入唐求法巡禮行記》記載仇士良在會昌
初年接待外國僧，已無昔日的意氣飛揚，取而代之的是日沒途窮的淒涼情況。
會昌三年（843），仇士良身死，李德裕殺其孔目官四人〔註27〕。會昌五年
（845），決定上州留寺一所，京都留寺每街二所，寺留僧三十人。中書門下
上奏請將僧尼隸主客，不隸祠部及鴻臚寺〔註28〕。宣宗即位後，一反會昌之
政，令所度僧尼還屬左右街功德使，至昭宗天復三年（903）宰相崔胤盡誅宦
官，並將宦官所兼諸「使」職一切停罷，還政於省寺，功德使以宰職帶之，
以迄唐亡。

第二節　國法與戒律之間──唐代僧團律令分析

　　本節主要以《唐律疏議》，及其它史料論及僧團管理者加以探究，以瞭解
唐代時期的僧政運作，與僧團本質的改及限制。其中《養老令》中的〈僧尼
令〉，一般學者認爲是根據中國唐代〈道僧格〉制訂〔註29〕，在〈道僧格〉已
經散佚的今天，〈僧尼令〉不失爲很好的參考資料。文按背景、對僧團管理、
日常生活規範三方面敘述。

一、〈道僧格〉制定的背景與日本〈僧尼律〉間的關係

　　唐代是否制訂過〈道僧格〉，曾經引起佛教史學者不同的看法，日人牧野

〔註26〕劉昫，《舊唐書》，卷一六九〈李訓傳〉，頁4398。
〔註27〕圓仁，《入唐求法巡禮行記》，頁93。
〔註28〕王溥，《唐會要》，卷四十九，頁860。
〔註29〕湯淺幸孫，〈僧尼令考釋〉，《佛教大學研究紀要》七十二號，昭和63年3月，
　　　　頁89。

巽持否定態度〔註 30〕，而秋月觀瑛、諸戶立雄、大陸學者劉俊文則持肯定意見〔註 31〕。若以雙方所提各種證據而言，唐代制訂〈道僧格〉是不可否認的。由於出家習道，謂之方外，世俗禮法未必完全適合他們的需要加上沙門之中，人品殊異，難免夾雜犯禁破戒者，其情形在顏之推已言及，《顏氏家訓》謂：

> 開闢以來，不善人多而善人少，何由悉責其精潔乎。見有名僧高行
> 棄而不說，若睹凡僧流俗便生非毀。且學者之不勤，豈教者之爲過，
> 俗僧之學經律，何異士人之學詩禮，以詩禮之教，格朝廷之人，略
> 無全行者；以經律之禁格出家之輩，而獨責無犯哉。〔註 32〕

僧尼干犯法令，若由僧團依戒律處置，則國家易形成「一國兩制」而喪失最高統治權，但若全依世俗法律處罰，不顧僧侶之特殊身份，可能有扞格窒礙之處，故有制訂特別法的需要，如《歷代三寶記》謂：

> 至（開皇）十五年（595）以諸僧尼時有過失，內律佛制不許俗看，
> 遂敕有司依大小乘眾經正文諸有禁約沙門語處，悉令錄出，並各事
> 別，題本〈眾經法式〉經名，爲此十卷，獎導出家。〔註 33〕

隋文帝以佛教經典中有關禁約沙門之語爲本，參酌國內通行之律典，撰成處理僧尼之法典，同時兼顧國法與戒律，不失爲一解決方法。唐代對僧侶的管制，除依據現存且具有一般法性質的《唐律》外，尚有特別法性質的〈道僧格〉，即（〈祠部格〉）。唐初，曾有一段時間依俗法管理拷掠僧尼〔註 34〕，若依法學原理，這種作法不分恰當，故至後來，由皇帝下敕改善，僧尼犯罪事項，如《道僧格》中有明文規定者，即以《道僧格》規定處置，否則以俗法

〔註 30〕牧野巽，〈慶元條法事類的道釋門〉，《宗教研究》九卷二期，昭和 7 年。

〔註 31〕秋月觀瑛，〈觀於道僧格的復舊〉，《歷史》第四期，昭和 27 年。另〈關於唐代宗教刑法的管見〉，《東方宗教》第四、五期，昭和 29 年。諸立戶雄，〈北魏僧制與唐的道僧格〉，《秋大史學》第二十期，昭和 48 年。劉俊文，《敦煌吐魯番唐代法制文書考釋》（北京：中華書局，1989 年 3 月），頁 73。

〔註 32〕顏之推，《顏氏家訓》，卷五〈歸心篇第十六〉，抱經堂校定四部刊要本（台北：漢京文化事業，民國 70 年 4 月），頁 273～274。

〔註 33〕費長房，《歷代三寶記》，卷十二，大正藏第四十九冊（台北：新文豐出版公司，民國 72 年 1 月），頁 108。

〔註 34〕慧立，《大慈恩寺三藏法師傳》，卷九謂：「永徽六年（655）有敕，道士僧等犯罪，情難知者，可同俗法推勘。」（大正藏第五十冊，台北：新文豐出版事業公司，民國 72 年 1 月），頁 270。

處置，如唐高宗時下敕謂：

> 道教清虛，釋典微妙，庶物藉其津梁，三界之所尊養。比爲末法人
> 澆，多違制律，且權依俗法以伸懲戒，冀在止惡勸善，非是以人輕
> 法。但出家人等俱有條制，更別推科，恐爲勞擾。前令道士、女道
> 士、僧、尼有犯，依俗法者宜停，必有違犯，宜依條制。〔註35〕

此中所謂條制，即是有特別法性質的〈道僧格〉，〈道僧格〉的內容雖因散佚
而不得詳知，但若比較《大唐六典》卷四祠部郎中條、《唐律疏議》與日本〈僧
尼令〉，則可發現日本〈僧尼令〉的法源基礎完全來自唐朝的〈道僧格〉，其
間僅部分官名及處罰方法有異，如《大唐六典》卷四祠部郎中條謂：

> 若服俗衣及綾羅，乘大馬，酒醉，與人鬥打，招引賓客，占相吉凶，
> 以三寶物餉遺官僚，勾合朋黨者，皆還俗；若巡門教化，和合婚姻，
> 飲酒食肉，設食五辛，作音樂博戲，毀罵三綱，凌突常宿者，皆苦
> 使也。〔註36〕

《唐律疏議》卷三「除免比徒」條謂：

> 若誣告道士、女官應還俗者，比徒一年；其應苦使者，十日比笞十；
> 官司出入者，罪亦如之。（疏議）曰：依格：「道士等輒著俗服者，
> 還俗。」假有人告道士等輒著俗服者，若實，並須還俗；既虛，反
> 徒一年。「其應苦使者，十日比笞十」，依格：「道士等有歷門教化者，
> 百日苦使。」若實不教化，枉被誣告，反坐者誣告苦使十日比笞十，
> 百日杖一百。

「官司出入者」，謂應斷還俗及苦使，官司判放；或不應還俗及苦使，官司枉
入；各依此反坐徒、杖之法，故云「亦如之」。〔註37〕

　　上述資料在〈僧尼令〉中都可找到類似條文，證明二者間的關係，其詳
如下：

> 凡僧尼卜相吉凶，及小道、巫術療病者，皆還俗。其依佛持法持咒
> 救疾（者），不在禁限。（第二條）

> 凡僧尼將三寶物餉遺官人，若合構朋黨，擾亂徒眾，及罵辱三綱，

〔註35〕唐高宗，〈停敕僧道犯罪同俗法推勘敕〉，收入《全唐文》，卷十四，頁 112。
〔註36〕李林甫，《大唐六典》，第四卷（台北：文海出版社，民國 63 年 6 月），頁 46
　　　　～47。
〔註37〕長孫無忌，《唐律疏議》，卷三（台北：弘文館出版社，民國 75 年 3 月），頁
　　　　66。

凌突長宿者，百日苦使。若集論事，辭狀正直，以理陳諫者，不在此例。（第四條）

凡僧尼飲酒食肉服五辛者，三十日苦使。苦爲疾病藥方所須，三綱給其日限。若飲酒醉亂，及與人鬥打者，各還俗。（第七條）

凡僧尼作音樂及博戲者，百日苦使。碁琴不在制限。（第九條）

凡僧尼，聽著木蘭、青、碧、皂、黃及壞色等衣。余色及綾、羅、錦、綺，並不得用。違者各十日苦使。輒著俗衣者百日苦使。（第十條）

凡僧尼等令俗人負其經像，歷門教化者，百日苦使。其俗人者，依律論。（第二十三條）〔註38〕

二、唐代律令與僧政管理

　　《唐律疏議》的立論基礎，深受儒家禮教學說的影響，反映在法律上是以喪服爲中心的家族親疏等級，以及官庶、良賤之階級觀念，干犯法令者因其所屬身分而判予不同的處罰。在儒家的倫理觀念中，極力維持上下、尊卑名分，是當政者重要工作之一，其表現在僧團管理上是以準親屬關係加以規範，卷六謂：

諸稱「道士」、「女冠」者，僧、尼同。若於其師，與伯叔父母同。
其於子弟，與兄弟之子同。諸寺觀、部曲、奴婢，於主之期親同；
餘道士，與主之緦麻同。〔註39〕

此條文的最大特徵，是以法律方式將原以「六和敬」爲共住原則，僧侶們處於互相平等地位的印度式僧團，轉變爲僧侶們成爲上下關係，符合宗法制度的中國式僧團。但畢竟準親屬非等於有血緣關係的親屬，故在重大犯罪事件中的反坐，並不適用於具有上下關係的僧侶間，《唐律疏議》謂：

道士及婦人，若部曲、奴婢，犯反逆者，只坐其身。〔註40〕

以求合理與週延。在行政體系上，郎中、員外郎，及其安史之亂以後的功德使，爲中央最高僧政長官。在各寺院則以上座、寺主、都維那等三綱爲主要

〔註38〕文中所舉《養老令》中有關〈僧尼令〉條文，參見《令集解》（東京：吉川弘文館，昭和59年版）。

〔註39〕長孫無忌，《唐律疏議》，頁143～145。

〔註40〕長孫無忌，《唐律疏議》，頁324。

領導者，政令下達，則以祠部或功德使傳達給地方官，再由地方官下達至三綱；反之，僧侶有事報告上級，亦應層層上達，不能越級報告，否則將受處罰，如《唐律疏議》謂：

> 諸事應奏而不奏，不應奏而奏，杖八十。應言上而不言上，不應言上而言上及不由所管而越言上，應行下而不行下及不應行而行下者，各杖六十。諸越訴及受者，各笞四十。〔註41〕

日僧圓仁在《入唐求法巡禮行記》中曾述及南天竺三藏寶月，在會昌元年（841）六月趁上降日赴內道場之便，直接進言回本國，結果以不先諮開府，將弟子三人各決七棒，通事僧決十棒〔註42〕。就是最好的例子。

自晉代開始，政府對僧侶給與免除課役之權利，爲求僧侶人數不致太多而影響國教收入，故有僧籍制度的出現，在唐代負責僧籍管理者爲祠部，《大唐六典》第四卷謂：

> 凡道士、女道士、僧、尼之簿籍亦三年一造。〔註43〕

其基礎則在戶籍的正確掌握，對戶長、州縣、三綱等人責任要求亦較嚴，《唐律疏議》謂：

> 諸私入道及度之者，杖一百（注：若由家長，家長當罪。）；已除貫者，徒一年。本貫主司及觀寺三綱知情者，與同罪。若犯法合出觀寺，經斷不還俗者，從私度法。即臨監之官，輒私度人者，一人杖一百，二人加一等。（疏議）曰：「私入道」，謂爲道士、女冠、僧、尼等，非是官度而私入道，及度之者，各杖一百。注云：「若由家長，家長當罪」，既罪家長，即私入道者不坐。已除貫者，徒一年；及度之者，亦徒一年。「本貫主司」謂私入道人所屬州縣官司及所住觀寺三綱，知情者，各與入道人及家長同罪。若犯法還俗，從「私度」法。斷後陳訴，須著俗服，仍披法服者，從「私度」法，科杖一百。即監臨之官，不依官法，私輒度人者，一人杖一百，二人加一等，罪止流三千里。若州縣官司所度人，免課役多者，當條雖有罪名，所爲重者自從重論，並依上條「妄增減出入課役」科之。其官司私度人，被度者知私度情，而受度者爲從座；若不知私度者，而受度

〔註41〕長孫無忌，《唐律疏議》，頁207、447。

〔註42〕圓仁，《入唐求法巡禮行記》，卷三（台北：文海出版社，民國60年4月），頁86～87。

〔註43〕李林甫，《大唐六典》，卷四，頁46。

人無罪。〔註44〕

另在〈僧尼令〉中亦規定：

> 凡有私度及冒名相代，并已判還俗，仍被法服者，依律科斷。師主
> 三綱及同旁人知情者，各還俗。雖非同房，知情容止，經一宿以皆
> 百日苦使。即僧尼知情居止浮逃人，經一宿以上者，亦百日苦使。
> 本罪重者，依律論。（第二十二條）

《唐律疏議》及〈僧尼令〉之所以不厭其煩的對私入道及還俗者作規定，是
因這與國家歲入有直接關係，政府不能大開方便之門，使稅基遭受侵蝕。另
對已死亡或還俗僧侶的管制，政府亦相當注意，恐有人冒名頂替，損害國家
經濟，〈僧尼令〉中亦規定：

> 凡僧尼等身死，三綱月別經國司，國司每年附朝集使申官。其京內，
> 僧綱季別經玄蕃，（玄蕃）亦年終申官。（第二十條）

> 凡僧尼自還俗者，三綱錄其貫屬，亦經僧綱，自余經國司，並申省
> 除附。若三綱及師主隱而不申，三十日以上，五十日苦使，六十日
> 以者，百日苦使。（第三條）

文中所稱國司，相當於唐朝州縣，玄蕃則與唐朝祠部相同。唐代各朝，常有
揀擇沙汰私度僧尼之詔令，一般上奏或文集中亦經常可見私度記載，故上述
條文在各時期，是否認真執行，或執行程度是否徹底，頗值得懷疑。最後在
身分的限制，部曲、奴婢經主人解放後，經法定程度可出家為僧尼，但為防
止部曲、奴婢以出家為名，得到主人解放，出家後再還俗，或經由布施途徑
捨入寺院，再取得自由身，〈僧尼令〉中對此有特別規定：

> 凡家人奴婢等，若有出家後犯還俗，及自還俗者，並追歸舊主，各
> 依本色。其私度人縱有經業，不在度限。（第二十四條）

> 凡齋會不得以奴婢牛馬及兵器充布施。其僧尼不得輒受。（第二十六
> 條）

三、對僧侶日常生活的限制——食、衣、住、及兼學雜業管制

　　現代民主國家，對宗教法制訂，其層次有憲法、宗教組織法、宗教法人
法、宗教管理法四級，目前支配我國佛道二教的「監督寺廟條例」，其層次是

〔註44〕長孫無忌，《唐律疏議》，頁 235～236。

在宗教管理法的第四個層次〔註 45〕。若以日本〈僧尼令〉之內容推測，唐代的宗教管理法令，亦停留在宗教管理法的第四個層次，而其所管的範圍，包括食、衣、住、行、及兼學雜業管制，並且有許多條文本應放在佛教戒律內，由僧團自行規範者。如果國家以公權力制定並強制僧侶遵守這些法令，其最大缺點是阻礙僧團自主權的行使，使戒律只能在國法未作規範部分發揮作用，戒律成為宗教管理法下的第五個層次，對佛教精神的保存發揚，均有深遠的影響。

　　唐代僧侶若犯十惡等重大事件，或其他一般案件則視情節輕重分別處《唐律》中之刑責，若違犯僧團規範《道僧格》之規定者（現以〈僧尼令〉為參考），則處以還俗或苦使（罰抄寫經書或打掃寺院等差事）處罰。本段先以食、衣、住、及兼學雜業管制為主，探討國家法律對僧團生活的規範，另行的部分，牽涉僧侶之遊參行腳，將於下段敘述。

　　中國佛教僧侶，自《楞嚴經》傳入，及梁武帝（在位時間 502～549）作〈唱斷肉經禁制〉後，已視素食為大乘菩薩道者必備項目之一，政府亦以此要求僧侶，故〈僧尼令〉（第七條）謂：「凡僧尼飲酒食肉服五辛者，三十日苦使。若為疾病藥方所須，三綱給其日限。若飲酒醉亂，及與人鬥打者，各還俗。」另與此有關者為托缽問題，僧侶如欲乞食，須在午前為之，〈僧尼令〉第五條謂：「其有乞食者，三綱連署，經國郡司，勘知精進練行判許。京內仍經玄蕃知。並許午前捧缽告乞，不得因此更乞餘物。」再唐代亦曾出現禁止僧侶午後出寺的命令（詳見下節），此可能與持午（過午不食）有關。

　　在衣的方面，《唐律疏議》謂：依格：「道士等輒著俗服者，還俗。」〔註 46〕在〈僧尼令〉中則規定：

> 凡僧尼，聽著木蘭、青、碧、皂、黃及壞色等衣。余色及綾、羅、錦、綺，並不得用。違者各十日苦使。輒著俗衣者百日苦使。（第十條）

在住處及財產方面規定頗多，其主要著眼點亦在防弊，如：

> 凡僧尼非在寺院，別立道場，聚眾教化，并妄說罪福，及毆擊長宿者，皆還俗。國郡官司知而不進者，依律科罪。（第五條）

〔註45〕黃明陽，《中日兩國宗教團體法律地位之比較研究》（文化大學法律研究所碩士論文，民國 75 年 6 月），頁 99。

〔註46〕長孫無忌，《唐律疏議》，頁 66。

凡寺僧房停婦女，尼房停男夫，經一宿以上，其所由人十日苦使。
五日以上，三十日苦使。十日以上，百日苦使。三綱知而聽者，同
所由人罪。（第十一條）

凡僧不得輒入尼寺，尼不得輒入僧寺。其有勤省師主，及死病看問，
齋會，功德，聽學者聽。（第十二條）

凡僧尼有禪行修道，意樂寂靜，不交於俗，欲求山居服餌者，三綱
連署，在京者，僧綱經玄番，在外者，三綱經國郡，勘實並錄，申
官判下。山居所隸國郡，每知在山，不得別向他處。（第十三條）

凡僧尼不得私畜園宅財物，及興販出息。（第十八條）

在兼學雜業方面，有部分條文一般民眾亦適用，但僧道因職業關係，較一般
民眾更容易接觸到這些學術，故於僧道的特別方法中再度敘述。如〈僧尼令〉
規定：

凡僧尼，上觀玄象，假說災祥，語及國家，妖惑百姓，并習讀兵書，
殺人奸盜，及詐稱聖道，并依法律付官司科罪。（第一條）

凡僧尼卜相吉凶，及小道、巫術療病者，皆還俗。其依佛法持咒救
疾（者），不在禁限。（第二條）

這兩條與《唐律疏議》第九卷「私有玄象器物」，及與十八卷中的「造畜蠱
毒」、「憎惡造厭魅」、「造祆書祆言」等條文，有異曲同工之處。唐代世俗
律法及僧道特別法中，將這些雜學列入，主要是我國歷史上，靠休咎讖緯之
說起兵者，史不絕書，當政者以對此學亦特別敏感，禁止流通學習，以防微
杜漸。

四、對僧侶遊參行腳的限制

唐初制律，參酌前代關禁政策，凡行人往來，關令必據過所以勘之。所
謂過所，係古代度關津時使用文書，舊謂之「傳」。《周禮・地官司貨》謂：「凡
所達貨賄者，則以節傳出之。」鄭玄注曰：「傳，如今移過所文書。」〔註47〕
劉熙《釋名》曰：「過所，至關津以示之也。」另據《太平御覽》卷五九八引
晉令謂：「諸渡關及乘船筏上下經津者，皆有過所，寫一通付關史。」則過所
之制，淵源甚為久遠。《大唐六點》卷六謂：

〔註47〕鄭玄注，《周禮》，卷十五〈地官司貨〉條，武英殿聚珍本，頁10。

凡度關者，先經本部、本司請過所。在京者則省給之；在外州給之。

雖非所部。有來文者，所在給之。

同書卷三十謂：

關令掌禁末遊，伺姦慝。凡行人車馬出入往來，必據過所以勘之。

〔註48〕

人民未持過所而度者謂之私度。

《唐律疏議》謂：

諸私度關者，徒一年。越度者，加一等。（注云：不由門爲越）以至

越所而未度者，減五等。（注云：謂已到官司應禁約之處。餘條未度

準此）（疏議）曰：水陸等關，兩處各有門禁，行人來往皆有公文，

謂驛使驗符，傳送據遞牒，軍防、丁夫有總曆，自餘各請過所而度。

若無公文，私從關門過，合徒一年。〔註49〕

本條款係針對所有人民而設，若僧侶遊參行腳未持過所，將受盤問禁止。貞
觀初年，玄奘上書請求西行求法，有私不爲通引，不得已遂藉霜儉下敕道俗
隨豐四出之便，徑往西陲，冒著生命危險出關。按《唐律疏議》謂：「越度緣
關邊塞者，徒二年。」〔註50〕是故貞觀十八年（644）玄奘求法回國，到經于
闐，尚需上表示太宗，請求諒解私度之罪〔註51〕，關禁之令，對僧侶遊參行
腳之限制，可見一斑。

　　與過所性質相類者爲公驗。過所，只用於關津，而公驗則可用於普通州
縣鎮舖。二者均爲政府所頒，對僧侶頗具限制性。其實例有武宗會昌四年
（844）三月，下敕勘責代州五台山、泗州普光王寺、終南山五台、鳳翔府法
門寺等處僧人，無公驗者，並當處打殺，具姓名聞奏〔註52〕。這是武宗廢佛
前的嚴格措施。宣宗時，對於佛教管制稍爲鬆弛，唯僧侶外出仍攜帶公驗，《唐
會要》卷四十八載宣宗大中六年（852）祠部奏曰：

其僧中有志行堅精，願尋師訪道，但有本州公驗，即任遠近遊行。

所在關防，切宜覺察，不致眞僞相雜，藏庇姦人。制可。〔註53〕

〔註48〕李林甫，《大唐六典》，頁42：卷三十，頁42。

〔註49〕長孫無忌，《唐律疏議》，頁172～173。

〔註50〕長孫無忌，《唐律疏議》，頁177。

〔註51〕慧立，《大慈恩寺三藏法師傳》，卷九，頁251。

〔註52〕圓仁，《入唐求法巡禮行記》，卷三，頁95。

〔註53〕王溥：《唐會要》，卷四十八（台北：世界書局，民國71年12月），頁844。

宣宗承武宗廢佛之後即位，欲振興佛教以招攬民心，故放寬僧侶遊行參行腳之限制。此外，政府對僧侶外宿日數亦設限制，《新唐書》卷四十八謂「凡止民家，不過三夜。出踰宿者，立案連署，不過七日，路遠者，州縣給程。」〔註54〕此事在日僧圓珍的《行曆抄》中有明確的記載，茲錄大中九年（855）六月七日條，以見僧侶之無奈：

> 春明門外街家所由問曰：和上（尚）何久住店中，不入城耶？珍曰：同伴落後在路未到，相待彼人，共他入城，准擬如此。街家曰：和上明日入城去好，若過明月，將報官去。珍曰：爭違處分，明朝便入。至八日旦，顧驢單籠入城。〔註55〕

除過所與公驗外，度牒亦帶給僧侶遊參行腳參行腳諸多不方半，度牒制度，始於玄宗天寶六載（747）〔註56〕，在此之前，僧侶與寺院關係較小，僧、寺分離，此後則以度牒為僧侶的身分證明，上註德號，隸屬寺院，外出時應隨身帶以備查驗。然後賦與寺院住持三綱長老莫大的權力，僧侶舉動均受其節制，如須遊參行腳，必須由主持或三綱長老開具，然後報告僧官，再由僧官報告有司，頒給過所或公驗後才能外出。茲錄現存日本三井寺智證大師圓珍所持唐過所，以見僧侶、三綱府間之微妙關係：

越州都督府

日本國內供奉敕賜紫衣僧圓珍年肆拾參，行者丁滿年五拾，驢兩頭，並隨身經書衣鉢等。上都已來路次，檢索內人貳、驢兩頭，並經書衣鉢等。得狀稱仁壽三年七月十六日離本國，大中七年九月十四日到唐國福州。至八年九月二十日到越州開元寺住聽習，今欲略往兩京及五臺山等巡禮求法，卻來此聽讀，恐所在州縣鎮舖關津堰市不練行由，伏乞給往還過所，勘得開元寺三綱僧長泰等狀同，事須給過所者，給者此已給迄，幸依勘過准。

大中玖年參月拾玖日〔註57〕

唐代亦曾規定僧尼午後不可出寺院，如《舊唐書·五行志》謂：「姚崇秉政，以僧惠範附太平亂政，謀汰僧尼，令拜父母，午後不出院，其法頗峻。」

〔註54〕 歐陽修，《新唐書》，卷四十八（台北：鼎文書局，民國68年12月），頁1252。
〔註55〕 圓珍，《行曆抄》，收入《大日本史料》，第一編之一（東京：大學史料編纂所，昭和43年覆刻），頁632。
〔註56〕 贊寧，《大宋僧史略》，卷中〈屬僧尼〉條，大正藏第五十四卷，頁245。
〔註57〕 仁井田陞，《唐宋法律文書的研究》（東京：文化研究院，昭和13年3月），頁844。

〔註 58〕此規定似乎一直延用到唐末，《新唐書‧賈島傳》傳：「島字浪仙，范陽人，初爲浮屠，名無本。來東都，時洛陽令禁僧午後不得出，島爲詩自傷。」

〔註 59〕此外，在《入唐求法巡禮行記》中亦稱：

> 功德使帖諸寺，准敕不准僧尼街裡行犯鐘聲，若有出者，事須諸寺
> 鐘聲未動已前，各歸本迄，又不許別寺宿。若有僧尼街裡行犯鐘聲，
> 及向別寺宿經一夜者，科違敕罪。從前不許午後出寺，今不許犯鐘
> 聲。〔註 60〕

唐代寺院每天未審於何時敲鐘，然可確定的是不超過正午，否則以前已有午後不出寺禁令，毋須再加規定。不准別寺宿，對僧侶進學請益而言，是一項限制，有名的永嘉大師一宿覺，在此禁令下，是不會發生的。

　　由於唐代律令規定、僧官制度的實施、僧寺合一制度的形成等因緣和合，僧侶欲遊參行腳，必須向官府申請許可。在《續高僧傳》中，禪師於山窟、林間幽棲習禪的記載屢見不鮮，而在《宋高僧傳》中，不易看這類記載。論者謂這是禪法的轉變與中國化所致〔註 61〕，如以政治史的角度來分析，世俗律令對於僧團運作的干涉，束縛僧侶行動自由，禪法的轉變與中國化於焉產生，其間因果本末，不可不闡明。

　　對一個中國僧侶而言，戒、定、慧三學並修，是學佛並必的條件，且以戒當作定、慧的基礎。但佛教最初戒律，本爲釋迦牟尼在西元前五世紀，於印度次大陸熱帶地區，政治缺乏大一統情況，爲當時出家僧團所定的行爲規範，且可視實際情形分別給與開遮解釋。傳入中國後的佛教，由於氣候爲冬寒夏熱的溫帶氣候、政治組織嚴密、儒家傳統觀念主導社會價觀，如欲遵行如法如實的佛教戒律，將與國家法律及社會習慣發生衝突，而遭到許多困難，造成國法與戒律之間的兩難，政府爲避免國法與戒律間歧異過大，造成僧侶的不便，於是有隋文帝命大臣參照經文，抄錄有關佛陀禁約弟子之語，成僧道管理的法源基礎，再配合國家法律及社會習慣，至唐代時以〈道僧格〉的特別法面貌出現。由於國家是最高權力的統治者，官方主導修訂的〈道僧格〉，

〔註 58〕劉昫，《舊唐書》，卷四十三〈五行志〉（台北：鼎文書局，民國 68 年 12 月），頁 1374。

〔註 59〕歐陽修，《新唐書》，頁 5268。

〔註 60〕圓仁，《入唐求法巡禮行記》，卷三，頁 96。

〔註 61〕鄧克銘，〈百丈清規之僧團規範意義的探討〉，《獅子吼月刊》二十四卷七期，民國 74 年 7 月，頁 16～21。

在層次上高於僧團依律典而來的戒律，使僧團自主性降低，因官方主導修訂的〈道僧格〉，有政治考量的因素，往往犧牲戒律而牽就政治，致國法與戒律之間，仍有扞格衝突之處，造成僧侶行事的困擾，幸至中唐時，禪宗叢林制度出現，在百丈懷海（720～814）制訂的清規中才得到解決。

唐代僧團與前代最大不同處，在《唐律》中規定僧侶的準親屬關係，使僧侶間從原來相互平等關係（直系師徒以外），轉變爲以輩分爲主體的尊卑關係，轉與儒家觀念及宗法制度配合。另外，玄宗時代的度牒制度，將僧、寺關係緊密結合，形成「以官轄寺，以寺轄僧」的制度，亦使僧團發生深遠的影響，禪宗叢林制度出現，與此均有密切的關係。《唐律》與《道僧格》對僧團的規定，雖然制約僧侶部分戒律的持守，所幸對重要的根本戒並沒有破壞，僧侶在國法與戒律間，尚能互相調和——即嚴守根本戒，其他部分視清況開遮，故在有唐一代，仍是高僧輩出，爲我國佛教史增加許多光彩。

第三節　上層社會的政教關係

佛教初傳中國，即與皇室、官僚與士族等上層社會結下不解之緣，經由這些上層階級的信仰倡導，形成風行草偃的效果，致佛教也在庶民之間流行，部分佛教學者稱會昌法難以前爲教團與貴族階級結合的佛教，即是指上層社會對佛教的影響力而言〔註62〕。上層社會的各階層對佛教的態度，對佛教的發展具舉足輕重的地位，本節以皇室、士大夫（含官僚及未入仕的士人）爲對象，研討其與佛教的雙向關係。

一、唐代中期宮廷佛教活動舉隅

構成宮廷的成員包括有皇帝、后妃、年幼的皇子、未出閣的公主，另有爲數眾多的宦官、宮女。其間以皇帝的地位最爲重要，在我國傳統的政治理論中，人們希望君主能「作之君、作之親、作之師」的治理國事，並爲人民的榜樣，此及白虎通義所謂「王者往也，天下所歸往」的道理。對於宮廷而言，皇帝是一大家長，思想言行爲大家矚目的焦點，其宗教信仰的態度與層次，影響亦較外朝來的深遠，此因皇帝禪太沉溺於某一宗教，朝臣中不乏逆鱗諍諫者，在宮中則不多見。本節所舉宮廷的佛教信仰與活動，是以皇帝爲

〔註62〕黃敏枝，《宋代佛教社會經濟史論集》（台北：學生書局，民國78年5月），頁2。

中心，其他人員則如眾星拱月的環繞其間，成為各種活動的配角。

　　史籍中記載唐代宮廷佛教活動頗多，茲舉三教講論、宮廷授戒、宮內行道、迎佛骨、內齋、宮人佛緣等項，藉以管窺當時政教關係的之一部分。

　　唐代自高祖以降，各朝經常舉行三教講論，邀請儒釋道三家舉行辯難。玄宗以前，三教講論的學術性意味極為濃厚，參加者均係一時俊彥。如高祖有太學博士徐文遠、陸明德、沙門惠乘、道士劉進喜〔註63〕，太宗時有三教學士孔穎達、道士蔡晃、沙門慧淨〔註64〕；高宗時的賈公彥、武后時的內史邢文偉等人。玄宗時，此一學術性辯難始變質，李繁《鄴侯外傳》謂開元十六年（728）玄宗御樓大酺，夜於樓下置高座召三教講論，李泌姑子員俶年九歲，潛求姑備儒服，夜昇高座，詞辯鋒起，譚者皆屈。玄宗奇之，召入樓中，問姓名，乃員半千之孫〔註65〕。雖然《鄴侯外傳》的記載有許多誇大不實之處，但卻反映出玄宗對三教講論的態度已不及其祖先來的嚴謹，而以談笑科諢的方式進行，影響所及，致有專事奉承，以求君王一粲的行為。

　　肅、代二宗，因安史之亂及藩鎮之亂，無暇講論三教。德宗在位，始行恢復，並將講論改在皇帝誕日舉行，地點大都在麟德殿，成為一應景節目，失去學術性的辯論，漸成為一種娛樂性的活動。《新唐書》卷一六一謂：

　　　（貞元初），德宗以誕日歲歲召佛、老者大論麟德殿，并召（徐）岱及趙需、許孟容、韋渠牟講說。始三家若矛楯然，卒而同歸於善。

〔註66〕

《唐語林》謂某次講論時，僧鑒虛在眾人談畢後，奉承德宗曰：諸奏事云玄元皇帝天下之聖人，文宣王古今之聖人，釋迦如來西方之聖人，今皇帝陛下是南瞻部州之聖人，臣請講御製賜新羅銘。講罷，德宗面有喜色〔註67〕。敬宗時，於寶曆二年（826）六月誕日，御三殿，詔兵部侍郎丁公著、太常少卿陸亙與李繁對沙門道士論講。〔註68〕

　　德、敬二宗對於講論人選之人品不甚重視，《唐會要》卷四十謂鑒虛自貞

〔註63〕劉昫，《舊唐書》，卷二十四〈禮儀志四〉；卷一八九上〈儒學上〉，頁916、4945。
〔註64〕道宣，《續高僧傳》，卷三〈慧淨傳〉，頁444。
　　　按：高宗、武后時參加三教講論之釋、道代表不詳。
〔註65〕李繁，《鄴侯外傳》（台北：新興書局，民國49年6月），頁1。
〔註66〕歐陽修，《新唐書》，卷一六一〈徐岱傳〉，頁4984。
〔註67〕王讜，《唐語林》（台北：台灣商務印書館，民國68年7月），頁153。
〔註68〕劉昫，《舊唐書》，卷一三〇〈李繁傳〉，頁3624。

元以來，因講說時善於承旨，獲得不少賞賜，用以交權貴，爲奸濫之事，於憲宗元和八年（813）遭彈劾而被杖殺。李繁人品亦不佳，兩唐書中頗多批評，與唐初高僧名士參與講論比較，令人有江河日下之感。

文宗即位之初，情況一度好轉，《舊唐書》卷一六六謂：

> （大和元年）九月上誕日，白居易，與僧惟澄、道士趙常盈對御講論於麟德殿。居易論難鋒起，辭辯泉注，上疑宿構，深嗟挹之。〔註69〕

唯此盛況因文宗重用宰相李訓，沙汰僧尼之心頗急，至大和七年（833）誕日講論完畢後，文宗對宰臣曰：

> 降誕日設齋，起自近代。朕緣相承已久，未可變革，雖置齋會，唯對王源中等暫入殿，至僧道講論，都不聽臨。〔註70〕

武宗即位之初，於會昌元年至三年（841～843）誕日邀兩街供奉講論大德、道士於御前講論，並賜道士紫衣以壯聲勢。會昌四年（844）起則不邀請僧人講論，五年（845）八月終於頒布拆寺制而全面毀廢佛法，致佛教深受打擊〔註71〕。宣宗即位後及懿宗時亦曾舉行三教講論，但對佛教及唐室已無多大意義可言。

在宮廷授戒方面，以宗教立場而言，君主與皇帝均係有情眾生，其信仰層次亦有高低之分，上焉者洞悉緣法則，下焉者以祈福消災爲事。延請僧人到宮庭授戒，爲宮廷佛教的起點，在唐代政教關係中，頗受僧人重視。唐初，僧人到宮廷爲后妃、皇子授戒記載頗多〔註72〕，但到玄宗時，因信道虔誠，在位期間，未見宮廷授戒之事。此後各朝，宮廷授戒之事不多見。僅乾元元年（758）不空三藏入內，爲肅宗灌頂授戒，法感大樂，說菩薩放光證戒

〔註69〕 劉昫，《舊唐書》，卷一六六〈白居易傳〉，頁4353。

〔註70〕 劉昫，《舊唐書》，卷十七下〈文宗本紀下〉，頁552。

〔註71〕 圓仁，《入唐求法巡禮行記》，卷四，頁96～97。

〔註72〕 較顯著之例有太宗時，普光王寺僧法常爲文德皇后及太子乾承授菩薩戒。（志磐，《佛祖統紀》，卷三十九，頁364）玄琬法師爲文德皇后授菩薩。（道宣，《續高僧傳》，卷二十二〈玄琬傳〉，頁616）高宗時，玄奘爲甫誕生的中宗授三皈依，服袈裟，踰月，爲之剃髮。（慧立，《大唐大慈恩寺三藏法師傳》，卷九，頁272）中宗時，詔道亮二禪師等十人，入長樂大內坐夏安居；（贊寧，《宋高僧傳》，卷八〈道亮傳〉，頁757）又請道岸律師入宮爲后妃公主授皈依。睿宗時，禮法藏法師授菩薩戒。（志磐，《佛祖統紀》，卷四十，頁372）請文綱於別殿授菩薩戒，妃主環階侍從羅拜。（贊寧，《宋高僧傳》，卷十四〈文綱傳〉，頁792）。

〔註73〕。貞元二年（786）二月，德宗於章信寺受菩薩戒。五年（789）德宗又幸其寺，問道澄法師修心法門，並敕道爲妃主等授菩薩戒〔註74〕。宮廷授戒次數的顯著減少，說明中晚唐宮廷佛教信仰層次的改變，值得注意。

與宮廷授戒類似，爲佛教將影響力發展至內宮的另一種方式爲宮內行道。自高祖以降，基於政治上的需要，皇帝時常下詔僧詔入宮行道，其方式或爲作法事、或爲持念、或爲講道，不一而足。有關唐代僧侶宮內行道的記載，以武后在位爲分水嶺，在此之前記載較多〔註75〕，此後，有一段時間缺乏此事的紀錄，直到安史之亂後又增加。至肅宗至德二（757）詔沙門百人入行宮，朝夕諷唄以祈佛佑，又令不空及新羅僧無漏至行在祈福。上元二年（761）召沙門子鄰入禁中講經，賜紫服，充供奉〔註76〕。德宗貞元六年（790）命青龍寺惠果和尚入內，於長生殿爲國持念，經七十餘日放歸，宰相杜黃裳、韋皋皆從受灌頂〔註77〕。肅、宗二宗對於密宗大德皆禮敬有加，唯密宗自惠果後沒落，漸從政治舞台淡出。

順宗雖在位時間短暫，但於永貞元年（805）詔石頭希遷弟子尸利禪師入內殿諮問禪理〔註78〕。憲宗即位後，於元和五年（810）詔澄觀法師入內殿談華嚴法界大旨，並敕有司鑄金印賜號僧統清涼國師〔註79〕。此後敬宗於寶曆二年（826）命沙門道士四百餘人於大明宮談論設齋〔註80〕。文宗、武宗在位，

〔註73〕志磐，《佛祖統紀》，卷四十，頁375～376。
〔註74〕贊寧，《宋高僧傳》，卷十六〈道澄傳〉，頁806。
〔註75〕其例如高祖武德元年（618）命沙門道士六十九人於太極殿七日行道，散席之日設千僧齋。又命沙門四十九人入內行道（法琳，《辯正論》，卷四，大正藏第五十二卷，頁512）。太宗貞觀元年（627）詔京城德行沙門並令入殿行道七日（志磐，《佛祖統紀》，卷三十九，頁363），此後太宗不時下詔高僧大德入內行道，並爲皇妃后子授戒。另太宗對玄奘的禮尊亦膾炙人口。武后即位，於永昌元年（689）正月，命僧侶於玄武門建華嚴高座八會道場講經，並集僧尼眾數千人共設齋會（《華嚴經傳記》，卷三，大正藏第五十一卷，頁164）。又於聖曆二年（699）敕法藏法師於佛授記寺講新譯華嚴經，即日引對長生殿，敷宣玄義，成《金師子章》，並封法藏爲賢首菩薩戒師（贊寧，《宋高僧傳》，卷五〈法藏傳〉，頁732）。
〔註76〕志磐，《佛祖統紀》，卷四十，頁376。
〔註77〕不著撰人，《大唐青龍寺三朝供奉大德行狀》，大正藏第五十卷（台北：新文豐出版公司，民國72年1月），頁295。
〔註78〕志磐，《佛祖統紀》，卷四十一，頁380。
〔註79〕祖琇，《隆興佛教編年通論》，卷二十一〈華嚴五祖略記〉，卍續藏第一三〇冊（台北：中國佛教會影印，民國57年），頁313。
〔註80〕志磐，《佛祖統紀》，卷四十二，頁384。

對佛教不甚景仰、未見宮內行道之事發生。

迎請、供養佛骨，在唐代的佛教信仰中，是件相當隆重熱鬧的活動。其間以供養佛骨著名的佛寺有代州五臺山、泗州普光王寺、終南山五臺寺、鳳翔府法門寺、岐州無憂王寺。唐代君王中，武后、肅宗、德宗、憲宗及懿宗，均曾派員迎請佛骨入禁中供養。武宗會昌四年（844）下詔禁止供養佛牙及佛骨。〔註81〕

武后長安四年（704）遣鳳閣侍郎崔玄暐、沙門法藏、文綱等十人往岐州無憂王寺迎佛指骨舍利，中宗景龍二年（708）再由文綱等人送回無憂王寺入塔〔註82〕。安史之亂後，宮廷供養佛骨舍利的次數增多，肅宗至德二年（757）詔迎鳳翔法門寺佛骨入禁中，立道場，並命沙門朝夕禮贊〔註83〕。德宗貞元四年（788）下詔迎岐州無憂王寺佛骨入禁中供養，至貞元六年（790）二月送還本寺。〔註84〕

憲宗元和十三年（818）因功德使上奏謂鳳翔府法門寺有護國眞身塔，塔內有釋迦牟尼佛指骨一節，其本傳以爲當三十年一開，開則歲豐人安，至來年合發。遂於次年（819）命中使領禁兵，與僧徒迎護至京，開光順門以納之，留禁中三日，乃送京城佛寺〔註85〕。由於這次供養佛骨引起王公士庶的奔走施捨，唯恐落於人後，且百姓有廢業破產，燒頂灼臂而求供養者，遂有韓愈作〈論佛骨表〉強調夷夏之防，用以勸諫憲宗，爲唐代士人排佛中最著名者。憲宗迎佛骨後三十年，因會昌法難的影響，未暇迎請佛骨，至懿宗咸通十四年（873）之迎佛骨盛況，更超過憲宗時，不但京師民眾趨之若狂，連懿宗本人都有「但得生見，歿而無恨」之語。〔註86〕

若比較憲宗以前及其以後的迎佛骨事件，明顯可見京城士民的信仰態度有很大的轉變，憲宗、懿宗時士民燒頂齧指、斷臂截髮者不可勝數，其行爲已達宗教狂熱的地步，與一般爲法忘軀者截然不同，甚至連皇帝亦有「但得生見，歿而無恨」之語，這是以前帝王所沒有的現象。

內齋之設始於代宗誕日（降聖節），召名僧入內飯噘。此後迭有興廢，文

〔註81〕圓仁，《入唐求法巡禮行記》，卷四，頁95。
〔註82〕贊寧，《宋高僧傳》，卷十四〈文綱傳〉，頁792。
〔註83〕志磐，《佛祖統紀》，卷四十，頁376。
〔註84〕劉昫，《舊唐書》，卷十三〈德宗本紀下〉，頁369。
〔註85〕王溥，《唐會要》，卷四十七〈議釋教上〉，頁838。
〔註86〕蘇鶚，《杜陽雜編》，卷下（台北：新興書局，民國71年3月），頁6。

宗大和七年（833）誕日，敕停僧道內齋，武宗初年恢復，會昌四年（844）六月停止，至宣宗大中元年（847）又行恢復以迄唐亡〔註87〕。從內齋的興廢無常中，可看出唐代宮廷佛教活動的不穩定性，亦顯示出「不依國主，法事難立」的困境與無奈。

　　最後說明唐代宮廷中，為數眾多的宦官、宮女之信仰情形。據史籍所載，有勢力的宦官在世時可以有自己的宗教信仰，如高力士於來庭坊建寶壽佛寺，鐘成之時，力士齋慶之，舉朝畢至，凡擊鐘者，一擊百千，有規其意者，擊至二十杵，少尚十杵。李輔國不茹葷血，常為僧行，視事之餘，手持念珠，入皆信以為善〔註88〕。魚朝恩為章敬皇后立章敬寺〔註89〕，皆為較著名之例。其他的宮人要到皇帝外放時才有機緣常住佛寺，如文宗開成三年（838）出宮人劉好奴等四百八十人，送兩街寺觀安置〔註90〕。至於其他生前無緣接觸佛法之宮人，在臨終之際，內侍者奚官局有義務視其品命，供其衣服，且於隨近寺觀為之修福，雖無品亦如是。〔註91〕

　　從上文敘述中可看出唐代宮廷佛教活動，到安史之亂以後，是以皇帝誕日為活動重點，內容漸趨於應景性質，層次也較低下，與庶民消災祈福心態並無二致，限制佛教在宮廷中發揮更大且正信的力量。

二、士大夫與佛教

　　唐代中期的士大夫與佛教關係頗深，無論是以崇佛或反佛稱著者，均承襲前代傳統，與僧侶有往返應酬事跡，留下為數眾多的詩偈文章及佳話佚事，影響社會風氣甚深，唐文宗謂：「黎庶信苦空之說，衣冠敬方便之門。」〔註92〕即為實情。茲舉士大夫與佛教關係較顯著之例以作說明。

　　史載王維以詩名盛於開元天寶間，後因安史之亂陷長安，王維被俘，拘於普施寺，做〈凝碧詩〉寄其感慨，詩云：「萬戶傷心生野煙，百官何日在朝

〔註87〕贊寧，《大宋僧史略》，卷下，頁248。
〔註88〕劉昫，《舊唐書》，卷一八四〈宦官傳〉，頁4758～4759。
〔註89〕王溥，《唐會要》，卷四十八〈議釋教下〉，頁847。
〔註90〕劉昫，《舊唐書》，卷十七〈文宗本紀〉，頁574。
　　　　宮人外放時機有二：一是年老體衰，來日無多，外放寺觀可解決宮廷養老問題，二是皇室要人出家，外放宮人以供灑掃寺觀者。
〔註91〕劉昫，《舊唐書》，卷四十四〈職官志三〉，頁1871。
〔註92〕唐文宗，〈條流僧尼疏〉，收入《全唐文》，卷七十四（上海：上海古籍出版社，1990年12月），頁339。

天？秋槐花落空宮裏，凝碧池頭奏管絃。」〔註93〕亂平後，因此詩而減罪，但也因此而在思想上發生大轉變，漸漸的皈依佛教與大自然〔註94〕。《舊唐書》載：

> 兄弟俱奉佛，居常蔬食，不茹葷血，晚年長齋，不衣文綵。在京日飯十數名僧，以玄談爲樂。齋中無所有，爲茶鐺、藥臼、經案、繩床而已。退朝之後，焚香獨坐，以禪誦爲事。妻亡不再娶，三十年孤居一室，屏絕塵累。臨終之際，其弟王縉在鳳翔，忽索筆作別縉書，又與平生親故作別書數幅，多敦屬朋友奉佛脩心之旨，捨筆而絕。〔註95〕

王維是安史之亂前後期間家族崇佛最有名的例子之一，其字摩詰，取自佛教維摩詰居士，母崔氏生前師事大照禪師普寂三十餘載〔註96〕，弟王縉爲代宗宰相，曾勸代宗立內道，設盂蘭盆會於七月望日，並捨宅爲寺〔註97〕。他本人除與僧侶交往外，並將禪修心得以藝術型式表現出來，體現「詩中有畫，畫中有詩」的境界，也爲中國藝術發展立下新的里程碑。

杜鴻漸亦是代宗時的崇佛宰相，與元載、王縉喜飯僧徒，樂於退靜，曾於私第長興里宴集賓客，悠然賦詩謂：「常院追禪理，安能把化源。」朝士多屬和之。臨終時，令僧剃頂髮，及卒，遺命其子依胡法塔葬，不爲封樹，暨類淄流。〔註98〕

柳宗元在政治上因永貞內禪而多舛厄，在信仰上則頗爲堅定，與僧徒多所交往，義學研究透徹，自言：「吾自幼好（一作學）佛，求其道積三十年。」〔註99〕在〈晨詣超師院讀禪（一作蓮）經〉詩中，說明他的讀經安排：「及井漱寒齒，清心拂塵服。閑持貝葉書，步出東齋讀。眞源了無取，妄跡世所逐。遺（一作遣）言冀可冥，繕性何由熟。道人庭宇靜，苔色連深竹。日出霧露

〔註93〕王維，〈菩提寺禁裴迪來相看說逆賊等凝碧池上作音樂供奉人等舉聲便一時淚下私成口號誦示裴迪〉，收入《全唐詩》，卷十二（台北：宏業書局，民國71年9月），頁1308。

〔註94〕王熙元，〈王摩詰的詩與佛學的關係〉，收入《銀色世界》（台北：大林出版社，民國71年8月），頁80。

〔註95〕劉昫，《舊唐書》，卷一九○下〈文苑傳下〉，頁5052～5053。

〔註96〕王維，〈請施莊爲寺表〉，收入《全唐文》，卷三二五，頁1455。

〔註97〕劉昫，《舊唐書》，卷一一八〈王縉傳〉，頁3417。

〔註98〕劉昫，《舊唐書》，卷一○八〈杜鴻漸傳〉，頁3284。

〔註99〕柳宗元，〈送巽上人赴中承叔父召序〉，收入《柳宗元集》，卷二十五。

餘，私松如膏沐。澹然離言說（一作語），悟悅心自足。」〔註100〕在〈送僧浩初序〉一文中，柳宗元表示他之所以與僧徒交遊的原因，是因為高僧「不愛官，不能爭，樂山水而嗜閑安者為多。吾病世之逐逐然唯印組為務以相軋也，則捨是其焉從？」〔註101〕

劉禹錫經歷仕宦沉浮二十載，百慮而無一得，在懂得道無非畏途後，深感「唯出世間法可盡心耳。」因而在案頭上放的多是「旁行四句之書」（佛教典籍）。〔註102〕

《舊唐書》稱白居易在儒學之外，尤通釋典，常以忘懷處順為事，都不以遷謫介意。在潯城，立隱舍於廬山遺愛寺。與湊、滿、朗、晦四禪師，追永、遠、宗、雷之，為人外之交。每相攜遊詠，躋危登險，極林泉之幽邃。至於儵然順適之際，幾欲忘其形骸。或經時不歸，或踰月而返，郡守以朝貴遇之，不之責。文宗開成四年（839）冬，得風病，伏枕者累月，乃放諸妓女樊蠻等，仍自為墓志，並中吟詠不輟。自言曰：「予栖心釋梵，浪老、莊，因疾觀身，果有所得。何則？外形骸而內忘憂患，先禪觀而後順醫治。」會昌中，請罷太子少傅，以刑部尚書致仕。與香山僧如滿結香火社，每肩輿往來，白衣鳩杖，自稱香山居士。居易嘗寫其文集，送江州東西二林寺、洛城香山聖善寺等，如佛書雜傳例流行之。遺命不歸下邽，可葬香山如滿塔之側，家人從命而葬焉〔註103〕。從文集統計白居易生平所關係佛寺，可得三十多所。此等佛寺，或優遊題詠，或修養而寄宿，或避暑，或夜浴，或作經記，或學佛法，其遊歷之廣與關係之深，吾人實不遑枚舉。而所往來上人法師，亦不下十餘人。此中或受學其人，或同遊夜宿，其交際應酬，都皆敦密。〔註104〕

在反佛的士大夫中，也頗不乏與佛教僧侶有往返，甚至受到佛教影響者，其較著名的例子為韓愈、李翱及李德裕。韓愈是唐代中期反對佛教最力的士人，其反佛論點涵蓋倫理、君臣、華夷、財經與治亂等問題，較之同期

〔註100〕柳宗元，〈晨詣超師院讀禪（一作蓮）經〉，收入《全唐詩》，卷三五一，頁3929。
〔註101〕柳宗元，〈送僧浩初序〉，收入《全唐文》，卷五七九，頁2592。
〔註102〕劉禹錫，〈送僧元嵩東遊〉，詩序，收入《全唐詩》，卷三五九，頁4059。
〔註103〕劉昫，《舊唐書》，卷一六六〈白居易傳〉，頁4345～4358。
〔註104〕施鳩堂，《白居易研究》（台北：天華出版公司，民國70年10月），頁151～152。

士大夫如裴漼、張鎬（肅宗時）、高郢、李叔明（代宗時）、彭偃、裴蟲、李岩、舒元褒（德宗時）、崔澧（文宗時）等人，以單一之財經或治亂問題反佛，論點較爲全面，唯其理論是純以儒家思想爲依據，於佛學並無深刻認識，所言甚爲浮淺，在當時並未發生多大影響，但其在舉世滔滔之際，言人所不敢言，及與民族思想的濃烈，對中國傳統文化的忠實，實爲有唐以來第一人〔註105〕。韓愈雖然在思想上以儒學觀點反對佛法，但仍不能免俗的與僧人交往應酬，見諸《韓昌黎集》正集之僧侶有七人，外集二人，與佛寺有關之詩四首。茲舉二則韓愈與僧人交往之例，一爲士人賈島，由於累試不第，阮囊羞澀而出家，法號無本，來東都，居青龍寺，時因洛陽令禁僧午後不得出，無本爲詩自傷。後逗留長安，因擬「鳥宿池中樹，僧推月下門」詩句，欲將「僧推」改「僧敲」，吟哦引手之際不覺阻擋京兆尹韓愈車駕，愈憐之，與之共論詩道，結爲布衣之交，並教其詩文，無本「遂去浮屠，舉進士」，復本名〔註106〕。另一著名例子是韓愈與僧大顛的交往，其事發生在元和十四年（819）上疏憲宗諫迎佛骨，被貶爲潮州刺史時，其在〈與孟尙書書〉中，爲「有人傳愈近少（稍）信奉釋氏」一事提出辯解，文謂：

> 潮州時，有一老僧號大顛，頗聰明，識道理，遠地無可語者，故自山召至州郭，留十數日，實能外形骸，以理自勝，不能事務侵亂，與之語，雖不盡解，要自胸中無滯礙，以爲難得，因與來往。〔註107〕

韓愈與大顛交往是事實固無待言，唯《韓昌黎集》外集中，收錄〈與大顛師書〉三札的眞僞，引起宋儒歐陽修、蘇軾、朱熹等人的不同看法，此後議論紛紛，未有定見。〔註108〕

〔註105〕傅樂成，〈論漢唐人物〉，收入《時代的追憶論文集》（台北：時報出版社，民國73年3月），頁49。

按：韓愈反佛文章以〈原道〉、〈諫迎佛骨表〉、〈與孟尙書書〉爲代表。大陸學者郭紹林在《唐代士大夫與佛教》書中，認爲韓愈的反佛有以下四個缺點：（一）針對性差，戰鬥力弱。（二）昧於史實，鬥爭盲目。（三）全盤排外，陳腐狹隘。（四）處理方案，簡單粗暴。（台北：文史哲出版社，民國82年9月），頁197～205。

〔註106〕歐陽修，《新唐書》，卷一七六〈賈島傳〉，頁5289。

辛文房，《唐才子傳》，卷五（台北：金楓出版公司，民國76年8月），頁112。

〔註107〕韓愈，《韓昌黎全集》，卷十八〈與孟尙書書〉（台北：新興書局，民國59年9月），頁297。

〔註108〕有關歷代學者談論韓愈與大顛的交往，可參看錢鍾書，《談藝錄》（台灣翻印

　　李翱爲韓愈弟子，原與韓愈一樣高舉儒家思想的旗纛，後來曾問學於禪宗大德藥山惟儼，通《圓覺》、《止觀》、《楞嚴》、《起信》諸經論，作〈復信書〉，兼採佛教觀點，爲後來理學融合儒釋思想開了先河。〔註109〕

　　李德裕是繼韓愈之後反佛最力且最具影響力者，尤其是武宗會昌（841～846）年間，李德裕爲相，實行廢佛政策，爲佛教「三武一宗法難」中，對佛教破壞最大者，亦是中國佛教由盛轉衰的關鍵。經查《李衛公別集》，知李德裕亦曾與僧圓明、奉律及慎微寺三僧正有詩詠應酬，撰過〈大迦葉贊〉，另《桂苑叢談》亦載有李德裕贈邛竹予甘露寺僧之事，說明在唐代社會普遍崇佛的風氣下，士大夫無論信佛或反佛，與僧侶往返應酬答唱等事相當普遍。

　　大人與僧侶交往，雙方無論是談論佛理、或詩歌答唱、或飯僧佛事，雙方均有一定範圍，若逾此範圍，造成干涉朝政，或以方術異書占國家休咎者，則政府將出面干涉，如本章第二節中〈道僧格〉的限制。此外，玄宗時頒行的一些詔令，如〈禁僧俗往還詔〉、〈禁百官與僧道往還詔〉等，亦有一定的作用。從張籍〈寺宿齋〉詩云：「晚到金光門外寺，寺中新竹隔簾多。齋官禁與僧相見，院院關門不得過。」〔註110〕可知此禁令在玄宗時頒行，到一百多年後張籍時仍然有效。

　　　本，未註出版處所、日期），頁 77～82。

〔註109〕呂澂在〈唐代佛教〉文中指出：「韓愈的門人李翱更結合禪家的無念法門和天台家的中道觀，寫成〈復性書〉，即隱隱含著溝通儒佛兩家思想之意。」收入《中國佛教總論》（台北：木鐸出版社，民國 72 年元月），頁 74。
　　　大陸學者郭紹林在《唐代士大夫與佛教》書中，亦對〈復性論〉受佛教的影響，作具體的分析，認爲李翱確是唐代士大夫中，系統的吸收佛教思想，來改造儒家思想，建立新儒學的人。（見註 44——二引書，頁 248～253）

〔註110〕張籍，〈寺宿齋〉，收入《全唐詩》，卷三八六，頁 4360。

第六章　僧團的教育制度

第一節　寺院教育的特質與義學教育

　　佛教初傳時期，僧團是以外國來華某個譯經僧為核心，或以某寺為傳教基地，為因應譯經及教學需要，淵源於印度的寺院教育制度，至道安制定「僧尼軌範」後始趨於完備，同時在佛教教育制度方面也不斷的充實，大陸學者丁鋼在《中國佛教教育──儒佛道教育比較研究》書中，認為魏晉南北朝時期佛教教育具有下列的特點：

　　一、**上座**：始於道安，由說法者及都講（擔任誦唱經文及問難角色）升高座。

　　二、**開題**：講經之時，由都講先唱題，然後由法師講解題意，亦稱發題。

　　三、**論難**：都講與聽眾設定問題質詢講者，以增強講學效果。

　　四、**格義講經**：用中國傳統思想──主要是老莊玄學的概念、名詞、思想，去比附、解釋佛教義理。

　　五、**教本義疏**：佛教教育發展到一定程度，單純的口授局面已不能滿足，則出現讀本與教材，另對深奧難懂的佛典，作深入淺出的註解，則成講經義疏。〔註1〕

　　隨著寺院教育的進步與宗派的成立，專精一經一論的義學僧侶出現，使

〔註1〕丁鋼，《中國佛教教育──儒佛道教育比較研究》（成都：四川大學出版，1988年4月），頁85～94

佛教教育更進一步的發展。隋文帝時，設有「五眾」、「二十五眾」等眾學處，明復法師認爲這是仿太學而設立的官主講席，其法爲在京師官寺中，甄選師僧立二十五課目，聽諸學徒，隨其興趣而選修，一應費須，概由官給〔註2〕。這與現代教育中分科教育的設置與劃分是相符合的。

　　唐代的佛教教育，繼承魏晉基礎，以寺院爲根據地，僧戒臘較長的義學僧侶爲親教師，三藏論著及宗派著作爲教材，注重戒、定、慧三學，期望開啓般若智慧，以達無上正等正覺（成佛）的目標。本章在內容方面，分義學、世學、參學、留學等教育敘述，禪宗叢林教育因第三章已論及，故不再重覆。

　　僧侶接受義學教育，可溯自剃度之前，唐初試經制度的施行，使得欲出家者除曾讀誦經典者外，必須先入寺拜師，修習相當時間，學習初機佛法，能背誦一定數量的經文，然後才試經剃度。此制度的實施，在僧傳中不乏記載，如《宋高僧傳》有下列記載：

　　（釋神清）年十三，受學於綿州開元寺辯智法師。于時敕條嚴峻，出家者限念經千紙方許落髮，清即誦《法華》、《維摩》、《楞伽》、《佛頂》等經，有同再理。時故相喬琳爲綿郡太守，驚奇幼俊，躬而降禮，請削染焉。〔註3〕

　　（釋玄晏）至德初年，誦經高弟，依僧崇眞剃落，配住開元寺。

　　（穆宗長慶四年）仍令兩街功德使各選擇有戒行僧謂之大德者，考試僧尼等經，僧能暗誦一百五十紙，尼一百紙，即令與度。〔註4〕

僧侶在正式家之後，到受戒之前，有一段時間可學習經論，充實佛學基礎，但到受具足戒之後，則有「佛制五夏以前，專精戒律；五夏以後，方乃聽教參禪。」的規定〔註5〕五年學戒的用意，除戒律的專研、修持，與僧格的養成外，同時也是戒、定、慧三學的基礎，因唯有以律攝僧，僧團才能維持清淨的團體生活。僧格端正之後，則視個人興趣，選擇參禪、研究宗派義理、修

〔註2〕明復法師，《中國僧官制度研究》（台北：明文書局，民國70年3月），頁93。

〔註3〕贊寧，《宋高僧傳》，卷六〈釋神清傳〉，大正藏第五十卷（台北：新文豐出版公司，民國72年1月），頁740。

〔註4〕贊寧，《宋高僧傳》，卷二十九〈釋玄晏傳〉，頁893；〈釋法眞傳〉，頁894。

〔註5〕廣化法師，《沙彌律儀要略集註》（台北：佛教出版社，民國67年4月），頁9。

密或修淨土法門。唯這種學習方法，透過僧傳中記載得知，中唐僧侶在學律
的時間及方法上，已有相當大的變通，不拘泥於條文規定，下表是以《宋高
僧傳》中記載僧侶出家與受具足戒後學律及經論研究情形，可說明正統寺院
教育的一般情形。

表五：《宋高僧傳》載僧侶出家學律及研究經論一覽表

法　號	出家與學律及研究經論情形	卷／頁數
金剛智	年十六，開悟佛理，不樂習尼揵子諸論，乃削染出家。後隨師往中印度那爛陀寺學修多羅金剛智（經）、阿毗達磨（部派論著）等。洎登戒法，遍聽十八部律。又詣西印度學小乘諸論及瑜伽三密陀羅尼門十餘年，全通三藏。	一／710
道　因	落髮以來，砥礪其行，揣摩義章，即稱《涅槃》，宿齒名流咸所歎服、及升上品（受戒）旋學律儀，又於彭城嵩法師所傳《攝大乘》。	二／717
寶思惟	幼而捨家，禪誦爲業。進具之後，專精律品。	三／720
飛　錫	初學律儀，後於天台法門一心三觀，與沙門楚金棲心研究。	三／721
皆　薩	洎年二十九，於迦濕彌羅國受具足戒，於蒙鞮寺諷聲聞戒，習根本律儀。然北天竺國悟空婆多學也。後巡歷數年，變瞻八塔、爲憶君親，因咨本師舍利越摩，再三方允。摩手授梵本《十地》、《迴向輪》、《十方》三經，共一夾，并佛牙、舍利以贈別。	三／22
義　忠	年始九歲，志願出家，得緇州沼闍梨爲師，若鳳巢中之鸑雛也。少秉奇操，慧解不倫。沼授與《大涅槃經》，時十三歲矣，相次誦徹四十卷。二十登戒，學四分律，義理淹通；旁習《十二門論》二本，即當講演。	四／729
道　氤	及登戒法，旋學律科，又隸經論，如是內外偕通矣。	五／734
潛　眞	甫及弱冠，投跡空門。開元二十六年（738）隸名于本城（朔方）靈覺寺，明年納具戒，自此聽習律乘，涉遊論海，凡曰講筵，無不探賾。	五／736
神　清	年十三，受學於綿州開元寺辯智法師。于時敕條嚴峻，出家者限念經千紙方許落髮，清即誦《法華》、《維摩》、《楞伽》、《佛頂》等經，有同再理。時故相喬琳爲綿郡太守，驚奇幼俊，躬而降禮，請削染焉，則大曆中也。至年十七，聽習粗通，即講《法華》一經。歲滿慧義寺，依如律師受具戒，夏習尸羅（戒），依學新疏。	六／740
端　甫	始十歲，依崇福寺道悟禪師爲沙彌。十七正度爲比丘，隸安國寺。受具於西明寺照律師，學毗尼（律）於崇福寺昇律師，傳《唯識》於安國寺素法師，通《涅槃》於福林寺崟法師。	六／741
知　玄	年十一，遂其削髮，乃隨師詣唐興邑四安寺，授大經四十二卷，遠公義疏、辯空師圓旨，共一百二十五萬言，皆囊括深奧矣。玄於淨眾寺辯貞律師所受具戒，纔聽毗尼，續通俱舍，則長十山律師之付授焉。	六／743

玄 約	落髮之後，滿足律儀，檢察己心，循其戒範，精持止作，未嘗穿穴。自茲名節頓高，流輩窺仰。數稔之間，律論俱贍，遍求知識，探賾玄文。	七 / 746
彥 暉	登年十五，隨師學法，往太原、京兆、洛陽聽采忘勞。年滿，於嵩山少室寺受大戒，隸習毗尼，頗通深趣；次尋經論，皆討玄源。	七 / 746
巨 岷	迨圓滿足，便習尸羅，克通開制之科，恒照欣戚之鑑。自爾大乘理趣、經論精窮，得其師門。	七 / 749
志 賢	紀逡出家，尋加戒品，霶嘗漸教，守護諸根，抗節修心，不違律範。	九 / 763
惟 寬	生十三歲，見殺生者，盡然不忍食，退而出家，求剪髮於僧曇，受尸羅於僧崇，學毗尼於僧如，證大乘法於止觀，成最上乘於大寂、道一。	十 / 768
無 業	年至九歲，啓白父母，依止本郡開元寺志本禪師，乃授《金剛》、《法華》、《維摩》、《思益》、《華嚴》等經，五行俱下，一誦無遺。年至十二，得從落剃，凡參講肆，聊聞即解。同學所有未曉，隨爲剖析，皆造玄關。至年二十，受具足戒於襄州幽律師，其《四分律疏》一夏肄習，便能敷演。兼爲僧眾講《涅槃經》，法筵常開，多夏無倦。	十一 / 772
普 願	至德二年（757），跪請於父母，乞出家，脫然有去羈靮之色，乃投密縣大隈山大慧禪師受業。大曆十二年（777），願春秋三十矣，詣嵩山會善寺嵩律師受具，習相部舊章，究毗尼篇聚之學。後遊講肄，上楞伽頂，入華嚴海會，抉中百論門之關鑰。	十一 / 775
齊 安	遂依本郡（海門）雲琮禪師（出家），年滿登具，乃詣南嶽智嚴律師，外檢律儀，內照實相。	十一 / 776
寰 中	（年二十五），遭母之憂，遂廬于墓所。及服闋，徑往北京童子寺出家，二稔未周，諸經皆覺。明年，往嵩嶽登戒，肄習律部，於茲博通。	十二 / 778
藏 廙	即披法服尋於武陵開元寺智總律師受具尸羅，當長慶三年（823）也。因聽律範，旋窮篇聚，語同業曰：教門繁廣，然有總門。總門之急，勿過捨筏，遂遍參禪宗。	十二 / 780
道 膺	年偶蹉跎，二十五方於范陽延壽寺受具足戒，乃令習聲聞律儀，膺歎曰：大丈夫可爲桎桍所拘邪？由是擁線衲，振錫環，萃翠微山問道。	十二 / 781
有 緣	小學之年，往成都福感寺事定蘭開士（即宣宗之師）。大中九年（855），遇白公敏中出鎮益部，開戒壇，即於淨眾寺具尸羅也。續於京輦聽習經律，五臘後，身披布褐，手執墨敕，海內遊行參見，小馬神照，凡同時叢林禪祖無不禮謁者。	十二 / 781
恒 通	年甫十三，潛入鵲山訪道依師。既罷丘壢，唯披釋典，精虔懺誦，懇侍巾瓶，不弭初終，蒙恩剃度。年二十。於本州（邢州）開元寺具戒。後往京兆薦福寺聽習經律，七八年間，尋窮藏教。	十二 / 783
文 喜	七歲，詣本邑（嘉禾）常樂寺僧清國下出家，勒誦經并懺又十卷，方遂削染。往越州開元寺學《法華經》，集天台文句，即時敷演，則救蟻分中，便能講訓也。開成二年（837），屈趙郡受近圓，登習《四分律》。屬會昌澄汰，變素服，內秘之心無改。遇大中初年，例重懺度，於鹽官齊豐寺講說。	十二 / 783

神 邑	年十二，辭親學道，請業於法華寺俊師，每覽孔、釋二典，一讀能誦，同輩者罕不欣慕。神邑開元二十六年敕度，隸諸暨香嚴寺名籍，依法華寺玄儼師通《四分律鈔》。又從左溪玄朗師習天台止觀、禪門、《法華玄疏》、《梵網經》等四教三觀等義。	十七／815
玄 暢	年十九削髮，二十歲往福州兜率戒壇受具足戒，聽掇律科，深得宗旨，新繪細縷一染色佳玄暢，而往越中求聞異說。仰京室西明寺有宣律師舊院多藏毗尼教跡，因栖惠正律師法席。自入京華，漸萌頭角，受京城三學大德，益廣見聞。	十七／818
元 慧	以開成二年（837）辭親，於法空王寺依清進為弟子。會昌元年（841），往恒陽納戒法，方習毗尼。入禮五台，仍觀眾瑞。	二十三／857
少 康	年十有五，所誦之經已終五部，於越州嘉祥寺受戒，便就伊寺學毗尼。五夏之後，往上元龍興寺聽《華嚴經》、《瑜伽論》。	二十五／867
自 覺	惟齒厭于俗態，俄白親老言：兒樂從佛求度去世。二親驚愕，咄吒俾去。然無慚怍，再拜請命，乃強禮本部開元寺知欽。既而誦經，及格蒙度。至德二年（757）年滿，鎮州受具足法，既往靈壽縣禪法寺習律經論。勤瘁九年，皆造微也。	二十六／873
玄 朗	九歲出家，師授其經，日過七紙。弱冠，遠尋光州岸律師受滿足戒，玄學律範，又博覽經論，搜求異同，尤切《涅槃》。	二十六／875
道 遵	至年二十，詣天竺義威律師受具戒，事報恩寺興大師，首宗毗尼傳教也，後學天台一心三觀法門。	二十七／879
文 質	年十五，誦《法華》、《華嚴》、《維摩》等經，二十三受具，七日誦周戒本，二夏便講《四分律》。	二十七／881
宗 亮	開成中，剃落納法，方事毗尼，循于四儀，且無遺行，而云：我生不辰，屬會昌之難，便隱家山深巖洞穴。	二十七／881
皎 然	幼負異才，性與道合，初脫羈絆，漸加削染。登戒子于靈隱戒壇，守直律師邊聽毗尼道，特所留心。後博訪名山，法席罕不登聽者。	二十九／891
玄 晏	至德初年，誦經高弟，依僧崇真剃落，配住開元寺。大曆三年（768），從大闍梨真悟受具足法，便尋律範，目不視靡曼，足不履邪徑，於四儀中，無終食之間違教。	二十九／893
道 濟	年十七進具，習毗尼法，復投靈隱寺學華嚴經義，自爾於天竺寺修習禪定，行杜多行。	二十九／893

上表所列僧侶，不含明律部門，因此輩中人以研究律學為職，故時間不限於五夏。另部分禪宗僧人，如藏廙、道膺等對毗尼之學意願不高，甚至認為學律為桎梏所執，而選擇參禪之途。這種行徑到晚唐仍存，如《宋高僧傳》載：

　　（釋桂琛）初登戒壇，例學毗尼，為眾升臺宣戒本畢。將知志大安拘之於小道乎？乃自誨曰：「持犯束之身非解脫也，依文作解豈發聖

乎？」於是誓訪南宗，程僅萬里。〔註6〕

禪宗僧人在戒、定、慧三學次第中，是以定入門，不同於律宗之以律入門，也不同於教下（天台、華嚴、法相等）各宗以慧入門。禪宗修學者眾以禪定攝心，無論行止觀、數息、隨息、還淨等法，或提疑情、參話頭，均以破除妄念紛飛的染著之心，以見清淨無染的真心為目的，在這修學過程中，不正的念頭一出現即被觀照，自然不會變成行為而犯戒，此即《六祖壇經》所謂「心平何須持戒」，故可做到「外檢律儀，內照實相。」的境界。

一般僧侶的義學教育，在教材方面是以佛典經律論為主，依大陸學者任繼愈的研究，可歸納為以下四類：

一、關於佛教基本知識的入門書，佛教名詞、概念的解釋。這是佛教徒每個人都要學習的，不論大乘和小乘，如《成實論》、《俱舍論》等，屬於「佛教知識手冊」之類的。

二、關於佛教戒律的，這是用來維持僧眾的集體生活的紀律的。

三、關於佛的傳記、故事的。

四、關於佛教宗教基本理論的。〔註7〕

僧侶在正規佛教教育中，最重要的是在寺院聽聞義學僧侶的講經，日僧圓仁在《入唐求法巡禮行記》中記載唐文宗開成四年（839）六月山東文登縣青寧鄉赤山院的講經之會，其詳情如下：

辰時，打講經鐘，打驚眾鐘迄。良久之會。大眾上堂，方定眾了，講經上堂。登高座間，大眾同音，稱嘆佛名，因曲一依新羅，不似唐音。講師登座迄，稱佛名便停。時有下座一僧作梵，一據唐風，即「云何於此經」等一行偈矣。至「願佛開微密」句，大眾開音唱云戒香、戒定、解脫香等。誦梵唄訖，講師唱經題目，便開講。分別三門，釋題目訖，維那師出來，于高座前彈申會興之由，及施主別名，所施物色申訖，便以其狀，轉與講師。講師把塵尾，一一申舉施主名，獨自誓願，誓願訖，論義者端舉問，舉問之間，講師舉塵尾。聞問者語。舉問了，變傾塵尾，即還舉之，謝問便答。帖問帖答，與本國同。但難，儀式稍別。側手三下後，申解白前，卒示

〔註6〕贊寧，《宋高僧傳》，卷十三〈釋桂琛傳〉，頁786。

〔註7〕任繼愈，《漢唐佛教思想論集》（北京：人民出版社，1994年3月），頁319～320。

指申難，聲如大瞋人，盡音呼淨。講師蒙難，但答不返難。論義了，
入文談經，講訖。大眾同音，長音贊嘆，有回迴詞，講師下座。一
僧唱「處世界如虛空」偈。音勢頗似本國。講師升禮盤，一僧唱三
禮了。講師大眾同音，出堂歸房。更有復講一人，在高座南。下座
便談講師昨所講文。至如會義句，講師牒文釋義了，復講亦讀，讀
盡所講文了，講師即讀次文。每日如斯。〔註8〕

從上文可知，唐代的講經儀式：講經前打鐘驚眾、聽者入座後講師都講上堂
登高座、口贊梵唄於講經前後、開題（講解題意）、舉問、問難、迴向下座禮
辭、復講等八部分，爲在魏晉南北朝的基礎上繼續發展出來的。宋僧元照在
《四分律行事抄資記》在加上初禮三寶、打磬靜眾成爲十法，其文爲：

夜下明設座，或是逼夜不暇陳設，故開隨座。三中六法。初禮三寶，
二升高座，三打磬靜眾，四贊唄，五正說，六觀機進止，問聽如法
樂聞應說，七說竟迴問，八復作贊唄，九下座辭禮，……最初鳴鐘
集眾，總爲十法。今時講導，宜依此法。〔註9〕

佛教寺院講經制度，至唐末時已相當完備嚴謹，宋代以降僅能在枝葉間附驥，
這也是唐代宗派競起，義學僧侶輩出的原因之一。

　　僧侶除在寺院聽聞講經外，譯場也是僧侶最佳的學習場所，此因佛經原
以印度古典語文（巴利文、梵文）撰寫，若不翻梵爲華，國人將無法讀誦理
解，故佛教初傳之際，就開始譯經工作，初期的譯經是以來華居士僧人口授
經文，中土信徒筆記，譯經同時將佛典大義向中土信徒講授，形成翻譯不忘
講學，講學以譯經，譯講合一式的教育制度〔註10〕。其較著者如姚秦時的鳩
摩羅什與唐玄奘的長安譯場，均吸引許多優秀義學僧侶前往，分別對印度中
觀與瑜伽思想在中國的傳播，起了很大的作用。

第二節　世學與參學行腳

　　釋迦牟尼在出家修行前，已接受完整的世學教育，出家之始，曾不斷的

〔註8〕 圓仁，《入堂求法巡禮行記》，卷二（台北：文海出版社，民國65年10月），
　　　　頁39～40。

〔註9〕 元照，《四分律行事抄資持記》，卷下三〈釋導俗篇〉，大正藏第四十卷（台
　　　　北：新文豐出版公司，民國72年1月），頁404。

〔註10〕 魏承思，《中國佛教文化論叢》（上海：上海人民出版社，1991年），頁114。

尋師訪道，遍學當時印度的各種修行方法，在其成道後，於鹿野苑轉法輪，成立僧伽制度，僧團人數不斷的增加。在釋迦牟尼的弟子中，不乏原為印度各宗教的修行者，熟習世間各種學問，後隨釋迦牟尼後而悟道，在初期的佛教僧團中，弟子因求解脫而來，世學教育在當時不佔有重要地位，但為與其他教派競爭，釋迦牟尼制律時亦聽比丘、沙彌誦讀外道書。東晉時譯出，影響中國寺院長達數百年之久的《十誦律》卷三十八謂：

> 佛在舍衛國，有比丘捨修多羅（經）、阿毗曇（論），捨毗尼（律），誦外書文章兵法，遠離佛經。佛言：從今諸比丘，若有學誦外書文章兵法者，突吉羅。佛未制是戒時，長老舍利弗、目連處高座上，為諸新比丘沙彌說法、教學誦外書，為破外道論故。制是戒已。長老舍利弗、目連便不處高座，為諸新比丘沙彌說法教學誦外書。爾時諸外道，聞沙門瞿曇（釋迦牟尼）不聽弟子誦外書，是婆羅門便往語諸信佛優婆塞言：可共往到諸比丘所。答言：隨意。外道到已，與新比丘沙彌共議論，諸新比丘沙彌皆不能答，一者新入道，二者佛制不聽學故。時諸外道輕弄諸優婆塞言：汝之大師汝所供養，汝所尊重上先坐食者，正如是耶？諸優婆塞心愁不樂，以事白佛。佛言：從今聽為破外道故，誦讀外道書。〔註11〕

佛教僧團允許比丘、沙彌學外道書的制度曾經一度取消，但終因實際的需要又恢復〔註12〕。又《長阿含·大本經》中甚至有禪誦結合的記載：

> 出家修道，諸所應行，凡有二業：一曰賢聖講法，二曰賢聖默然。
> 〔註13〕

所謂賢聖講法即讀誦、研究、講解、討論、辯論，所學內容則包括佛典與外典；賢聖默然則是指坐禪，這也是中國佛教中「冬參夏講」制度的由來。到了大乘佛教時期，許多經典允許比丘在精通內典後再涉獵外書，如《菩薩地持經》卷三謂：

> 明處者有五種，一者內明處，二者因明處，三者聲明處，四者醫方

〔註11〕 弗若多羅共羅什譯，《十誦律》，卷三十八〈明雜法之三〉（台北：新文豐出版公司，民國68年9月），頁274。

〔註12〕 曹仕邦，〈古代佛教對小沙彌所施行的儒學教育〉，《大陸雜誌》第六十九卷第六期，民國73年12月，頁39。

〔註13〕 佛陀耶舍共竺佛念譯，《長阿含·大本精》，大正藏第一卷（台北：新文豐出版公司，民國72年1月），頁1。

明處，五者工業明處，此五種明處菩薩悉求。〔註14〕

《瑜伽師地論》卷四十三稱上述五明中的內明爲出世間慧，其餘四者爲世間慧：

> 云何菩薩自性慧，謂能悟入一切所知，及已悟入一切所知，簡擇諸法，普緣一切五明處轉，一內明處，二因明處，三醫方明處，四聲明處，五工業明處，當知即是菩薩一切慧之自性。〔註15〕

在西域，沙彌與婆羅門均接受五明教育，《大唐西域記》卷二謂：

> 開蒙誘進先導十二章。七歲之後漸受五明大論，一曰聲明，釋詁訓字，詮目流別；二曰巧明，伎術機關陰陽曆術；三曰醫方明，禁咒閑邪藥石針艾；四曰因明，考定正邪研覈眞僞；五曰內明，究暢五乘因果妙理。〔註16〕

所不同者，沙彌以三藏十二部爲內明，婆羅門則以四吠陀爲內明。這種思想傳至中國，表現在沙彌教育方面，則爲在出家前未受教育者則先授儒學後學佛經，及出家前已讀過儒書則直接授以佛經的現象〔註17〕。沙彌先儒後佛的教育程序，可能是基於二項考量：一是儒學是中國文化的正統，沙彌熟習儒家經典，可掌握中國文字的運用，對日後參加譯經或向門第中人弘法都很有幫助〔註18〕；二是儒家對於修身、修心的思想，與小乘佛教有許多接近之處，因此在在中國最早期常以儒家（部分道家）思想取代小乘的受學次第。〔註19〕

　　從佛教典籍記載中國僧侶所受之外學，似以儒、道二家及印度五明教育

〔註14〕 曇無讖譯，《菩薩地持經》，大正藏第三十冊（台北：新文豐出版公司，民國72年1月），頁903。

〔註15〕 玄奘譯，《瑜伽師地論》，卷四十三，大正藏第三十冊（台北：新文豐出版公司，民國72年1月），頁528。

〔註16〕 玄奘譯、辯機撰，《大唐西域記》，卷二，大正藏第五十一卷（台北：新文豐出版公司，民國72年1月），頁876。

〔註17〕 曹仕邦，〈古代佛教對小沙彌所施行的儒學教育〉，頁38。

〔註18〕 參見曹仕邦，〈古代佛教對小沙彌所施行的儒學教育〉，頁39。

〔註19〕 參見淨空法師，《認識佛教：幸福美滿的教育》（台北：佛陀教育基金會，民國84年9月），頁51。
　　　　按：《華嚴經‧十地品》載菩薩爲利益眾生故，世間技藝靡不該習，如文字、算術、圖書、印璽、地水火風諸論、方藥、文筆、贊詠、歌舞、伎樂、戲笑、談說、地理、礦藏、天文、地震、占夢、看相等一切世間之事，但爲眾生不爲損惱，爲利益故，咸悉開示，漸令安住無上佛法。

為正宗，至於命書、相書、兵書、卜筮書、天文書、地理（堪輿）書、圖讖書、乃至爐火黃白、神鬼奇怪符水等書皆被視為異端邪命之書，僧侶不得學習。除非是內典精通，德學雙修，入佛入魔，無不自在，為欲度化外教，方可涉躐，但仍勿生習學想〔註20〕。《大宋僧史略》敘述對於僧侶學習外學的用意為：

> 夫學不厭博，有所不知，蓋闕如也。吾宗致遠，以三乘法而運載焉。然或魔障相陵，必須禦侮，莫若知彼敵情，敵情者，西竺則韋陀（即吠陀），東夏即經籍矣。故祇洹寺中有四韋陀院，外道以為宗極，又有書院，大千界內所有不同文書並集其中，佛俱許讀之，為伏外道，而不許依其見也。此土古德高僧能攝服異宗者，率由博學之故。〔註21〕

雖然戒律中開放一些外道書籍閱讀的限制，但如與《唐律疏議》、〈僧尼令〉的規定僧尼不得習卜相吉凶、小道、巫術治病及天文、兵書的研習等有所牴觸，仍須以國法規定為主，有關條文已見於第四章第二節，不再贅述。

在佛教經律中對僧侶閱讀世學外典的允許，致在中國有許多僧侶除在義學研究外，同時也有世學著作傳世，豐富了傳統文化的內容，如唐僧一行在出家前已博覽經史，尤精曆象陰陽五行之學，出家後曾至天台山國清寺習大衍曆算之法，受詔改麟德曆為大衍曆，並受詔率府長史梁令瓚鑄渾天儀，撰有《大衍論》三卷、《攝調伏藏》十卷、《大衍曆議》十卷及《天一太一經》、《太一局遁甲經》、《釋氏系錄》、《周易論》、《大衍玄圖》、《義決》、《易纂》各一卷等。〔註22〕

民國二十年楊毓芬曾撰〈釋氏外學著錄考〉一文，統計自晉至清中，嫻於外學僧侶有五百餘人，得經注二十七則、小學三十五、正史一、雜史三、奏議三、地理六十七、金石三、儒家二、道家十三、名家一、兵家一、農家四、醫家四十五、天文曆算二十九、術數五十三、藝術十二、雜家五、小說

〔註20〕廣化法師，《沙彌律儀要略集註》，頁 126。

〔註21〕贊寧，《大宋僧史略》，卷上〈外學〉，大正藏第五十四卷（台北：新文豐出版公司，民國 72 年 1 月），頁 240。

〔註22〕參見劉昫：《舊唐書》，卷一九一〈方伎傳〉（台北：鼎文書局，民國 68 年 2 月），頁 5112。

楊毓芬：〈釋氏外學著錄考〉，收入《佛教聖典與釋氏外學著錄考》（台北：大乘文化出版社，民國 68 年 12 月），頁 72～73。

八、神仙八、類書三、楚辭一、別集二百七十五、總集三十三、詩文評十九、共計六百五十一則〔註23〕。其中唐代僧侶著作頗多，如曇域、慧力、慧元、玄應、慧苑、慧琳對文字聲韻學的研究；普濟、靈澈對醫藥的研究；司馬頭陀、泓法師之地理（堪輿）之學等。另智永、懷素的書法亦宇內馳名。

　　唐代的詩僧人數眾多，成就非凡，《全唐詩》即收錄唐、五代詩僧近百家作品，尤以安史之亂時，北方文士紛紛避亂南渡，外出應舉游宦的文士亦多返居故里，江南因此成為新的文學中心，因而產生許多詩僧，有關此期詩僧的著錄頗多，如劉禹錫在〈澈上人文集記〉謂：

> 世之言詩僧，多出江左。靈一導其源，護國襲之，清江揚其波，法
> 振沿之。〔註24〕

趙璘《因話錄》謂：

> 江南多名僧，貞元、元和以來，越州有清江、清晝（即皎然），婺州
> 有乾俊、乾輔，時謂之會稽二清，東陽二乾。〔註25〕

嚴羽《滄浪詩話》亦謂：

> 釋皎然之詩，在唐諸僧之上。唐詩僧有法震、法照、無可、護國、
> 靈一、清江、無本、齊己、貫休也。〔註26〕

僧侶除在所屬寺院接受教育外，同時也可到外面寺院參學，或與在家人士往訪，互相學習啟發，或對儒佛經教質疑問難，不過自唐玄宗時實施「以官轄寺，以寺轄僧」的政策後，將僧侶隸屬於固定寺院，非經許可不得隨意變換所屬寺院。且唐代律令對僧侶遊參行腳頗多限制，這種措施雖有管理方便的優點，對於求知欲強的僧侶而言是一很大的束縛，但仍有許多僧侶克服種種不便，為尋師訪道而行腳天下。所謂行腳，《祖庭事苑》卷八的解釋為：

> 行腳者，謂遠離鄉曲，腳行天下。脫情捐累，尋訪師友，求法證悟
> 也。所以學無常師，遍歷為尚。〔註27〕

唐代僧侶在律令限制下，多不厭其煩向官府報備，申請過所或公驗，故遊參

〔註23〕楊毓芬：〈釋氏外學著錄考〉，頁186。
〔註24〕劉禹錫，〈澈上人文集記〉，收入《全唐文》，六〇五卷（上海：上海古籍出版社，1990年12月），頁2708。
〔註25〕趙璘，《因話錄》，卷四〈角部〉（台北：新興書局，民國71年3月），頁1。
〔註26〕嚴羽，《滄浪詩畫》，收入《歷代詩話》下（台北：木鐸出版社，民國71年2月），頁698。
〔註27〕陸庵，《祖庭事苑》，卷八，佛光大藏經（高雄：佛光出版社，民國83年12月），頁847。

行腳風氣頗盛，他們的足跡遍布山川河流、番地邊塞，唐初高僧如玄奘、法藏、慧能、道宣等人，均有裂裳裹足訪師於千里之外的記錄〔註 28〕，唐代中晚期僧侶的參學行腳，其類型大致有三種：

一、禪宗大德爲求開悟或印證型

中晚唐僧侶的遊參行腳，人數以禪宗大德爲多，此因禪宗的修行方法與他宗不同，禪者未開悟前，往往先修行一段時間，最後臨門一著就是親近善知識，求善知識指點迷津，開示修行之路，《永嘉大師證道歌》所說：「遊江海，涉山川，尋師訪道爲參禪。自從認得曹溪路，了知生死不相關。」〔註 29〕就是這種歷程。

二、博訪諏諮，圓滿己身智慧型

其他各宗亦有不斷在外參學，以滿足自己求知欲者，如華嚴四祖清涼澄觀，年十一依寶林霈禪師出家，誦《法華經》，後又依潤州棲霞寺醴律師學相部律，至越州曇一學南山律，詣金陵玄璧學關河三論，又於瓦棺寺習《起信》、《涅槃》，於淮南學海東起信疏議，從法詵法師習《華嚴經》，從湛然法師學天台止觀維摩等經疏，又謁牛頭慧忠、徑山欽師、洛陽無名師咨決南宗禪法，復見慧雲禪師了北宗禪理。〔註 30〕

三、域外留學求法型

中國佛教傳自印度，許多僧侶對印度懷有孺慕之情，希望有機會能瞻禮聖地，同時也希望能就教印度義學僧侶，解決心中對佛理的疑惑，故歷代均有留學僧至印度求法取經，梁啓超在〈中國印度之交通〉一文中，統計唐代西行求法僧共五十二人〔註 31〕，屬於安史之亂以後者僅悟空一人而已。悟空本名車奉朝，玄宗天寶十年（750）隨中使張韜光由安西路奉使罽賓，肅宗至德二年（757）因病篤，發願在罽賓出家，歷遊印度諸國，留彼邦四十年後，取道天山南路北道返國，爲歷代留印學僧中停留最久者。〔註 32〕

〔註28〕張菁，〈唐代僧侶的游方與文化〉，《江海學刊》，1993 年第四期，頁 117。

〔註29〕彥琪，《永嘉真覺大師證道歌註》（台北：華岡佛學研究所，民國 67 年 2 月），頁 37～38。

〔註30〕贊寧，《宋高僧傳》，卷五〈釋澄觀傳〉，頁 373。

〔註31〕梁啓超，〈中國印度之交通〉，收入《佛學研究十八篇》（台北：台灣中華書局，民國 65 年 7 月臺四版），頁 11～20。

〔註32〕圓照，《悟空入竺記》，大正藏第五十一卷（台北：新文豐出版公司，民國 72

相對於中國僧侶至印度熱潮的衰退，日本新羅僧侶到中國求法巡禮者頗多，較著者有日僧最澄、空海、圓行、圓仁、慧運、圓珍、圓載等，長安青龍寺爲日僧學習密法的中心，其中圓人撰有《入唐求法巡禮行記》、圓珍撰有《行曆抄》，均爲研究中晚唐佛教的第一手資料。新羅僧侶來華人數眾多，嚴耕望先生統計義淨《大唐求法高僧傳》所記僧徒五十八人，就中新羅八人，高麗一人，皆先入唐求法，然後再入西域，其數幾佔全部人數六分之一，而無一爲其他鄰邦之僧徒。《景德傳燈錄》載中國禪門僧徒一千六百人，就中非漢人者四十三人，此四十三人中之四十二人皆爲新羅人。由於新羅僧侶至唐留學求法者甚眾，故寺院往往有以「新羅」命名者，圓仁《入唐求法巡禮行記》卷二，記今山東半島即有三處「新羅院」。其他地區亦頗有「新羅」、「高麗」之名者。〔註33〕

　　一般僧侶的行腳，大都在國內道場遊歷，也有少數僧侶爲尋求經典原文，或爲解除心中對經義的疑惑，因而歷盡艱辛，遠至印度留學，他們除促進中印文化交流外，同時也爲佛教不斷的注入活水源頭。雖國內參學與域外留學均是行腳的表現，且留學除取經外仍可參學，但二者仍有差別，除經歷有國內、國外之別外，最重要的就是求法者重視「放下著」，暫時放下原先所學，聽取印度義學僧侶對佛法原典的解釋，以解除心中的疑惑；禪宗參學者則爲「擔取去」，記取原來所學，在疑情處尋求高僧指點，以達到開悟的境界。〔註34〕

第三節　社會教育

　　就僧侶的社會教育而言，中國佛教的精神爲大乘菩薩道的發揚，「上求佛法，下化眾生」爲僧侶的主要職志，在上求佛法方面，主要得之義學教育，從經典中體驗出清淨心來莊嚴佛國淨土，並從世學教育中習得世間法，作爲普渡眾生的資糧，再以演說譬喻等社教方法使眾生覺悟，以達上求下化的目

　　　年1月），頁979～981。
　　　按：唐代中晚期到印度求法取經熱潮已過，可能與安使之亂後西域情勢混亂，
　　　中印間交通不便，以及印度密教興起，無法提供中吐僧侶義學研究有關。
〔註33〕嚴耕望，〈新羅留唐學生與僧徒〉，收入《日韓佛教研究》（台北：大城文化出版社，民國67年11月），頁253～255。
〔註34〕參見武守志，《一字軒談學錄》（蘭州：甘肅人民出版社，1993年12月），頁36。

標。日本學者稱安史之亂後，中國佛教在信仰上從「貴族佛教」轉爲「庶民佛教」〔註35〕，最主要的關鍵之一，爲佛教社會教育普及所致。唐代佛教中，專門從事社會教化工作者，有倡導師、說法師和化俗法師等名號；也有稱之爲俗講法師、邑師、社僧、教化僧等。他們都是長年在外逐村講說的遊行僧，其中尤以稱爲俗講師和遊僧者爲然。〔註36〕

中國佛教在社會教育上所使用的方法，可追溯到印度佛教經典的表達方式，印度佛經體制，不外「長行」與「偈陀」兩種型式，「長行」是散文體，如《妙法蓮華經・化城品》以說明：

> 譬如五百由旬險難惡道，曠絕無人，恢畏之處。若有多眾，欲過此道，至珍寶處。有一導師，聰慧明達，善知險道通塞之相，將導眾人，欲過此難。所將人眾，中路懈退，白導師言：我等疲極，而復怖畏，不能復進，前路猶遠，今欲退還。導師多諸方便，而作是念：此等可愍，云何捨大珍寶而欲退還。作是念已，以方便力，於險道中，過三百由旬，作一城。（下略）

欲重宣此義，而說偈言：

> 譬如險惡道，迴絕多毒獸，又復無水草，人所怖畏處。無數千萬眾，欲過此險道，其路甚曠遠，經五百由旬。時有一導師，強識有智慧，明了心決定，在險濟眾難。眾人皆疲倦，而白導師言，我等今頓乏，於此欲退還。導師作是念，此輩甚可愍，如何欲退還，而師大珍寶。尋時思方便，常設神通力，化作大城郭，莊嚴諸宅舍。周匝有園林，渠流及浴池，重門高樓閣，男女皆充滿。〔註37〕

前段爲「長行」體，後段則爲「偈陀」體。「偈陀」體本配合印度梵文（天城體）的韻律格調，且能唱詠。佛陀弟子向釋尊啟請，或日後僧團事務性集會，大眾向上座師長執事有所啟白，以及上座大德向弟子解說佛理，解釋經義，也用詠唱「偈陀」的方式〔註38〕。佛經隨在中國被譯出時，這種「長行」與

〔註35〕參見黃敏枝，《宋代佛教社會經濟史論集》（台北：學生書局，民國78年5月），頁2。

〔註36〕道端良秀著，關世謙譯，《中國佛教與社會福利事業》（高雄：佛光出版社，民國70年4月），頁134。

〔註37〕鳩摩羅什譯，《妙法蓮華經》，大正藏第九卷（台北：新文豐出版公司，民國72年1月），頁25～27。

〔註38〕參見丁敏，〈論唐代詩僧產生的原因〉，《獅子吼月刊》第二十四卷一期，（民國74年1月），頁18～19。

「偈陀」並行的文體被保留下來，並成為僧侶並須課誦的功課，為莊嚴道場，淨化心靈，且容易學習，相傳三國時曹植創梵唄音樂，後逐步發展出轉讀、唱導形式，至梁慧皎《高僧傳》立〈唱導〉一科，並謂：

> 昔草創高僧，本以八科成傳。卻尋經導二伎，雖於道為末，而悟俗可崇，故加此二條，足成十數。〔註39〕

向達在〈唐代俗講考〉一文中謂：

> 經者轉讀讚唄，符靡宮商，導者宣唱法理，開導眾心。蓋俱以化俗為務也。轉經唱導之制，逮於唐宋猶未盡衰，其間大師，具見道宣贊寧所續高僧傳中，顧敦煌所出通俗文學作品，有禪門十二時、太子十二時、太子五更轉、太子入山修道讚、兩宗讚、辭娘讚等，類似今日之小曲者甚夥。〔註40〕

在為大眾講經以前以梵唄音樂誦唱佛經，而不致顯得單調枯燥，講經因此可變成大眾化或通俗化活動，為了講經誦經的需要，造就出許多兼具妙聲與辯才的僧侶，即所謂的講經師或唱導師，以從事社會教育工作。《宋高僧傳》敘述寶巖當任唱導師的情形謂：

> 每使京邑諸集，塔寺肇興，費用所資，莫非泉貝。雖玉石適集，藏府難開。及巖之登座也，案邑顒望，未及吐言，擲物雲奔，須臾坐沒。方乃命人徒物，設敘福門。先張善道可欣，中述幽途可厭，後以無常終奪，終歸長逝。提耳抵掌，速悟時心。莫不解髮徹衣，書名紀數，剋濟成造，咸其功焉。〔註41〕

佛教自南北朝時代開始，社會上即有結合法師與信徒相結合的組織，如法社、義邑等名稱，功能兼及寫經、齋會、誦經、說法等，負責的法師須對信眾做定期或不定時的傳教活動，如在齋會時說法，開放社會大眾前往聽講就食，《隋書‧五行志》即記載開皇十七年（597）的齋會：「大興城（長安）西南四里，有袁村，設佛會，有老翁，皓首、白裙襦衣，來食而去，眾莫識。」〔註42〕

〔註39〕慧皎，《高僧傳》，卷十三，大正藏第五十卷（台北：新文豐出版公司，民國72年1月），頁417～418。

〔註40〕向答，〈唐代俗講考〉，收入《唐代長安與西域文明》（台北：明文書局，民國71年10月再版），頁296。

〔註41〕道宣，《續高僧傳》，卷三十，大正藏第五十卷（台北：新文豐出版公司，民國72年1月），頁705。

〔註42〕魏徵，《隋書》，第二十三卷〈五行志〉（台北：鼎文書局，民國69年6月），頁651。

在唐代時，寺院為對廣大民眾宣講佛理，又在講經師與唱導師之中，發展出一種俗講的形式，大陸學者丁鋼認為這三者的分別在於：

> 唱道原為說唱教導之意，相對講解經論義理（筆者按：即講經師的職責），是一種雜說因緣譬喻，使大眾易理解接受佛教教義的通俗演講方式。……在性質上，唱導主要是就近取譬，說理為主；俗講則是根據經義，敷演似小說。〔註43〕

唱導以因緣譬喻，俗講則以故事敷演解說佛經，亦有以佛經故事繪畫，這些均可幫助識字不多或廣大文盲認識佛經，近代所發現為數眾多的「變文」、「押座文」、「變相」（變相圖經，如前段所述化城品故事以圖畫表達）就是當時佛教從事教化所留下來者。日僧圓仁在《入唐求法巡禮行記》中敘述唐代負起教化工作之僧侶類別如下：

> 又有化俗法師，與本國導飛教化師同也，說世間無常苦空之理，化導男弟子女弟子，呼導化俗法師也。講經論律記疏等，名為座主和尚大德；若衲衣收心，呼為禪師，亦為道者；持律偏多，名律大德，講為律座主；餘亦準爾也。〔註44〕

化俗法師所從事的講說即為俗講，俗講不知起於何時，在憲宗元和末年已有僧侶以俗講著稱，如文漵法師，段承式在〈寺塔記〉中述及長安平康坊菩提寺云：

> 佛殿內槽東壁維摩變，舍利弗角而轉睞。元和末俗講僧文淑裝之。等跡盡矣。〔註45〕

文中所稱文淑為文漵之誤，張彥遠《歷代名畫記》記菩提寺謂：

> 殿內東西北壁並吳畫，其東壁有菩薩轉目視人，法師文漵亡何令工人布色損矣。〔註46〕

《樂府雜錄》亦載：「長慶中，俗講僧文漵，善吟經，其聲宛暢，感動里人。」〔註47〕文漵法師從憲宗元和末住錫菩提寺，即以俗講僧見稱當世；敬宗寶曆

〔註43〕丁鋼，《中國佛教教育——儒佛道教育比較研究》，頁123。
〔註44〕圓仁，《入唐求法巡禮行記》，卷一，頁13。
〔註45〕段成式，〈寺塔記〉，收入《酉陽雜記·續俎》（台北：源流出版社，民國72年9月），頁252。
〔註46〕張彥遠，《歷代名畫記》，卷三，美術叢刊第二輯（台北：國立編譯館，民國75年9月），頁34。
〔註47〕段安節，《樂府雜錄》，唐朝小說大觀（台北：新興書局，民國49年6月），頁7。

時移錫興福寺；文宗大和時爲入內大德，曾因流罪徙，開成、會昌之際，又復回長安，當圓仁在長安時，文漵仍執俗講之牛耳〔註48〕。《入唐求法巡禮行記》記會昌元年（841）長安城內之俗講情形謂：

　改開成六年爲會昌元年。及敕於左、右街七寺開俗講。左街四處：此資聖寺，令雲花寺賜紫大德海岸法師講花嚴經，保壽寺，令左街僧錄三教講論賜紫引駕大德體虛法師講法花經，菩提寺，令招福寺內供奉三教講論大德齊高法師講涅槃經，景公寺，令光影法師講。右街三處：會昌寺內供奉三教講論賜紫引駕起居大德文漵法師講法花經，城中俗講，此法師第一；惠日寺、崇福寺講法師未得其名。又敕開講道教，左街令敕新從劍南道召太清宮內供奉矩令費，於玄眞觀講南花等經，右街一處，未得其名，並皆奉敕講。從大和九年（835）以來廢講，今上新開，正月十五日起首，至二月十五日罷。〔註49〕

此時俗講的規模宏大，地點不限於一處，參與法師人數亦多，演講包括一些大部頭且內容深奧的經典，如《華嚴經》、《法華經》、《涅槃經》，此外道教亦開道講。不過俗講在唐代出現之後，時斷時續維持，圓仁所稱大和九年（835）廢講之事，當與文漵因罪流徙有關，趙璘《因話錄》謂：

　有文淑僧者，公爲聚眾談說，假託經論，所言無非淫穢鄙褻之事。不逞之徒轉相鼓扇扶樹，愚夫冶婦樂聞其說，聽者塡咽寺舍，瞻禮崇奉，呼爲和尚。教坊效其聲調以爲歌曲。其眠庶易誘，釋徒苟知眞理及文義稍精，亦甚嗤鄙之。近日庸僧以名繫功得使，不懼臺省府縣，以士流好窺其所爲，視衣冠過於仇讎。而淑僧最甚，前後杖背，流在邊地數矣。〔註50〕

另在《太平廣記》引〈盧氏雜說〉亦載文宗時，法師文漵爲入內大德，一日得罪流之。弟子入內收拾院中籍入家具輩，猶作法師聲講〔註51〕。俗講自憲宗後，逐漸成爲僧侶教化民眾的重要方式，雖然文漵因罪流放而遭禁止，但學習者仍多。且爲社會大眾宣講，方法及內容上均較爲粗俗，正統士人視之

〔註48〕向答，〈唐代俗講考〉，收入《唐代長安與西域文明》，頁299。
〔註49〕圓仁，《入唐求法巡禮行記》，卷一，頁84。
〔註50〕趙璘，《因話錄》，卷四〈角部〉，頁2。
〔註51〕李昉等編，《太平廣記》，卷二〇四〈文宗〉（台北：古新書局，民國69年元月），頁419。

為鄙陋,《因話錄》的敘述即這種反應。

會昌元年（841）恢復俗講後,是年五月、九月及次年正月、五月均奉敕開講,三年（843）開始,由於武宗對佛教活動的限制,講俗全面停止〔註52〕。直到宣宗在位,會昌法難結束之後始恢復,《南部新書》戊云:

> 長安戲場多集於慈恩,小者多在青龍,其次薦福永壽。尼講盛於保
> 唐,名德聚之安國,士大夫之家入道盡在咸宜。〔註53〕

俗講的對象雖為社會大眾,辭意淺顯,為正統士人嗤為鄙陋,但其開講往往為皇上下敕,故不能草率行之,必有一定的儀式以之遵循,編號 P3849 號的敦煌卷子背面,保留文字二段,其一為俗講維摩經儀式,其文為:

> 夫為俗講:先作梵了。次念菩薩兩聲,說押座了;素舊溫室經法師
> 唱釋經題了;念佛一聲了;便說開經了;便說莊嚴了;念佛一聲;
> 便一一說其經題字了;便說經本文了;便說十波羅蜜等了;便念念
> 佛讚了;便發願了;便又念佛一會了;便迴向發願取散云云;已後
> 便開講維摩經。講維摩經,先作梵,次念觀世音菩薩兩三聲;便說
> 押座了;便素唱經文了;唱日法師自說經題了;便說開讚了;便莊
> 嚴了;便念佛一兩聲;法師科三分經文了;念佛一兩聲,便一一說
> 其經題名字了;便入經說其緣喻了;便說念佛讚了;便施主各發願
> 了;便迴向發願取散。

俗講中的作梵、禮佛、唱釋經題、說經本文、迴向、發願、發願等儀式,與一般講經儀式相同,只多說押座,是講經中所無者。所謂押座,即指押座文而言。押,同「壓」,是「鎮壓」的意思。押座文是講唱變文者,是敷演正題前所演唱的一段押韻的短文章,可使從不同場合跑來聽講的聽眾,收斂心神,準備聽講,同時,也能達到動人的效果〔註54〕。如同一般講經,俗講也有法師及都講,法師講解經文,都講唱釋經題,但法師、都講的職責與一般講經有所區別,大陸學者丁鋼認為:

〔註52〕圓仁,《入唐求法巡禮行記》,卷一,頁84～98。

〔註53〕錢易,《南部新書》,卷五,四庫全書子部三四二冊（台北:台灣商務出版社,民國75年3月）,頁8。

〔註54〕文殊出版社編輯,《敦煌變文》,第四冊〈八相押座文〉,註1（台北:文殊出版社,民國77年8月）,頁151。
向答在〈唐代俗講考〉中認為:押字本有隱括之義,所有押座文,大都隱括全經,引起下文。緣起與押座文作用略同,唯視押座文篇幅較長而已,此當即後世入話、引子、楔子之類耳。（305）

> 俗講中都講不再有問難之責（座下也不問難），而主要是以唱經即詠
> 經為主，實為讀經之類，這是依俗講的形式所改變的。但歸納起來，
> 俗講與一般講學儀式的相殊之處主要有三點：一是不設問難；二是
> 說唱相輔，通俗易懂；三是經文多選佛經故事。〔註55〕

由於俗講的盛行，社會上又出現化俗法師之稱的專門僧，他們不以寺院為中心，時專門尋行各「義邑」、「邑會」等村落的由行僧，白天向一般人施行教化，夜間則在村莊借宿，但在同一地點，不能住宿七夜以上，與《新唐書》載「凡止民家，不過三夜。出踰宿者，立案連署，不過七日，路遠者，州縣給程。」（見第四章第二節）的規定相符〔註56〕俗講自唐代推出後，流行地區廣大、時間長久，後雖經北宋時的禁止，但到南宋理宗實仍未盡絕，且影響日後話本，彈詞、寶卷。唐代僧伽制度推廣佛經義理，主要就是以寺院中正式講經與社會上俗講互相搭配，使佛教為各種層次人士所接受，是一種理想而有效的傳佈方法。

〔註55〕丁鋼，《中國佛教教育——儒佛道教育比較研究》，頁124。
〔註56〕參見道端良秀著，關世謙譯，《中國佛教與社會福利事業》，頁136。

第七章　僧團的社會功能

第一節　佛教從事社會福利事業的背景

　　中國佛教的特質是大乘菩薩道精神的發揚，佛子以上求佛道，下化眾生之福慧雙修為職志，福是修利他業的果報，故三世諸佛，為莊嚴佛國土，皆發廣大誓願，普利眾生，如藥師十二大願、彌陀四十八大願，皆願眾生在物質生活上圓滿，在精神生活上究竟。又如釋迦牟尼在本生（前世修行）時，於此娑婆世界廣行教度，捨施頭目腦髓、國土妻子，歷多生多劫，永無厭怠，致此一世界所有土地均流下其所捨身布施流下的血汗〔註1〕。諸佛的行願，便是大乘菩薩道的典範，用今日的術語來講，就是從事社會福利（祉）事業。佛教團入中國，隨著大乘經典的譯出，本生故事的流傳，配合慈悲、福田、無（不住）相布施、報恩等觀念，使中國儒家思想中「親親而仁民，仁民而愛物」、「惻隱之心、辭讓之心、羞惡之心、是非之心」及「仁」的觀念，更為具體可行，許多社會福利事業因而產生。

　　中國佛教史上，最早具有社會救濟性質的施食行為是由後漢時期笮融所作，《後漢書・陶謙傳》記載笮融之施食行為謂：

　　　　初，同郡人笮融，聚眾數百，往依於謙，謙使督廣陵、下邳、彭城
　　　　運糧。遂斷三郡委輸，大起浮屠寺，上累金盤，下為重樓，又堂閣

〔註1〕關於釋迦牟尼在因地修行的事蹟稱本生故事，一般學者認為這些故事是佛教
　　　吸收流傳在印度的民間傳說，將所有這些捨己為群的故事主角全歸於釋迦牟
　　　尼，這些傳說對激勵佛教僧俗從是菩薩行有很大的幫助，目前有關於佛本生
　　　故事的經典收入大藏經的本緣部。

周回，可容三千許人，作黄金塗像，衣以錦綵。每浴佛，輒多設飲
飯，布席於路，其有就食及觀者且萬餘人。〔註2〕

不過笮融的此種作爲，是否具備佛教施食理念？或僅爲收攬人心而已，已被
日本學者鎌田茂雄懷疑過〔註3〕。具有大乘菩薩道思想的各種福利事業，應該
是從南北朝開始施行的。薩孟武在《水滸傳與中國社會》中曾言及佛教從事
慈善（福利）事業的原因：

南北朝時代，内亂外戰造成了無數貧民，貧民的賑卹不失爲一個重
要的問題。當時政府對於這各問題，竟然毫無措置。反之，佛教是
以慈悲爲本，佛寺財產不少，而僧尼的生活又不可太過奢侈。他們
的收入既然超過他們的消費，他們就把剩餘物資充爲救濟貧民之
用。佛寺既然負單了這個責任，結果，個人或政府的慈善事業也委
託佛寺辦理。〔註4〕

上述的說法說明了佛教從事社會福利事業的部分原因，欲深入瞭解此一社會
現象，須從政治、經濟、社會、文化等因素來說明。

　在政治因素方面，自漢末黄巾之亂開始，迄隋朝統一，中國歷史進入一
分裂戰亂時代政治分合無常，國土陵替造成生靈塗炭，社會凋弊，占驗休咎
報應思想流行，求福田饒益漸被民心，爲中國本土性的道教，及從印度傳入
的佛教傳播提供良好的發展條件。此時佛教以圓融的教義及優秀僧侶的投入
研究，發展出諸宗競秀之局，配合一些自覺性較高的僧侶，行菩薩利他思想，
主動從事教化工作，以致佛教社會福利工作達到高潮，並持續進行到宋朝而
不衰。

　在經濟因素方面，魏晉以降，士族豪強除掌握政治出路外，同時也掌握
經濟大全，如東晉貴族的封山占澤，北朝釋族的莊園經濟，致富者田連阡陌，
貧者無立錐之地，社會貧富差距懸殊。相對於士族豪強的是平民，因家無恆
產，受雇於世族豪強，淪爲部曲、奴隸者大有人在，他們平日不能厚養父母，
戰亂天災不免於死亡。此時唯有佛教社會福利事業，如僧祇戶、僧祇粟、三

〔註2〕范曄，《後漢書》，卷七十三〈陶謙傳〉（台北：鼎文書局，民國74年4月），
　　　頁2368。
〔註3〕鎌田茂雄著，關世謙譯：《在中國佛教通使》，第一冊（高雄：佛光出版社，
　　　民國74年9月），頁244。
〔註4〕薩孟武，〈由五台山文殊院說到佛教流行的原因〉，收入《水滸傳與中國社會》
　　　（台北：三民書局，民國65年2月），頁33。

階教無盡藏院、義邑、悲田養病坊、齋會、無遮大會等，可以給予救濟，使社會組織不致於潰決。在社會因素方面，中古世族講究家風（法），同時以婚姻為保持門第的手段，世族間亦分高下，彼此互相排斥，互不通婚，甚至不同坐，他們在社會上是特殊階級，所謂「刑不上大夫，禮不下庶人」。唯佛教以眾生平等的觀念對待廣大民眾，並以佛法導之，使之超拔安逸，減少社會衝突緊張之事發生。

文化因素方面，自東漢晚期開始，政治上出現「四世三公」的門第，在學術傳播上，則因太學不振，學術亦成世族的「家學」，教育變成有錢人與有閒人的奢侈品。世族掌握教育特權後，配合政治選舉運作，如東漢的孝廉、秀才察舉，魏晉至隋初的「九品官人法」，及以後的科舉制度初期，相繼進入仕宦之階，形成「上品無寒門，下品無世族」的中古政治生態。當時許多優秀的平民，或因政治上無出路，或求明哲保身，或圖個人溫飽，紛紛投入佛教，使寺院吸收不少人力與財力，這種情形在《高僧傳》中記載頗多。僧伽教育，是中古門第教育之外的另一種教育型式，利用寺院豐富的藏書，擺開功名利祿心理，加上許多一流外僧侶帶來國人前所未聞的學術（指尚未有中譯的佛教思想），佛教可源源不斷的吸引更多一流人才加入。僧侶除上求佛法，追求成佛之道外，同時也投入教育行列，利用俗講、藝術等方式弘法（詳見第五章第三節），並收到很大的社教功效。

第二節　以悲願爲基礎的社會福利事業

佛教初創時期，僧團一戒律共住，僧侶過著「三衣瓦缽」、「日中一食，樹下一宿」、「少欲無為，身心自在」的生活，再僧侶初出家時所受的沙彌戒或沙彌尼戒中均有「不捉持生像金銀寶物」之規定〔註5〕，在家信徒對僧侶之供養僅限衣服、飲食、臥具、湯藥等四事，為避免長養貪欲，戒律中尚對僧侶接受供養作各種的限制，僧侶不接觸錢財，有關事務均由在家眾（淨人）代辦〔註6〕。為珍惜資源及對維持寺院長久發展，戒律中對常住物（寺院之財產）的運用有相當多的規定，如《摩訶僧祇律》就規定僧伽藍中華（花）、果

〔註5〕失譯者，《沙彌十戒并威儀》，大正藏第二十四卷（台北：新文豐出版公司，民國68年9月），頁926。
〔註6〕有關淨人代僧侶處理金銀之事，參見佛陀跋陀羅共法顯譯，《摩訶僧祇律》，卷十大正藏第二十二冊（台北：新文豐出版公司，民國68年9月），頁312。

除供養佛及僧用外，若仍有多者，則許出賣取值，將其值用作別房衣，若有多者則納入無盡財中。或將華作鬘供佛，餘者出賣取值，用以燃燈買香供養佛得治塔，若多者得置著佛無盡物中〔註7〕。另《根本說一切有部毘奈耶》亦認為：「若為僧伽營造無盡物應求利潤。」〔註8〕所謂無盡財、無盡物是指本金（母錢）生出利息（子錢），利息滾入本金後再輾轉生利息，即今財經界中的利息理論。佛教的利息理論（無盡財）出現的相當早，如《長阿含經》雖未記載無盡財之名，但其基本理論說的相當清楚。

> 積財從小起，如蜂集眾花，財寶日滋息，至終無耗損，無海吞眾流。〔註9〕

這種制度傳入中國後，在南北朝時形成寺庫的金融組織，按當時寺院一般設有倉庫，存放物品以備不時之需，這些物品有來自寺院生產，或信眾布施，亦有來自購買者。亦有信眾將物品質押於寺庫，取得若干款項融資，後以所質款數加上利息向寺院贖回所質（典當）之物，則此寺庫則成為金融組織，且在各朝有不同的名稱，如無盡財、無盡藏、質庫、長生庫、解典庫等〔註10〕。《南齊書》卷二十三謂，高帝建元四年（482）錄尚書事褚淵去世時事：

> 淵薨，澄以錢萬一千，就招提寺贖太祖所賜淵白貂作褥，壞作裘及纓，又贖淵介幘犀導及淵常所乘黃牛。〔註11〕

《南史‧甄法崇傳》亦謂：

> 法崇孫彬，嘗以一束苧就州長沙寺庫質錢。後贖苧還，於苧中得五兩金，以手巾裹之，彬得送還寺庫。道人驚云：近有人以此金質錢，時有事不得舉而失，檀越乃能見還，輒以金半仰酬。往復十餘，彬堅不受。〔註12〕

有些寺院的寺庫稱為盡財，可將油、食品、衣服、炭薪、糧穀等貸放出去，

〔註7〕陀跋陀羅共法顯譯，《摩訶僧祇律》，卷二十四，頁496、498。

〔註8〕義淨譯，《根本說一切有部毘奈耶》大正藏第二十三冊。

〔註9〕佛托耶舍共竺佛念，《善生經》，收入《長阿含經》，第十一卷，大正藏第一冊（台北：新文豐出版公司，民國68年9月），頁72。

〔註10〕道端良秀著，關世謙譯，《中國佛教與社會福利事業》（高雄：佛光出版社，民國70年4月），頁76～77。

〔註11〕蕭子顯，《南齊書》，卷二十三〈褚澄傳〉（台北：鼎文書局，民國79年6月七版），頁433。

〔註12〕李延壽，《南史》，卷七十〈甄法崇傳〉（台北：鼎文書局，民國80年4月七版），頁1795。

無論僧俗均可借貸，《釋門自鏡錄》載有隋僧僧眞因借寺內無盡燈油錢二十貫
未償還，致死後墜入黑闇地獄之事〔註 13〕。在隋唐時期，寺院辦理無盡財的
借貸事業，規模最大者首推三階教的無盡藏院，三階教的創立者爲隋末唐出
時的信行禪師，《太平廣記》卷四九三謂：

> 武德中，有沙門信義（兩京新記信義作信行）習禪，以三階爲業，
> 于化度寺置無盡藏。貞觀之後，捨施錢帛金玉，積聚不可勝許。常
> 使此僧監當，分爲三分：一分供養天下伽藍增修之備，一分以施天
> 下饑餒之苦，一分以充供養無礙。士女禮懺闐咽，捨施爭次不得，
> 更有連車載錢絹，捨而棄去，不知姓名。〔註 14〕

民眾向無盡藏院所做的布施不論數目是多麼的微小，都被認爲是一種普行，
是一種周遍且無盡的布施，故功德也最大，可將一個人無始以來的宿債完全
消除清淨〔註 15〕。無盡藏院則以民眾布施品作非營利行的社會福利事業，其
手續非常簡便，不需付利息及設抵押品，無盡藏院設置後，即受貧民的歡
迎。隋朝末年各地戰亂擾攘，人民流離失所，三階教的無盡藏院表現出安定
社會的力量。唯自唐朝建立，政府對三階教無盡的藏院的表現，認爲有獨善
之嫌，和君主「恩賞自上出」的宗旨不符。另在唐代許多王公貴人也經營水
碾金融等生息事業，和三階教（或佛教其他宗派）利益上起衝突〔註 16〕，所

〔註13〕懷信，《釋門自鏡錄》，卷下，大正藏第五十一冊（台北：新文豐出版公司，
民國 72 年 1 月），頁 820。

〔註14〕李昉，《太平廣記》，卷四九三（台北：古新書局，民國 69 年元月），頁 1044。

〔註15〕信行，〈無盡藏法釋〉，收入《三階教殘卷》（台北：新文豐出版公司，民國 72
年元月），頁 163。

〔註16〕王公貴人經營水碾商業等事業最有名的例子爲太平公主，《舊唐書》，卷九十
八〈李元紘傳〉載李元紘爲雍州司戶：「時太平公主與僧寺爭碾磑，公主方
承恩用事，百官皆希其旨意，元紘遂斷還僧寺。竇懷貞爲雍州長史，大懼太
平勢，促令元紘改斷，元紘大署判後曰：南山或可改移，此判終無搖動。竟
執正不撓，懷貞不能奪之。」（頁 3073）令同書卷一〇一〈薛登傳〉載：「時
僧惠範侍太平公主權勢，逼奪百姓店肆，州縣不能理。謙光（登本名）將加
彈奏，或請寢之，謙光曰：憲臺理冤滯，何所迴避，朝彈暮黜，亦可矣。遂
與殿中慕容珣奏彈之，反爲太平公主所構，出爲岐州刺史。」（頁 3141）其後
權勢之家經營之風益盛，朝官無力制止，《唐語林》載代宗廣德二年（746）
三月，工部侍郎李栖筠、京兆少尹崔沔，拆公主之水碾磑十所，通白渠之
渠，溉公私田，歲收到兩百萬斛，京城賴之。常年命官，皆不果敢，二人不
避強禦，故用之。（王讜，《唐語林》，台北：台灣商務印書館，民國 68 年 7
月，頁 17）大曆十三年（778）代宗堅決下詔毀勢門碾磑八十餘所，內含昇平
公主脂粉碾二輪、郭子儀私碾二輪，爲有私皆不敢毀者。（《舊唐書》，卷一二

以自武后起，政府開始禁止三階教典，玄宗開元十三年（725）終於將化度寺無盡藏院的財物、田宅、六畜、錢帛等物，盡行分散給京都各寺院，以及充爲修理破損佛像堂舍或橋樑等用，如仍有剩餘，充當各寺常住物，以致三階教一蹶不振。無盡藏院遭受迫壞，致安史之亂時，政府爲籌軍費，須要靠出售度牒，人民則孤苦無依，流離失所，死於非命者不可勝數。三階教無盡藏院的由盛轉衰於於終至消滅，重蹈北魏僧祇戶與佛圖戶的覆轍。〔註17〕

上述之寺庫、無盡藏院，均是基於佛教利他的福利思想而興起，是佈教善巧方便，但不可諱言的若遇主持非人，很容易步上逐利之途，加上教內相輕，不同宗派間的詆誨，此曾極盛一時的福利事業，終歸於沒落〔註18〕。從南北朝開始，從佛教寺院中發展出純粹付出的嘉惠眾生的社會福利事業，即悲田坊、養病坊等養老、醫療組織。依佛教理論，人類疾病，雖與業力有關，但菩薩聞聲救苦，不忍見眾生沉沈苦海，表現在社會福利方面，即悲田、養病坊之設立〔註19〕。儒家經典在《禮記·禮運》篇中也提到理想社會應「使老有所終，壯有所用，幼有所長，矜寡孤獨廢疾者皆有所養。」悲田坊之設，可謂實踐儒釋二家的社會福利政策，專爲收容孤苦無依人民，供給

○〈郭子儀附郭曖傳〉，頁 3470）至唐武宗會昌五年（845）正月三日「加尊號後郊天赦文」謂：「古者受祿之家，食祿而已，不與人爭業，然後利可均布，人可家足。如聞朝列衣冠，或代承華胄，或在清塗，私置質庫樓店，與人爭利，今日以後並禁斷，仍委御史臺察訪聞奏。（《全唐文》，卷七十七，頁363）

〔註17〕僧祇戶與佛圖戶爲北魏曇曜法師所創，將北魏皇興三年（469）平定齊地時的戰俘及投降戰士納入，讓其每歲輸穀六十斛入僧曹者，即爲僧祇戶，粟爲僧祇粟，以供荒年賑饑。又請民犯重罪及官奴以爲佛圖戶，以供諸寺灑掃，歲兼營田輸速。（魏收，《魏書》，卷一一四〈釋老志〉，台北：鼎文書局，民國68年3月，頁3037）這本是一種化暴戾爲祥和的作法，但在半個世紀後，曇曜法師及平齊戶民均去世，新換上的當政者及平齊戶民的後代，已忘卻設立此制度的意義，大家重視的是經濟意義及實用效能，行政者扮演同情僧祇戶農民的角色，爲農民取得土地，而政府亦因此收入大批的田賦，僧眾方面則因大量蔭民，忘卻慈悲本懷，將佛教福利事業變成營利事業，雙方遂成逐利之徒。僧祇戶破壞後有爾朱榮之亂，生產中斷，民眾求貸無門，相率餓死爲道路溝壑間不可勝數。（參見拙著，《會昌法難研究——以佛教爲中心》，中國文化大學史學研究所碩士論文，民國76年元月，頁148～150）

〔註18〕懷信在《釋門自鏡錄》卷上載有三階教創始人信行禪師，死後作大蛇身，遍身是口，三階教信徒死者皆入此蛇口中，莫知去處。（頁806）

〔註19〕佛教稱供養佛法僧三寶的功德爲敬田，救濟貧孤老、畜生的功德爲悲田，悲田坊即專爲貧老無依者而設。

飲食醫療衣服等物，使之在歲末多寒不致凍餒，其名稱各代不同，但宗旨則不變，如南齊文帝撰〈給孤獨園記〉，文惠太子與竟陵王子良設六疾館以收容病人〔註20〕；梁武帝普通二年（521）時設「孤獨園」，《梁書》載其詔書曰：

> 凡民有單老孤稚不能自存，主者郡縣咸加收養，贍給衣食，每令周足，以終其身。又於京師設孤獨園，孤幼有歸，華法不匱。若終年命，厚加料理。尤窮之家，勿收租賦。〔註21〕

「給孤獨園」在印度得全名是「祇樹給孤獨園」，爲祇多太子與須達多長者（給孤獨長者）共同爲釋迦牟尼建造的精舍庭園，而給孤獨長者又是印度有名的慈善家，從事養老濟貧不遺餘力。齊文帝撰〈給孤獨園記〉，梁武帝設「孤獨園」則是受佛教的影響，但是否交由僧團執行則不得而知〔註22〕。在唐代，無近親收養之矜寡孤獨貧窮老疾者，由義倉給經費，《唐令拾遺》謂：

> 諸矜寡孤獨貧窮老疾，不能自存者，令近親收養，若無近親，付鄉里安卹，如在路有疾患，不能自勝致者，當界官司，收付村坊安養，仍加醫療并勘問所由，具注貫屬，患損之日，移送前所。〔註23〕

由村坊負責收容孤苦無依者，其效果不如專責機構來辦，故於武后長安（701～704）年間，交由長安、洛陽一帶的寺院負責，後逐漸推行到全國各州，稱悲田養病坊。玄宗開元五年（717）宋璟反對由寺院辦理，上奏云：

> 悲田養病，從長安以來，置使專知，國家矜孤卹窮，敬老養病，至於安庇，各有司存。今驟聚無名之人，著收利之便，實恐逋逃爲藪，隱沒成姦。國家小慈，殊乖善政，伏望罷之，其病患人，令河南府按此分付其家。〔註24〕

宋璟的主張並未得到玄宗的許可，李德裕再武宗會昌五年（845）十一月曾論及此事謂：

〔註20〕僧佑，《出三藏記集》，卷十二，大正藏第五十五卷（台北：新文豐出版公司，民國69年9月），頁93。
蕭子顯，《南齊書》，卷二十一，頁401。
〔註21〕姚思廉，《梁書》，卷三〈武帝本紀〉（台北：鼎文書局，民國69年3月），頁64。
〔註22〕胡三省注《資治通鑑》梁普通二年（521）置孤獨園條稱：「帝非能法古也，祖釋氏須達多長者之爲耳。」參見司馬光，《資治通鑑》，卷一四九（台北：建宏出版社，民國66年），頁4662。
〔註23〕仁井田陞，《唐令拾遺》，〈戶令第九〉（東京：東京大學出版會，1964年覆刻），頁156～157。
〔註24〕王溥，《唐會要》，卷四十九（台北：世界書局，民國71年12月），頁863。

開元五年（717）宋璟奏悲田乃關釋教，此是僧尼職掌，不核定使專知，玄宗不許。至二十二年（734）斷京城乞兒，悉令病坊收管。〔註25〕

悲田養病坊是佛教寺院收容殘疾無依民眾的慈善組織，武宗會昌五年（845）八月會昌法難發生，寺院被毀，僧侶被迫還俗，悲田養病坊因此無人主持，貧病無告轉致困窮，造成嚴重的社會問題。是年十一月，武宗因李德裕的奏請，下令在兩京及諸州選耆壽一人管理，將被沒收的寺田中劃出一小部分，作為粥料之用〔註26〕。可以想見的是，在八月僧侶被迫還俗到十一月選出耆壽主持的三個月空檔中，這些殘疾無依民眾得不到任何關愛，其境遇的悲慘，事實上這也是會昌法難後社會治安轉壞的一個原因。

另中古時期有不少僧侶精通歧黃之術，這是繼承印度五明中「醫方明」的傳統，他們有的撰有醫學著作，被後代收入正史經籍志或藝文志中〔註27〕，也有一些僧侶以醫術救人，被時人視為菩薩，如唐僧波頗在高宗時入禁中，為皇太子治病〔註28〕；法喜在雍州治病，不問相識與否均親自診察〔註29〕；曇榮在潞州法住寺設藥藏（製藥廠），對病患免費施藥〔註30〕；代病曾在各處巡醫，直接為病患療疾，於代州設施食道場，以助饑餓之人〔註31〕；泗州普光寺僧伽以各種神跡治病，寂後被認為是觀音菩薩的化身，且形成崇拜的熱潮。〔註32〕

〔註25〕 王溥，《唐會要》，卷四十九，頁863。

〔註26〕 李德裕，〈論兩京及諸到悲田坊狀〉，收入《全唐文》，卷七〇四（台北：經緯書局，民國54年6月），頁3～4。
　　　　劉昫，《舊唐書》，卷十八上〈武宗本紀〉（台北：鼎文書局，民國68年2月），頁607。

〔註27〕 《隋書・經籍志》列有沙門的醫學著作如：釋道洪《寒食散對療》一卷；釋智斌《解寒食散方》二卷；釋慧義《解寒食散論》二卷、《雜散方》八卷；釋僧深《藥方》二十卷；釋莫滿《單複藥驗方》、《釋道洪方》一卷；釋曇鸞《療百藥雜丸方》三卷《論氣治療方》一卷；于洪開《議論備予方》一卷；釋僧匡《鍼灸經》一卷等。

〔註28〕 道宣，《續高僧傳》，卷三〈波頗傳〉，大正藏第五十卷（台北：新文豐出版公司，民國68年9月），頁440。

〔註29〕 道宣，《續高僧傳》，卷十九〈釋法喜傳〉，頁579。

〔註30〕 道宣，《續高僧傳》，卷二十〈是曇榮傳〉，頁589。

〔註31〕 贊寧，《宋高僧傳》，卷二十六〈釋代病傳〉大正藏第五十卷（台北：新文豐出版公司，民國68年9月），頁878。

〔註32〕 贊寧，《宋高僧傳》，卷十八〈釋僧伽傳〉，頁822。

　　《唐語林》載李德裕死於貶所前，曾到一古寺向僧侶討藥以醫足疾之事，反映出當時寺院亦有施藥行爲：

> 又郡有一古寺，公（李衛公）因步遊之，至一老禪院，坐久，見其內壁掛十餘葫蘆，指曰：「中有藥乎？弟子頗足疾，願得以救。」僧歎曰：「此非藥也，皆人骼灰耳，此太尉當朝時，爲私憾黜于此者，貧道憫之，因收其骸焚之，以貯其灰，俟其子孫來訪耳。」公悵然如失，返步心痛，是夜卒。〔註33〕

在魏晉隋唐之間，從佛教發展出來的一些社會福利事業，有些被世俗吸收，成爲金融事業，佛教要與經營這些事業的王公貴族競爭，如寺庫與無盡藏院〔註34〕；也有些因年代久遠後，原設的目的已被大家忘卻，僧俗雙方成爲逐利之徒而沒落，如僧祇戶、佛圖戶；也有些因遭受朝廷政策而被迫關閉，如三階教的無盡藏院與會昌法難時的悲田養病坊，很遺憾的這些事業均未形成固定的制度，而是以斷續相間的型態出現，但無論如何，這些均是中國佛教史上重要的一環。

第三節　僧團與社會各階層的關係

　　中國佛教自大乘經典翻譯出來後，僧侶逐漸瞭解娑婆世界爲五濁惡世，只有諸佛淨土才是究竟圓滿，自南北朝開始淨土思想興起，彌勒淨土的信仰曾風行一時，到了唐代，彌勒信仰幾乎被阿彌陀信仰取代，西方極樂世界的繁華美好，爲眾生夢寐以求的樂土，有一些僧侶即以上化下渡的精神，從事各種社會福利事業，期化娑婆世界爲蓮花邦，本節敘述僧團所從事各項社會福利事業，與社會各階層所產生的互動關係。

　　首先是與士子的互動關係，寺院本身具有豐富的藏書，才學兼備的義學

　　按：有關僧伽的事蹟被逐步神話過成，在最早李邕的〈大唐泗水臨淮縣普王光寺碑〉中僅敘述其在水上交通要渠臨淮建寺以佑旅客，及寂後民眾至其墓前懺則殃滅，求則福生。（收入《文苑英華》，八五八卷，台北：大化書局，民國74年5月，頁2060）。到了《太平廣記》中則稱僧伽是觀音的應化，具頂穴放香，濯足之水能治病，以及求雨的靈應事蹟。（《太平廣記》，卷九十六，台北：古新書局，民國69年元月，頁192）

〔註33〕王讜，《唐語林》，卷七（台北：台灣商務印書館，民國68年7月）。

〔註34〕參見楊聯陞，〈佛教寺院與國史上四種籌措金錢的制度〉收入《國史探微》（台北：聯經出版事業公司，民國73年2月再版），頁267～289。

僧侶，優雅的林園造景，故能吸引無數士子到寺院肄業，嚴耕望先生在〈唐人肄業山林寺院之風尚〉一文中即舉出二百餘人，他們大部分是在開元以後至寺院苦讀肄業，分部地點北方以嵩山、終南山、中條山、華山、長白山；南方以廬山、衡山、羅浮山、九華山、惠山、青城山等為中心〔註35〕。其中不乏日後中進士或擔任宰相者，如開元進士楊禛、大曆進士李端、文宗朝宰相王播、武宗朝宰相李紳等。〔註36〕

科舉考試進行期間，長安光宅寺提供舉子住宿，保壽寺則提供監考官及其隨從人員住宿〔註37〕。當士子中舉後任官，在赴任途中，除可住宿官方的驛館外，寺院亦是官員另一項選擇，有人更是長期的在寺院借住一寮或一室〔註38〕。如憲宗元和四年（809）李翱從長安往廣州途中，因妻子生病及生產，即借宿衢州開元寺，直到滿月後方離開〔註39〕。如遇亂世，寺院往往也成為士子避難的最佳去處，如《尚書故實》的作者李綽，即因避難圃田，寓居佛寺，與曾任尚書的張賓護熟稔，從其處聽聞許多軼事，遂纂集尤異者，間雜以詼諧數十則，成《尚書故實》〔註40〕。由於寺院開放官民住宿，往往與寺院清淨風格發生衝突，帶給修行的僧侶諸多不便，代宗時曾下敕謂：「如聞州縣公私，多借寺觀居止，茲因褻瀆，切宜禁斷。」〔註41〕德宗時，重申前令謂：「館宇經行，必資嚴潔，自今州輔寺觀，不得宿課居住，屋宇破壞，各隨事修葺。」〔註42〕唯成效不彰，官民住宿寺觀情形仍多。

佛覺也提供士子生涯規劃的另一向選擇，如賈島因累世不第，在阮囊羞澀而出家，法號無本，來東都，居青龍寺，後與韓愈結布衣交，並因韓愈教以詩文之道，遂還俗，舉進士，復本名（見第四章第三節）。與賈島香對的禪宗大德丹霞天然，他在進京應試途中，因逢行腳僧，告知：「選官不如選佛」

〔註35〕嚴耕望，〈唐人肄業山林寺院之風尚〉，收入《嚴耕望史學論文選集》（台北：聯經出版事業公司，民國80年5月再版），頁307～308。

〔註36〕參見謝重光，《漢唐佛教社會史論》（台北：國際文化事業公司，民國79年5月），頁359。

〔註37〕王溥，《唐會要》，卷七十六（台北：世界書局，民國71年12月）。

〔註38〕道端良秀，《中國佛教史》（京都：法藏管，昭和50年5月四版），頁158。

〔註39〕李翱，《來南錄》，唐朝小說大觀（台北：新興書局，民國49年6月），頁381。

〔註40〕李綽，《尚書故實》，唐朝小說大觀（台北：新興書局，民國49年6月），頁11。

〔註41〕唐代宗，〈禁公私借寺觀居止詔〉收入《全唐文》，卷四十六（台北：經緯書局，民國54年6月），頁3～4。

〔註42〕唐德宗，〈修葺寺觀詔〉，收入《全唐文》，卷五十二，頁247。

遂出家，先親近馬祖道一，後禮石頭希遷，終成一代宗師。〔註43〕

　　僧團與農民關係最深者爲南方禪宗，因禪宗大德在長江以南開發許多淺丘地區，須要大批勞動人口幫忙耕作，僧團內部雖有普請制度，但仍有人手不足的情形，在唐代中葉以前，寺院耕作爲勞役地租制，有依附人口即淨人幫助耕作，但在唐代中葉以後，耕作制度轉爲實物地租，土地耕作轉由莊客、客戶等佃戶負責〔註44〕。此外寺院也致力發展園圃種植業，開闢果園、茶園、花圃、藥圃等，較之同期世俗的園圃業，具有普遍性、多樣性和先進性的特點，在引進外國新品種、改良原有品種及推廣珍貴品種方面，有不可抹滅的貢獻〔註45〕。如深受唐人喜愛的牡丹花，就是由唐代寺院栽培推廣，長安慈恩寺、西明寺、興唐寺、興善寺等以及部分洛陽、杭州寺院均以牡丹花名聞遐邇〔註46〕。惜會昌法難時，寺院名花均遭浩劫，大中元年（847）段成式在吉州，作〈桃園僧舍看花〉詩一首，追憶當年長安賞花情形，詩云：「前年帝里探春時，寺寺名花我盡知；今日長安已灰燼，忍能南國對芳枝。」〔註47〕此外，茶業的普及與商品會亦與僧團有密切關係，《封氏見聞記》謂：

　　　　北人初不多飲，開元中太山靈巖寺有降魔師大興禪教，學禪務於不寐，又不夕食，皆恃其飲茶，人自懷挾，到處煮飲。從此轉相仿效，遂成風俗。起自鄒、魯、滄、棣，漸至京邑。城市多開店鋪，煎茶賣之，不問道俗，投錢取飲。其茶自江淮而來，舟車相繼，所在山積，色類甚多。〔註48〕

我國第一本研究茶葉的專門著作爲陸羽的《茶經》，陸羽本人亦與佛教有深厚淵源，爲僧侶收養的棄嬰。《茶經》載天下名茶，頗多出自寺院者，如浙西湖州飛雲、曲水二寺，常州圈嶺善權寺，錢塘天竺、靈隱二寺，劍南彭州至德寺等〔註49〕。由於飲茶風氣的普遍與茶葉的商品化，德宗以後茶稅漸成朝廷

〔註43〕靜‧筠集，《祖堂集》，卷四，佛光大藏經（高雄：佛光出版社，民國83年12月），頁188。

〔註44〕參見謝重光，《漢唐佛教社會史論》，頁28～30。

〔註45〕謝重光，《漢唐佛教社會史論》，頁40～43。

〔註46〕李樹桐，〈唐人喜愛牡丹考〉，收入《唐史新論》（台北：台灣中華書局，民國61年4月），頁277。

〔註47〕方南生，〈段成式年譜〉，收入《酉陽雜俎》（台北：源流出版社，民國72年9月），頁335。

〔註48〕封演，《封氏見聞錄》，卷六。

〔註49〕陸羽，《茶經》，唐朝小說大觀（台北：新興書局，民國49年6月），頁545

的主要收入之一。

　　大陸學者謝重光認爲寺院經營園圃重植業具有許多貢獻：一、使寺院周圍環境優美清新，景色宜人。二、收到水土保持，防制自然災害之功。三、提高園藝水平。四、寺院營利性園圃大量種植經濟作物，投入市場交換，爲全社會商品的發展、繁榮作出貢獻。五、園圃業美化寺院環境，同時配合寺院建築、造像、繪畫、講經說法、音樂文化的巨大吸引力，使寺院成爲最主要遊觀場所。六、寺院推進園圃業中所表現的獵奇、探險、鑽研、乃至獻身的精神，值得我們正面評價〔註 50〕。僧團與商人階級的互動，首先表現在資金的籌措，在國史上有四種籌措金錢的制度，分別起緣於佛教的廟宇和寺院，要不然也與它們有著密切關係，這就是當舖、合會、拍賣以及出售彩券等四種辦法〔註 51〕。其中當舖與合會爲僧團提供商人融資的重要方法，本論文前面所敘述的寺庫、無盡藏院即與當舖有關；義邑、法社的會員，除提供金錢給飯僧大會、誦經、寫經、平民佛會（即俗講）、以及佛陀、菩薩等像的刊刻外，同時也幫助會友支付喪葬或旅行等開銷〔註 52〕，也成爲商人資金周轉運動的方法之一，具有合會的性質。

　　商人在旅程中，寺院也提供住宿地方，一些法師更開鑿義井，以供商旅行人往來解渴之用，如京施弘福寺慧斌、華嚴寺澄觀曾發願開鑿義井〔註 53〕。此外，在一些交通發達，經濟繁榮地區的寺院，往往可形成繁華的廟市，如《太平廣記》即載有番禺開元寺、楚州前廟市的繁華：

　　　　貞元中有崔煒者，……居南海……多棲止佛舍。時中元日，番禺人多陳設珍異於佛廟，集百戲於開元寺。煒因窺之，見乞食老嫗，因蹶而覆人酒甕。當壚者毆之，計其值僅一緡耳。

　　　　（龍興寺）寺前素爲郡之戲場，每日中，聚觀之徒，通計不下三萬人。……寺前負販、戲弄、觀看人數萬眾。〔註 54〕

唐代的寺廟也是鄉村社會的重要活動中心，禮佛作法事等宗教活動常匯聚於此，佛教節日如四月八日浴佛節、七月十五日盂蘭盆會、十二月八日佛成道

～546。
〔註 50〕謝重光，《漢唐佛教社會史論》，頁 61～63。
〔註 51〕楊聯陞，〈佛教寺院與國史上四種籌措金錢的制度〉，頁 267。
〔註 52〕楊聯陞，〈佛教寺院與國史上四種籌措金錢的制度〉，頁 276。
〔註 53〕道端良秀著、關世謙譯，《中國佛教與社會福利事業》，頁 149。
〔註 54〕李昉，《太平廣記》，卷三十四〈崔煒〉，頁 86；卷三九四〈徐智通〉。

日，寺院長與齋會配合，寺前廣場舉行演戲活動，亦有吞刀吐火、綵幢上索等雜技，觀者如堵，為商人帶來無限的商機。

工人與僧團淵源不似士農商階級深遠，為因寺院建築龐大雄偉，較之宮殿官署毫不遜色，其興建有賴工人的辛勞，雖然經常有反佛論者言及寺院興建至斧斤不絕於山林，造成財政上的浪費，事實上，因不斷有寺院等公共工程進行，工人階級賴以養家活口。此外，也有許多僧侶發願改善水陸交通，讓行人往來順暢，而進行公共工程建設，如武宗時道遇法師，開鑿洛陽附近龍門潭之南，八節灘、九峭石天顯，由貧者出力，仁者出錢，時致仕尚書白居易亦出資支持，致此計劃終底於成，白居易有詩二首以記其功業：

> 鐵鑿金槌殷若雷，八灘九石劍稜摧；竹篙掛楫飛如箭，百筏千艘魚貫來。振錫導師憑眾力，揮金退傅施家財；他時相逐西方去，莫慮塵沙路不開。七十三翁旦暮身，誓開險路作通津；舟車過此無傾覆，朝脛從今免苦辛。十里吒灘變河漢，八寒陰獄化陽春；我身雖歿心長在，闇施慈悲與後人。〔註55〕

西方福利國家思想中，常提到「以工代賑」的觀念，我國佛教推動的許多公共工程建設，實質上也有部分類似觀念存在，提供就業機會，同時也是民眾參訪遊憩場所，或改善行旅往來交通的不便。

僧團社會各階層關係密切，寺院成為中古時其社會文化的中心，佛教許多思想發揮風行草偃的功效，如因果報應對民眾的教化與犯罪的預防，放生思想充實了民眾「親親而仁民，仁民而愛物」的內涵，佛教的節日成為民間重要的節日，唐代一年五十三天節慶假日中，包含四月八日的佛誕日〔註56〕，在在說明佛教在當時的影響。

唐武宗時期的廢佛運動，造成中國佛教無可彌補的傷害，僧侶被迫還俗，經典被燒，寺院被拆，許多社會福利事業因此而中斷，貧病老者生活無依，同時對還俗僧無妥善照應，致社會治安惡化，這與武宗的性格及主事者李德裕竭澤而漁，思慮欠周有關，會昌法難所造成的社會問題，凸顯出佛教僧團從事社會福利事業的社會功能。

〔註55〕白居易，〈開龍門八節石灘詩二首并序〉，收入《全唐詩》，卷四六○（台北：宏業書局，民國71年9月），頁5236～5237。

〔註56〕楊聯陞，〈帝制中國的作息時間表〉，收入《國史探微》（台北：聯經出版事業公司，民國73年2月再版），頁66。

結　論

　　佛教在中國流傳約有二千年的歷史，其間經歷初傳期的依附道教與格義，至東晉道安法師制僧尼軌範與大乘經典陸續翻譯出來後，逐漸建立具有中國風格的僧團。隋、唐王朝建立後，至玄宗在位期間，佛教也邁入繁華的景象，無論是宗派的義學研究，求法翻經的風氣，寺院經濟的完備，教育制度的活潑化，僧團從事各項社會福利工作，其成就均超越前代。在此同時，政府對僧團的管理，也脫離了南北朝時代的摸索階段，嚴密的僧團法令，配合祠部、功德使之設置，與各級僧官制度的建立，及「以官轄寺，以寺轄僧」制度的建立，使政教之間均有一定的位階，僧團成爲整個國家組織中的一環。

　　玄宗在位至安史之亂期間，佛教面臨諸多制度上的轉型，諸如禮拜君主並稱臣，政府用俗法治僧，寺院經濟逐漸由勞役地租制轉向實物地租制，「以官轄寺，以寺轄僧」制度的建立，度牒的頒發與販賣，到印度求法熱潮的消失，均代表著佛教體質發生許多的改變。安史之亂到會昌法難這段爲期八、九十年期間，佛教在民間信仰高潮之後，也有許多相對的變化，茲將這些變化略述如下。

　　首先是僧團地域分布的改變，安史之亂前，國家經濟重心在北方，宗派發展也是以北方爲爲主（除天台宗外）。安史之亂後，南方經濟發展迅速，佛教僧團的地域分布，長江流域及其以南地區的比例亦增加快速，尤其是禪宗在南方開發淺丘區域，使江南東道成爲僧團分布至密區，淮南道、江南西道成爲次密區，一些名山成爲禪宗僧團的根據地，江西青原山、百丈山、仰山、洞山、曹山、莫山，湖南衡山、大潙山，廣東羅浮山，福建黃檗山、武

夷山、雪峰山等。由於禪宗在南方發展根基隱固，且禪者主張不立文字，教外別傳，山間水邊均可參禪悟道，故能不受會昌法難影響，與淨土宗成爲宋代以後中國佛教最興盛的宗派。

其次在僧團內部結構方面，憲宗時禪宗百丈懷海禪師，打破以往禪者居律寺別院制度，別立叢林，設長老使居丈室，立法堂取代以往以佛殿爲中心的寺院建築布局，行普請法，實施「禪農合一」制，並將傳統寺院三綱寺職，改爲「十務」僧職。叢林制度建立後不久，因會昌法難造成各宗「斷簡殘篇，學者無憑」的困境，叢林成爲教（天台、華嚴）、律各宗模仿的對象，甚至影響到道教團體，百丈懷海對中國佛教的影響深遠，毋庸置疑。

再者在中央僧官制度方面，安史之亂之前，鴻臚寺與祠部均曾主管全國僧政業務，安史之亂後，由宦官兼任的功德使，成爲全國僧政最高主管機關，祠部成爲功德使下級的業務單位，負責籍帳與度牒管理，功德使則介入司法、譯場、出家試經等業務。功德使介入僧政管理期間，僅有韓愈敢與爭權，一般朝臣均斂手，不敢與之爭鋒，這種情形一直維持到唐末，至昭宗天復三年（903），宰相崔胤盡誅宦官，將僧政管理之權還歸祠部。

再次爲僧政管理法令，唐初制訂〈道僧格〉，作爲施行在僧侶的特別法，並輔之以世俗法，基本上〈道僧格〉實施程度相當徹底，對僧侶食衣住行等日常生活及修行習業均有規定，但因〈道僧格〉未破壞僧團根本戒律，致僧侶在國法與戒律之間，尚能相互調和，故在唐代仍是高僧輩出，爲中國佛教增添許多光彩。

佛教的發展本身也是社會現象之一，需要民眾的護持信仰，故佛教與社會各階層均保持密切連繫，尤其是與上層社會關係的建立，許多高僧大德參與宮廷佛教活動，如三教講論、宮廷授戒、宮內行道、迎佛骨、內齋等。同時也透過與士大夫的交往應酬，及虔誠士子的護持宣揚，使佛教在許多排佛言論出現之際，均能化險爲夷，繼續發展衍化。僧團施行的許多社會福利制度，受惠者亦普及社會各階級，使社會組織不致因遭受天災人禍而崩潰。

宗派的發展茁壯，需要不斷的注入活水源頭，故各僧團均重視人才的培育，從僧侶出家開始，即有一系列的教育計劃，五夏以前專精戒律，過了五夏以後，則聽其尋訪道，許多僧侶遊學行腳，參訪各善知識，或專研各宗典籍，若行有餘力，尚可鑽研世學，有唐一代，僧眾人才輩出，無論教（天台、華嚴等）下、宗門（禪宗）或律門（律宗）均有傑出僧眾，留下可觀的

著作。僧侶從事社會教育也相當積極且內容豐富，在方法上除正規講經外，同時也有俗講，並留下許多變文、押座文、變相等文學藝術作品。更有一些遊行僧，穿梭往來鄉村各地，向民眾進行教化工作，這對教育不普及的古代而言，是相當有效的方法。

　　中國佛教的特質為大乘菩薩道精神的發揚，釋迦牟尼本生的悲智願行，菩薩尋聲救苦的精神，鼓勵僧侶從事許多社會福利事業，如僧祇粟、佛圖戶、寺庫、無盡藏院、悲田坊、養病坊、義井、義塚等，均使廣大民眾受惠。另佛教寺院因擁有豐富的藏書，優雅的園林造景，才學兼備的義學僧侶，雄偉的寺院建築，開放的空間，故吸引許多士子前往讀書習業，與民眾旅客前往遊憩，也有些寺院開放民眾住宿，為仕途官宦與商旅帶來方便。

　　僧團從事園圃作物的栽培，對引進外國新品種，改良原有品種，及推廣珍貴品種方面，有不可抹滅的貢獻。其他如牡丹的栽培、茶葉的推廣與商品化，均與寺院有密切關係。部分寺院則提供商人資金，並發展出當鋪、合會等籌措金錢的制度。寺院前的廣場，因遊客雲集，在及節慶期間常形成廟市，帶來商機，吸引商人前來。寺院建築工程的進行，僧侶進行水陸交通等事業，均由富者出錢，貧者出力，對貧苦工作而言，具有「以工代賑」的意義存在。僧團與社會各皆層關係密切，寺院成為中古時期社會文化的中心，唐武宗時期的廢佛運動，許多社會福利事業因此而中斷，造成許多的社問題，同時也凸顯出佛教僧團從事社會福利事業的社會功能。

參考書目

一、基本史料

1. 王溥：《唐會要》，一百卷，台北：世界書局，民國 71 年 12 月四版。

2. 王昶：《金石萃篇》，一六〇卷，台北：台聯國風出版社，民國 53 年 4月。

3. 王讜：《唐語林》，八卷，台北：台灣商務印書館，民國 68 年 7 月。

4. （釋）見月：《毗尼止持會集》，十六卷，泰國曼谷：甘露寺，1959 年。

5. 不著撰者：《歷代法寶記》，一卷，台北：新文豐出版公司，民國 72 年 1月，大正藏第五十一卷。

6. 弗若多羅共羅什譯：《十誦律》，六十一卷，台北：新文豐出版公司，民國 68 年 9 月，大正藏第二十三卷。

7. 白居易：《白居易集》，七十一卷、外集二卷，中國古典文學基本叢書，北京：中華書局，1991 年 7 月。

8. 司馬光：《資治通鑑》，二九四卷，台北：新象書店，民國 68 年 9 月，章鈺校記本。

9. 朱長文：《吳郡圖經續記》，三卷，清咸豐三年刊琳琅秘書叢書本，台北：中國地志研究會影印，民國 67 年 8 月。

10. （釋）守頤：《古尊宿語錄》，四十八卷，高雄：佛光出版社，民國 83 年12 月。

11. 佛陀什譯：《彌沙塞五分戒本》，三十卷，台北：新文豐出版公司，民國68 年 9 月，大正藏第二十二卷。

12. 佛陀耶舍共竺佛念等譯：《四分律》，六十卷，台北：新文豐出版公司，民國 68 年 9 月，大正藏第二十二卷。

13. 佛陀跋陀羅共法顯譯：《摩訶僧祇律》，四十卷，台北：新文豐出版公

司，民國 68 年 9 月，大正藏第二十二卷。

14. 李昉等編：《太平廣記》，五百卷，台北：古新書局，民國 69 年元月。

15. 李昉等編：《文苑英華》，一千卷，台北：大化書局，民國 74 年 5 月。

16. 李綽：《尚書故實》，掃葉山房本，唐朝小說大觀第一冊，台北：新興書局，民國 49 年 6 月。

17. 李林甫等注：《大唐六典》，三十卷，台北：文海出版社，民國 63 年 6 月。

18. 李林甫等注：《大唐六典》，三十卷，四庫全書文淵閣本，台北：台灣商務印書館，民國 75 年 7 月。

19. 李繁：《鄴侯外傳》，掃葉山房本，五朝小說大觀，台北：新興書局，民國 49 年 6 月。

20. 杜佑：《通典》，二百卷，清光緒浙江刊武英殿本，台北：台灣商務印書館，民國 76 年 12 月。

21. （釋）志磐：《佛祖統記》，五十四卷，台北：新文豐出版公司，民國 63 年 9 月，大正藏第四十九卷。

22. （釋）法雲：《翻譯名義集》，二十卷，台北：新文豐出版公司，民國 63 年 9 月，大正藏第五十四卷。

23. 周紹良編：《唐代墓誌銘彙編》，上海：上海古籍出版社，1992 年 11 月，正文 2574 頁、索引 187 頁。

24. 范曄：《後漢書》，一二○卷，正史全文標校讀本，台北：鼎文書局，民國 68 年 3 月。

25. 長孫無忌：《唐律疏議》，三十卷，點校本，台北：弘文館出版社，民國 75 年 3 月。

26. （釋）彥琪，《永嘉眞覺大師證道歌註》，台北：華岡佛學研究所，民國 67 年 2 月，清光緒二十二年刻本。

27. 姚思廉：《梁書》，五十六卷，正史全文標校讀本，台北：鼎文書局，民國 68 年 3 月。

28. 皇甫湜：《皇甫持正集》，六卷，四庫叢刊初編，台北：台灣商務印書館，民國 60 年 8 月。

29. （釋）信行：《三階教殘卷》，敦煌本及日本傳本，台北：新文豐出版公司，民國 72 年元月，頁 415。

30. 梁克家：《三山志》，四十二卷，抄本，台北：中國地志研究會影印，民國 67 年 8 月。

31. 班固：《漢書》，一百卷，正史全文標校讀本，台北：鼎文書局，民國 68 年 2 月。

32. 徐松：《唐兩京城坊考》，五卷，台北：世界書局，民國73年2月三版。

33. 許堯佐：《章台柳傳》，掃葉山房本，五朝小說大觀第三冊，台北：新興書局，民國49年6月。

34. （釋）善卿：《祖庭事苑》，八卷，卍續藏經第一一三冊，台北：中國佛教會影印，民國57年。

35. 陳壽：《三國志》，六十五卷，正史全文標讀本，台北：鼎文書局，民國68年3月。

36. 陳鴻祖：《東城老父傳》，掃葉山房本，唐朝小說大觀第二冊，台北：新興書局，民國49年6月。

37. 陳宏緒：《江城名蹟》，四庫全書珍本五集，台北：台灣商務印書館影印。

38. 無著道忠禪師：《禪林象器箋》，二十卷，高雄：佛光出版社，民國13年12月，佛光大藏經。

39. 鳩摩羅什譯：《佛垂般涅槃略說教誡經》，一卷，台北：新文豐出版公司，民國68年9月，大正藏第十二卷。

40. （釋）睦庵：《祖庭事苑》，八卷，高雄：佛光出版社，民國83年12月，佛光大藏經——禪藏雜集部。

41. （釋）道原：《景德傳燈錄》，三十卷，普慧大藏經刊行會版本，台北：真善美出版社，民國82年8月。

42. （釋）道宣：《四分律刪繁補闕行事鈔》，十二卷，台北：新文豐出版公司，民國68年9月，大正藏第四十卷。

43. （釋）道宣：《續高僧傳》，三十卷，台北：新文豐出版公司，民國68年9月，大正藏第五十卷。

44. （釋）道宣：《釋迦方志》，二卷，台北：新文豐出版公司，民國72年1月，大正藏第五十一卷。

45. （道宣）：《廣弘明集》，三十卷，大正藏第五十二冊，台北：新文豐出版公司，民國72年1月。

46. 董浩：《全唐文》，一千卷，清嘉慶十九年刊本，台北：經緯書局，民國54年6月。

47. （釋）圓仁：《入唐求法尋禮行記》，四卷，台北：文海出版社，民國65年10月再版。

48. （釋）圓珍：《行曆抄》，一卷，大日本國史料一編之一，東京：東京大學史料編纂所，1986年覆刻。

49. （釋）圓照：《大唐貞元續開元釋教錄》，三卷，台北：新文豐出版公司，民國68年9月，大正藏第五十五冊。

50. （釋）廣化：《沙彌律儀要略集註》，台北：佛教出版社，民國 67 年 4 月，頁 178。

51. （釋）僧祐：《出三藏記集》，十五卷，台北：新文豐出版公司，民國 68 年 9 月，大正藏第五十五卷。

52. （釋）義淨譯：《根本說一切有部毘奈耶》，五十卷，台北：新文豐出版公司，民國 68 年 9 月，大正藏第二十三卷。

53. （釋）義淨譯：《根本說一切有部毘奈耶雜事》，四十卷，台北：新文豐出版公司，民國 68 年 9 月，大正藏第二十四卷。

54. （釋）震華：《續比丘尼傳》，六卷，台北：佛教出版社，民國 72 年 8 月。

55. 龍樹造，鳩摩羅什譯：《大智度論》，一百卷，台北：新文豐出版公司，民國 63 年 9 月，大正藏第二十五卷。

56. 劉義慶著，劉孝標注：《世說新語》，三十六卷，上海：上海古籍出版社，1993 年 12 月。

57. 劉昫：《舊唐書》，二百卷，正史全文標校讀本，台北：鼎文書局，民國 68 年 2 月。

58. 歐陽修：《新唐書》，二二五卷，正史全文標校讀本，台北：鼎文書局，民國 68 年 2 月，

59. 魏收：《魏書》，一一四卷，正史全文標校讀本，台北：鼎文書局，民國 68 年 3 月。

60. 魏徵：《隋書》，八十五卷，正史全文標校讀本，台北：鼎文書局，民國 68 年 3 月，

61. 韓愈：《韓昌黎全集》，四十卷、外集十卷，清同治己巳年江蘇書局重刻東雅堂本，台北：新興書局，民國 59 年 9 月。

62. （釋）懷信：《釋門自鏡錄》，二卷，台北：新文豐出版公司，民國 72 年 1 月，大正藏第五十一冊。

63. （釋）贊寧：《宋高僧傳》，三十卷，台北：新文豐出版公司，民國 63 年 9 月，大正藏第五十卷。

64. （釋）贊寧：《大宋僧有略》，三卷，台北：新文豐出版公司，民國 63 年 9 月，大正藏第五十四卷。

65. 嚴羽：《滄浪詩話》，收入《歷代詩話》下，台北：木鐸出版社，民國 71 年 2 月。

66. 嚴可均輯：《全上古三代泰漢三國六朝文》，七四六卷，清王繁藻刻本，北京：中華書局，1991 年 10 月。

67. （釋）辯機：《大唐大慈恩寺三藏法師傳》，十卷，台北：新文豐出版公司，民國 72 年 1 月，大正藏第五十卷。

二、一般論著（含譯者）

1. 丁福保：《佛學大辭典》，台北：佛教慈濟文化服務中心，民國 76 年 3 月影印。

2. 丁鋼：《中國佛教教育──儒佛道教育比較研究》，成都：四川大學出版社，1988 年 4 月。

3. （釋）大同：《廣義宗教學》，台北：天華出版事業公司，民國 69 年 8 月。

4. 王玉德：《神秘的風水》，南寧：廣西人民出版社，1991 年 8 月。

5. 方立天：《中國佛教與傳統文化》，台北：桂冠圖書公司，民國 79 年 6 月。

6. 水谷幸正等著，余萬居譯：《絲路佛教》，原名《絲路的宗教──夢幻寺院的參訪》，台北：華宇出版社，民國 74 年 6 月。

7. 王景琳：《中國古代寺院生活》，西安：陝西人民出版社，1991 年 11 月。

8. 白化文：《漢化佛教與寺院生活》，天津：天津人民出版社，1989 年 12 月。

9. 司徒尚紀：《廣東文化地理》，廣州：廣東人民出版社，1993 年 8 月。

10. （釋）印海譯：《佛教徒信仰的是甚麼》，台北：寶印佛書流通處，民國 77 年。

11. （釋）印順：《中國禪宗史》，台北：正聞出版社，民國 64 年 2 月。

12. （釋）印順：《教制教典與教學》，台北：正聞出版社，民國 75 年 12 月。

13. （釋）印順：《以佛法研究佛法》，台北：正聞出版社，民國 74 年 3 月。

14. 任繼愈：《漢唐思想史論》北京：人民出版社，1994 年 3 月第四版。

15. 向達：《唐代長安與西域文明》，台北：明文書局，民國 71 年 10 月再版。

16. 阮榮春等編：《佛教初傳南方之路文物圖錄》，北京：文物出版社，1993 年 6 月。

17. 李剛：《魏晉南北朝宗教政策》，成都：四川大學出版社，1994 年 8 月。

18. 李世傑：《印度哲學史講義》，台北：新文豐出版公司，民國 68 年 9 月。

19. 李文生：《龍門石窟與洛陽歷史文化》，上海：上海人民美術出版社，1993 年 6 月。

20. 李玉珍：《唐代的比丘尼》，台北：學生書局，民國 78 年 2 月。

21. 呂澂：《印度佛學源流略講》，收入《呂澂佛學論著選集》，卷四，濟南：齊魯書社，1991 年 7 月。

22. 吳焯：《佛教東傳與中國佛教藝術》，杭州：浙江人民出版社，1991 年 6 月。

23. 佐佐木教悟等著，（釋）達和譯：《印度佛教史概說》，高雄：佛光出版社，民國 75 年 12 月。

24. （釋）明復：《中國僧官制度研究》，台北：明文出版社，民國 70 年 3 月。

25. （釋）依仁：《僧團制度之研究——印度、中國及現行台灣三階段之比較》，中華學術院印度研究所論文，民國 74 年 6 月。

26. 季羡林：《季林學術論著自選集》，北京：北京師範學院出版社，1991 年 5 月。

27. 武守志：《一字軒談學錄》，蘭州：甘肅人民出版社，1993 年 12 月。

28. （釋）恒清：《菩提道上的善女人》，台北：東大圖書公司，民國 84 年 7 月。

29. 姜亮夫：《莫高窟年表》，台北：華世出版社，民國 76 年 2 月。

30. 姜白勤：《唐五代敦煌寺戶制度》，北京：中華書局，1987 年。

31. 施鳩堂：《白居易研究》，台北：天華出版公司，民國 70 年 10 月。

32. 殷海光：《思想與方法》，台北：水牛出版社，民國 74 年 6 月。

33. 梁啓超：《佛學研究十八篇》，台北：台灣中華書局，民國 65 年 7 月。

34. （釋）淨空：《認識佛教：幸福美滿的教育》，台北：佛陀教育基金會，民國 84 年 9 月。

35. 張大卿：《基礎佛法十講》，美國加州：新雨佛學社，1988 年 3 月。

36. 張春申等編著：《宗教與人生》（上冊），國立空中大學，民國 81 年 12 月再版。

37. 許大同：《廣義宗教學》，香港：大同書室，1968 年重印。

38. 唯慈：《近代中國的佛教制度》，台北：華宇出版社，民國 77 年 6 月。

39. 郭紹林：《唐代士大夫與佛教》，台北：文史哲出版社，民國 82 年 9 月。

40. 陳垣：《明季滇黔佛教考》，台北：彙文堂出版社，民國 76 年 6 月。

41. 黃明陽：《中日兩國宗教團體法律地位之比較研究》，中國文化大學法律研究所碩士論文，民國 75 年 6 月。

42. 黃懺華：《中國佛教史》，台北：普門精舍，民國 49 年 9 月。

43. （釋）聖嚴：《戒律學綱要》，台北：東初出版社，民國 80 年 12 月十二版二刷。

44. 程溯洛：《唐宋回鶻史論集》，北京：人民出版社，1993 年 5 月。

45. 湯用彤：《漢魏兩晉南北朝佛教史》，台北：鼎文書局，民國 74 年元月。

46. 溫金玉：《僧尼的一生》，太原：山西高校聯合出版社，1993 年 2 月。

47. 楊廷福：《玄奘年譜》，北京：中華書局，1988 年 8 月。

48. 楊聯陞：《國史探微》，台北：聯經出版事業公司，民國 73 年 2 月再版。

49. 道端良秀著，關世謙譯：《中國佛教與社會福利事業》，高雄：佛光出版社，民國 70 年 4 月。

50. 蔡琪惠：《百丈懷海禪師之研究》，政治大學中文研究所碩士論文，民國 80 年 6 月。

51. 謝重光：《漢唐佛教社會史論》，國際文化事業公司，民國 79 年 5 月。

52. 謝和耐著，耿昇譯：《中國五至十世紀的佛教寺院經濟》，台北：商鼎文化公司，民國 83 年 2 月。

53. 薩孟武：《水滸傳與中國社會》，台北：三民書局，民國 65 年 2 月四版。

54. 藍吉富：《隋代佛教史述論》，台北：台灣商務印書館，民國 63 年 5 月。

55. 魏承思：《中國佛教文化論叢》，上海：上海人民出版社，1991 年 9 月。

56. 羅香林：《唐代文化史研究》，台北：台灣商務印書館，民國 69 年 6 月。

57. 顏尚文：《隋唐佛教宗派研究》，台北：新文豐出版公司，民國 69 年 12 月。

58. 藤堂恭俊著，余萬居譯：《中國佛教史》，上冊，台北：華宇出版社，民國 74 年 6 月。

59. 鎌田茂雄著，關世謙譯：《中國佛教通史》，第一冊，高雄：佛光出版社，民國 74 年 9 月。

三、論文部分

1. 王熙元：〈王摩詰的詩與佛學的關係〉，收入《銀色世界》，台北：大林出版社，民國 71 年 8 月，頁 79～84。

2. 王清和、張和緯：〈中國佛寺地域分布與選址相地〉，《河北師範大學學報》，1993 年第三期，頁 76。

3. 吳永猛：〈佛教蓮社的合作事業〉，《華岡法科學報》第三期，中國文化大學，民國 69 年 7 月，頁 115～128。

4. 李志夫：〈中印史前先民交通初探〉，《華岡文科學報》，民國 78 年，頁 195～209。

5. 李瑞爽：〈禪院生活和中國社會——對百丈清規的一個現象學的研究〉，收入《佛教與中國思想及社會》，台北：大乘文化出版社，民國 67 年 12 月，頁 273～315。

6. 傅偉勳：〈從終極關懷到終極承諾——大乘佛教的真諦新探〉，《當代月刊》第十一期，民國 76 年 3 月，頁 16～26。

7. John Deeney（李達三）著，謝惠英譯：〈文學與宗教——有沒有關係？〉，收入《文學與宗教——第一屆國際文學與宗教會議論文集》，台北：時報

文化出版公司，民國 76 年 9 月，頁 7～16。

8. 曹仕邦：〈古代佛教對小沙彌所施行的儒學教育〉，《大陸雜誌》第六十九卷第六期，民國 73 年 12 月，頁 38～42。

9. 陳寅恪：〈大乘稻芉隨聽疏跋〉，收入《陳寅恪先生論文集》，台北：九思出版社影印，頁 1397～1398。

10. 張菁：〈唐代僧侶的游方與文化〉，《江海學刊》，1993 年第四期，頁 117～120。

11. 黃運喜：〈中國佛教史研究方法初探——「以佛法研究佛法」理論的開擴〉，收入《獅子吼月刊》第三十三卷六期，民國 83 年 6 月 15 日，頁 30～34。

12. 智華譯：〈古代印度的佛教寺院〉，收入《印度佛教史論》，大乘文化出版社，民國 67 年 12 月，頁 69～70。

13. 雷蒙多·帕宣卡：〈印度傳統中的時間和歷史〉，收入《文化和時間》，台北：淑馨出版社，民國 81 年元月，頁 59～85。

14. 傳印：〈佛教的僧團組織〉，北京《法音月刊》，1989 年 1 月號，頁 18～20。

15. 楊毓芬：〈釋氏外學著錄考〉，收入《佛教聖典與釋氏外學著錄考》，台北：大乘文化出版社，民國 68 年 12 月，頁 67～189。

16. 傅樂成：〈論漢唐人物〉，收入《時代的追憶論文集》，台北：時報出版社，民國 73 年 3 月，頁 23～56。

17. 衛復華：〈漢代四川佛教活動問題初探〉，《法音雙月刊》，1986 年第四期，頁 24～28。

18. 濟群：〈僧伽的自新大會——布薩〉，北京《法音月刊》，1989 年 8 月號，頁 22～24。

19. 嚴耕望：〈新羅留唐學生與僧徒〉，收入《日韓佛教研究》，台北：大乘文化出版社，民國 67 年 11 月，頁 233～293。

四、日文部分

1. 中村元等編：《佛典解題事典》，台北：地平線出版社，民國 66 年 12 月翻印本，頁 452，索引 46 頁。

2. 山田龍城：《梵文佛典の諸文獻——大乘佛教成立論序說·資料篇》，東京：平樂寺書店，昭和 52 年 2 月，頁 247。

3. 山崎宏：《隋唐佛教史の研究》，京都：法藏館，昭和 42 年 3 月，頁 305，索引 17 頁。

4. 塚本啓祥：《初期佛教教團史の研究》，東京：山喜房佛書林，昭和 41 年 3 月，頁 586。

5. 塩入良道校注:《入唐求法巡禮行記》,東京:平凡社,東洋文庫本,昭和 45 年,頁 669。

五、英文部分

1. Grad, Richard A. *Great Religions of Modern Man: Buddhism*, Taipei Zhungshain Book, Ltd., Press, 1970.
2. Edwin O. Reischauer, *Ennin's Diary: The Record of a Polgrimage to China in Searchof The Law*, New York, The Ronald Press Company, 1995.

六、梵文部分

1. F. Muller, ed., *Vajracchedika-Prajnapamita-Sutra*. London: Anecdota Oxoniensia, Vol.
2. Oxoniensia, Vol. 1, Part 1, 1881.

會昌法難研究
——以佛教為中心

黃運喜　著

作者簡介

黃運喜，1957 年出生於苗栗縣南庄鄉，父母親為雙目失明的盲人。從 13 歲開始以半工半讀的方式完成學業，最高學歷為中國文化大學史學研究所博士。當過工廠及工地工人、救國團服務員、水電及瓦斯管線技術工人、學校教師，從事教育工作 20 餘年，目前為玄奘大學宗教學系教授。

研究領域為中國佛教史、玄奘學、台灣史、客家史等，撰有《蛻變的家園—隘口百年變遷沿革誌》、《寶山鄉志‧歷史篇》、《傳統與現代的對話—新竹縣寺廟專輯》、《中國佛教近代法難研究（1898 — 1937）》、《新修桃園縣志‧宗教禮俗志》，另撰有學術論文 100 餘篇，其奮鬥事蹟與成就被收錄《2009 年新竹市名人錄》中。

提　要

政治的統治對象與宗教的教化對象均是人民，政教雙方在一定的限度內，可以相安無事，若逾一定的限度，則易發生衝突。政教衝突的結果，往往是由主政者運用世俗的權威，干涉教團內部依戒律規定正常的運作，使之在義理趨向低下的目標，這種現象，就是宗教史上所謂的「法難」。

會昌法難是中國佛教由盛轉衰的分水嶺、對於當時政治，社會及後代文化均有深遠的影響。本文根據兩唐書、唐會要、大正藏史傳部、方志、金石史料等記載，鈎劃出這次法難的真象，並嘗試分析法難的原因和影響。全文共分六章，分章敘述要點如下：

第一章：「緒論」。敘述宗教的本質和法難的意義，並比較中印兩國的僧伽制度及僧寺關係，藉以明瞭會昌法難的遠因。

第二章：「從時代背景看法難原因」。以唐代君王的宗教信仰和政策，國家經濟和寺院經濟衝突，士大夫排佛思想暗流等三個角度解釋這次法難原因。

第三章：「會昌法難始末」。敘唐武宗即位後的崇道黜佛措施，並分析廢佛詔令「拆寺制」，以探討武宗廢佛動機，最後敘述宣宗即位後的放鬆管制而結束了這次法難。

第四章：「法難下的佛教」。考察法難進行時僧侶的志行操守，鈎勒出全國各地被毀的寺院及散佚佛典。

第五章：「法難的影響」。以社會功能、佛教宗派、佛教義理轉變和佛學中國化三方面分析法難的影響。

第六章：「結論」。簡單敘述前面各章要點，並提示會昌法難為何是中國佛教由盛轉衰的關鍵。

第一章　緒　論

第一節　宗教的本質與法難的意義

　　宗教是人類精神生活中所昇華的圓融境界，隨著人類文明的開展，信仰層次逐漸提高，對於宗教起源也隨著有各種不同的看法。如人類對於大自然的恐懼、神秘力、人格生長、無限的觀念、社群的態度、魔術說、鬼魂說等理論先後被提出。〔註1〕這些理論若依佛教教義衡量，是不明緣起的根本無明在作祟。佛教以超越的智慧－般若，表現出在心、境看法的相異上，提出有境有識（小乘學者）、無境有識（唯識學者）、無境無識（中觀學者）等三種層次的理論，以這三種緣起法則顯示出宗教的起源，較西方學者的理論更爲殊勝。

　　政治是人類在現實生活中不可少的一環，人類生於斯、長於斯，受著國家社會的支配。爲政者當爲民興利除害而治理人民，古人稱許英明的統治者應「作之君，作之師，惟曰其助上帝，寵之四方。」（《孟子・梁惠王篇》）也就是統治者是幫助上天治理人民，所能治理的範疇是世間的，扮演的角色是「君、親、師」，至於出世間的天、地則非統治者所能管轄，所以古人將「天、地」列於「君、親、師」之上，以彌補其功能之不足。宗教對人類所扮演的角色，除「君、親、師」等世間法外，更兼「天、地」所能管轄的出世間法。即政治祇能統御人類的現實生活，解決人類的部分問題；宗教則兼現實、精神領域，統攝人類整個文化，這是宗教對於人類的功能與意義所在。

　　由於宗教可兼顧人類的現實和精神生活，其涵蓋面較政治祇能管轄現實

〔註 1〕林惠祥，《文化人類學》（台北，台灣商務印書館，民國 60 年 2 月三版），頁278～280。

生活爲大，宗教不能脫離現實，故易與政治衝突，以致政治運用非宗教的力量，強制改變依據教義產生的正常宗教活動，使之趨向一種在義理上層次低下的目標，而無視於其原有的崇高志趣與功能的愚昧行爲。〔註2〕

在佛教的傳佈發展上，無論中外，均發生過各種程度，不同類型的法難，這些法難對於當時與後世的影響各有不同，有的影響較淺，時間較短，人們對於這些法難視爲過眼雲煙，未留下一絲紀錄。有的法難影響較爲隱晦，人們所見的祇是冰山一角，但其在歷史上却構成一股暗流，對於整個佛教的破壞有如附骨之蛆，非將僧伽組織徹底破壞，我們不易發覺。有的法難則來勢洶洶，對於僧伽的破壞則是有目共睹，成爲學者的研究目標。

然無論是何種類型與程度的法難，其所以發生，均是政教關係失調下所造成的不幸事件。這種政教之間的衝突，若無完善的補救措施，容易發生歷史文化上難以彌補的損失，造成反文化、反宗教的不智行爲。如何調整政教之間的步伐，使人導入人類精神生活，向於超拔昇華，使之享清淨安逸的樂趣，這有待於雙方的約束與寬容。在這個目標的體認上，分別扮演不同角色。盡量完成本身的任務，而不干預其他的角色。這樣，就自然而然的建立了政教和諧基礎，無論如何也不會再發生這種破壞社會秩序的法難。〔註3〕

第二節　僧伽制度的建立和特質

僧伽制度是佛教特有的組織，所謂僧伽，是梵文 Saṅgha 的音譯，其義爲和合眾，初係指四人以上的比丘和而爲眾，後來新譯家則以爲三人以上爲僧伽。〔註4〕即《大智度論》卷三所謂：「僧伽秦言眾，多比丘一處和合是名僧伽。」〔註5〕但其原義後經輾轉訛傳，逐漸的由出家僧團而被形容爲個別的出家人。〔註6〕本文爲正本清源，將僧團以「僧伽」一詞來表示；個別的出家人

〔註2〕釋明復，〈中國佛教近代法難的瞻顧〉，《獅子吼月刊》十六卷7期，民國66年7月15日，頁3。
〔註3〕關於我國過去發生法難情形，參閱筆者撰文〈中國佛教難研究〉，《獅子吼月刊》二十四卷5期，民國74年5月，頁30～23。
〔註4〕丁福保，《佛學大辭典》（台北華嚴蓮社，民國60年10月影印），頁2476。
〔註5〕龍樹造、鳩摩羅什譯，《大智度論》，《大正藏》第二十五卷，（台北，新文豐出版公司，民國63年9月），頁80。
〔註6〕藍吉富，〈傳燈的人─歷代僧侶的分類考察〉，收入《中國文化新論宗教禮俗篇》，敬天與親人，（台北，聯經出版社，民國71年11月），頁690。

則以「僧侶」或「比丘」、「比丘尼」來表示。

原始的僧伽制度

西元前二千年左右，屬於印歐民族的阿利安人（Aryans）由印度西北邊境出口入侵印度半島，經過數百年的鬥爭，終於征服土著達羅毘荼人（Dravidians），他們為有效控制印度諸民族，曾建立起嚴格的種姓制度。與種姓制度相結合者則為婆羅門教，該教以「祭祀萬能」、「婆羅門至上」、「吠陀天啟」為三大綱領。〔註7〕對於祈願、供犧、祀火、念誦等祭祀的方法極為重視，希望藉此修行而達住梵天的最高目標。〔註8〕但這種情況在西元前六世紀前後，阿利安文化在擴展的過程中，曾遭遇到有力的反抗。東方的非婆羅門教主義，如佛教、耆那教等，都脫離傳統的婆羅門教，建立起獨自的文化體系。〔註9〕

佛教是在二千五百年前，由釋迦牟尼所建立的宗教。當時印度的宗教界相當混亂，新說群出；梵網經舉六十二見，尼犍子經如 Sutra Krhanga 及奧義書中所載異說亦夥。歸納諸說，這些異說約分三系：（一）婆羅門教，延吠陀神教之舊緒，重祭祀。（二）奧義書開闢新說，立梵天。（三）沙門諸外道，輕吠陀，重智慧。各立門戶，學說極雜，最知名者為耆那教。（即佛教所謂六師外道之一的尼犍子外道）〔註10〕然無論各家立論如何相異，其目的則皆求解脫，且各派必帶幾分厭世的傾向，〔註11〕他們認為升梵天，即是究竟解脫

僧伽被稱為個別的出家人，宋僧贊寧在《大宋僧史略》下有提出說明：「若單云僧，則四人以上方得稱之。今謂分稱為僧，理亦無爽。如萬二千五百人為軍，或單己一人亦稱軍也。僧亦同之一。」《大正藏》第五十四卷，（台北，新文豐出版公司，民國63年9月），頁251。

〔註7〕李世傑，《印度哲學史講義》（台北，新文豐出版公司，民國68年9月），頁24。

〔註8〕李世傑，《印度哲學史講義》，頁45。

〔註9〕釋印順，〈佛教之興起與東方印度〉，收入《以佛法研究佛法》，《妙雲集》下編，（台北，正聞出版社，民國69年5月），頁15。

〔註10〕湯用彤，〈釋迦時代之外道〉，收入《印度佛教史略》，現代佛教學術叢刊，（台北，大乘文化出版社，民國67年12月），頁22。

佛教學者稱除了佛教、耆那教以外的學說為「六派哲學」，這六派，包含有正統婆羅門系統，旁系婆羅門系統和非婆羅系統的思想潮流。六派名稱分別是數論派、瑜伽派、彌曼薩派、勝論派、吠檀多派和正理派。（參見李世傑，《印度哲學史講義》，頁149）。

〔註11〕高楠順次郎、木村泰賢著，高觀廬譯，《印度哲學宗教史》（台北，台灣商務印書館，民國72年9月），頁395。

處。爲了獲得人間福樂與來生得生人天，印度宗教使用祭祀、咒術、德行、苦行、遁世、瑜伽等六種解脫法。這六種解脫法，依釋迦牟尼看來，是虛僞錯謬的，於是釋迦牟尼以戒定慧三學並重，圓融表現於布施、持戒、忍辱、精進、禪定、般若六度波羅密的修行方法來教導弟子。〔註12〕

在印度哲學宗教史上，其梵書（Brāhmana）時代，〔註13〕曾將教徒的一生，分爲四時期，其中的林棲期和遁世期爲婆羅門的義務。〔註14〕這二期的婆羅門須離開家庭，過著苦修遁世的生活。後來這種離開家庭，隱世修行方法，被其他各教所採行，印度人稱這批修行者爲沙門（Śramana）。

釋迦牟尼和弟子們亦是沙門的一份子，但與其他沙門不同之處是有一特殊組織，這種組織就是僧伽制度。它的成立，是釋迦牟尼依實際需要而設立的，爲一對內教育，對外佈教的團體，佛教成功的對外發展，僧伽制度的建立是很大的關鍵。僧伽的人數，最初祇有阿若憍陳如等五比丘，至第六年後，已增加到一千二百五十人的大團體。〔註15〕

僧伽制度的特質，依現存文獻考察，有下列數項：

一、依六和敬爲共住原則

僧伽是一人數眾多的團體，必須內外無諍，和衷共濟，纔能使團體日益壯大，此即六和敬的基礎。所謂六和敬是指：身和共住、口和無諍、意和同事、戒和同修、見和同解、利和同均。共中戒見和三者是體和，身口意三者是相和。〔註16〕

僧伽中的每一份子，唯有在這體相均合的六和敬共住原則下，纔能消除內在的矛盾，促進和樂合作，使僧伽制度更爲健全發展，從容實踐佛教的理想。

〔註12〕參見釋印順，〈從依機設教來說明人間佛教〉，收入《佛在人間》，《妙雲集》下編，（台北，正聞出版社，民國65年1月再版），頁44～73。

〔註13〕印度哲學的發展，依時代分，可分爲吠陀（Veda）、梵書（Brāhmana）、奧義書（Upanisad）、六師外道及佛教等階段。梵書是解說吠陀本典的神學書，相當於佛教的論典。

〔註14〕高楠順次郎、木村泰賢著，高觀盧譯，《印度哲學宗教史》，頁396。

〔註15〕參見釋印順，〈佛在人間〉，收入《佛在人間》，《妙雲集》下編，（台北，正聞出版社，民國65年1月再版），頁3。
一般佛經在序分部分，將僧伽人數一千二百五十列爲聆聽佛法的成員，這一現象，是巴利文與梵文經典所共有的，反應出當時僧伽人數之多。

〔註16〕釋善卿，《祖庭事苑》，《卍續藏經》第一一三冊，（台北，中國佛教會影印，佛曆二五一一年），頁67。

二、以戒律為行為準則

釋迦牟尼在世時，以自身的言行身教為僧侶的行事準則，但在其將滅度時，弟子們感到即將失去依靠，於是請示垂訓。釋迦牟尼教誨說：「汝等比丘，於我滅後，當珍重尊敬波羅提木叉，如闇遇明，貧人得寶，當知此則是汝大師。」〔註17〕所謂波羅提木叉是梵語 pratimokṣa 的音譯，係指戒律條文，此為僧侶以戒為師的來由。

現存戒律有南傳巴利語系及北傳漢語系。巴利語系我國未有譯本，漢語係保存有《四分律》、《五分律》、《十誦律》、《摩訶僧祇律》，《根本說一切有部律》等重要戒本。這些戒本是經多次結集，陸續編纂，以因應佛教在印度傳流時間、地域、語言等實際問題的需要。

雖然律藏中包含許多不同的戒本，但各戒本有一共同特色，即規範僧伽的生活。要求僧侶們的行住坐臥、言行舉止均要合乎戒律上的要求，如此僧伽中行事纔有一定的準則。釋迦牟尼為防止僧侶們對戒律的生疏，要求僧侶每半月宣讀一次，並誠心檢討言行是否犯戒。《根本說一切有部毘奈耶雜事》卷三八謂：「我令汝等每於半月說波羅提木叉，當知此則是汝大師，是汝依處，若我住世無有異也。」〔註18〕這說明了戒律在僧伽制度中所佔有的地位和殊勝處。

三、滌垢去污的懺悔法

戒律的持守，是培養僧侶的三千威儀，八萬細行。然而在持戒的過程中，難免會有不合乎戒律的行為，此即所謂犯戒。在佛法中，除了犯重戒，均有懺悔的方法，使犯者洗心條濾，繼續追求人格上的圓滿。

印度僧伽的傳統，僧侶們在每半月誦讀戒本時，並虛心檢討，如自身行為有干犯戒律的話，必須向大眾或長老發露（公開說出所犯行為）與懺悔。然後依所犯戒律的輕重開遮行程度不等的勞役苦行，服役大眾，以懺悔業障。〔註19〕

印度僧伽制度中的發露與懺悔法門，其功能與天主教的告解相若。甘易逢（Y.Raguin, S.J.）神父謂：「佛陀對人類的影響非常大，甚至於早期的天主

〔註17〕鳩摩羅什譯，《佛垂般涅槃略說教誡經》，《大正藏》第十二卷，（台北，新文豐出版公司，民國 68 年 9 月），頁 1110。

〔註18〕釋義淨譯，《根本說一切有部毘奈耶雜事》，卷三八，《大正藏》第二十四卷，（台北，新文豐出版公司，民國 68 年 9 月），頁 399。

〔註19〕參見丁敏，〈方外的世界—佛教的宗教與社會活動〉，收入《中國文化新論宗教禮俗篇》，敬天與親人，（台北，聯經出版社，民國 71 年 11 月），頁 130。

教修道院都深受佛教的影響。」〔註 20〕雖然我們不能肯定天主教的告解是否受佛教的影響，但我們可以肯定的是佛教的懺悔和天主教的告解制度，對於犯錯教徒所賦與「新生」或「再生」力量是很大的。

四、符合民主原則的羯磨法

僧侶是僧伽制度中的核心份子，其身份的取得，需離開俗世家庭，依一定程序的制度及受具足戒，然後成一合格的出家人，就是比丘，或比丘尼。

僧伽制度中，對於新進僧侶的受戒，有一相當嚴格的審核，規定受戒者必須通過非奴、非養兒、不負人債、非王臣、不陰謀王家、非黃門（閹人）、非二根（陰陽人）、無疾病、經父母同意、年滿二十歲等詢問。〔註 21〕這種資格審查的儀式，在佛教中被稱爲羯磨法。

羯磨制度的行使，是欲受具足戒者，必須在十個比丘以上的僧伽中，求得一致的通過與承認，纔能成爲合法的比丘（或比丘尼）。若有一人反對，便是僧不和合，而不成受戒羯磨，這種儀式的目的，是在取得僧眾的認可，而非私下的接受。〔註 22〕

佛教之所以能在印度各宗教中脫穎而出，並向國外發展，僧伽制度的建立是主要的關鍵。

但佛教在向外發展過程中，爲了適應各國的社會文化，往往會將印度僧伽制度改變。此種改變，雖然有助於適應各國的民族心理，但在不知不覺中，也將印度僧伽制度中的部分精神喪失，造成佛教的世俗化及對政治的依賴性，成爲日後各國政治干預僧伽制度的動作，造成有利的藉口。

第三節　中國早期的僧伽制度

佛教在東漢傳入中國，此時的社會陰陽迷信思想盛行，讖緯之學方熾，時人亦以鬼神方術視之，較著者若楚王英晚年喜黃老之學，爲浮屠齋戒祭祀；順帝時有《太平清領經》的出現。《太平清領經》反映出道術受佛教的影響，

〔註 20〕甘易逢編著、明鏡譯，《淺談佛學—天主教徒的觀點》（台北，光啓出版社，民國 72 年 4 月），頁 9。

〔註 21〕佛陀跋陀羅共法顯譯，《摩訶僧祇律》，《大正藏》第二十二卷，（台北，新文豐出版公司，民國 68 年 9 月），頁 399。

〔註 22〕釋聖嚴，《戒律學綱要》，頁 192。

而佛教亦藉其勢力以張其軍，二者之間關係密切。〔註 23〕故桓帝在宮中立黃老浮屠之詞。

中國佛教擺脫鬼神方術的附庸，主要是佛典的翻譯，尤其是天竺西域來華僧侶的貢獻很大。據高僧傳所載，東漢時東來的譯經僧侶十人，其中印度四、安息人二、月支人二、康居人二。〔註 24〕其後來華僧侶日眾，譯經師的陣容更為堅強，所翻譯佛典的內容也逐漸增加，這種情形本可奠定中國的僧伽制度。然魏晉之際，清談盛行，格義佛教應運而生，使佛教從鬼神方術的附庸，轉變成清談的話題，阻礙了圓融義理的研究與菩薩行思想的發展，直到道安（西元314～385 年）適時的創立僧伽制度，纔將中國佛教帶入一新紀元。

漢至東晉初，無論胡漢，出家人僅依循西域傳來的部分經律，及傳教僧的影響，過著離開家庭，完全禁慾的出家生活。〔註 25〕而缺少一特定的組織與僧伽制度，主要原因與當時律藏的不完備和遲譯，不能產生一定的規範有關。〔註 26〕

東晉時，道安在襄陽，領有徒眾數百，群居一處，為了維持僧伽的和合，遂制定儀節，以資軌範。《高僧傳》卷五〈釋道安傳〉謂：

> 安既德為物宗，學兼三藏，所制僧尼軌範，佛法憲章，條為三例。
>
> 一曰：行香定座，上經上講之法。二曰：常日六時，行道飲食唱時法。三曰：布薩（每半月集眾僧說戒）差使悔過等法。天下寺舍，遂則而從之。〔註 27〕

關於道安所立的三例，諸書未見明解，唯《法苑珠林・唄讚部》謂：

> 又昔時有道安法師集製三科上經上講布薩等，先賢立制，不墜於地，天下法則，人皆習行。〔註 28〕

〔註 23〕參見湯用彤，《漢魏兩晉南北朝佛教史》（台北，鼎文書局，民國 74 年元月三版），頁 53～61。

〔註 24〕馮承鈞，《歷代求法翻經錄》（台北，台灣商務印書館，民國 59 年 8 月），頁 2。

〔註 25〕參閱釋依仁，〈中國僧團制度之研究〉，《獅子吼月刊》二十四卷 7 期，民國 74 年 7 月，頁 23。

〔註 26〕中國之有戒律，始於曹魏嘉平二年（西元 250 年）由中天竺僧曇柯迦羅於洛陽白馬寺譯出僧祇戒心和羯磨法。（釋慧皎，《高僧傳》，卷一，〈曇柯迦羅傳〉，《大正藏》第五十卷，台北，新文豐出版公司，民國 68 年 9 月，頁 325），影響中國深遠的《十誦律》、《四分律》、《摩訶僧祇律》、《五分律》等均於道安圓寂後陸續譯出。

〔註 27〕釋慧皎，《高僧傳》，卷五，頁 353。

〔註 28〕釋道世，《法苑珠林》，《大正藏》第五十三卷，（台北，新文豐出版公司，民國 68 年 9 月），頁 575～576。

道安創立僧伽制度後不久，鳩摩羅什來華，譯出律藏，從此天下僧人儀軌，有所資循，不必一一仿照道安之制。〔註29〕其對中國佛教的僧伽制度，功不可沒。

中國是個高度文明的國家，政治組織嚴密，大一統思想堅定，家族結構穩固。純印度式的僧伽制度，勢必要在這種環境的制約下，轉變成中國式的僧伽制度，這種轉變，造成了中印兩種不同型式的僧伽制度。

依現存資料考察，中國初期僧伽制度有下列的轉變：

一、易受君主意志所左右

由於受到「溥天之下莫非王土，率土之濱莫非王臣」的大一統觀念影響，純粹符合佛制戒律運作，擺脫政治束縛的僧伽制度，在中國無法實現。歷代的統治者，為了穩固政權，方便管理僧伽，曾經制定種種的法令與限制，使僧伽制度變質，剝奪了獨立運作的功能，這些限制，包括限制寺院及僧侶數量、建立僧官制度、建立「以官轄寺、以寺轄僧」制度，繩之以世俗法律等。〔註30〕

佛教在中國勢力的盛衰，與君主的好惡有密切關係，三武之禍的產生，固然是出自君王意志。但隋唐佛教之盛，亦與隋文帝、煬帝的弘揚有關。〔註31〕道安謂：「不依國主，則法事難立。」實道出中國僧伽制度對君主的依賴性。

二、印度僧伽制度部分精神喪失

佛教在中國，因律藏的遲譯及傳統背景不適國情、本土高度行政官僚體系和宗法社會結構等因素，原始僧伽制度無法在中國產生。印度如法如律的六和合敬理想僧伽制度，在中國似乎未以大規模的姿態表現過。其中較明顯的例子是南北朝禪法初行時，禪師於山窟、林間幽棲習禪的記載，在《續高僧傳》中屢見不鮮。〔註32〕這種隱遁山林的作風，是脫離僧伽運作規範的行為，牴觸了以「六合敬」為共住原則的僧伽制度。

三、以僧官為控制僧伽運作的媒介

在中國佛教史上，僧官制度的研究，顯然是被遺落的一環，這種將僧伽

〔註29〕參見湯用彤，《漢魏兩晉南北朝佛教史》，頁216。
〔註30〕黃運喜，〈中國佛教法難研究〉，頁32～23。
〔註31〕參見藍吉富，《隋代佛教史述論》（台北，台灣商務印書館，民國63年5月），頁1～14。
〔註32〕參見鄧克銘，〈百丈清規之僧團規範意義的探討〉，《獅子吼月刊》二十四卷7期，民國74年7月，頁17。

制度納入官僚系統，剝奪僧伽依戒律規定獨立運作，是佛教發展中的附骨之疽，在討論中國僧伽制度時，實有加以探討的必要。

　　有人以為僧官制度導源於寺院中僧職施設，是寺院組織成長過程所延續發展成的一種制度。〔註33〕也有人認為設置僧官的理由是為防止僧尼愆漏。其實這兩種說法不是倒果為因，就是一種托詞。〔註34〕明復法師在《中國僧官制度研究》一書中，提出兩點獨到的看法。一是我國帝國組織與官僚結構嚴密，縱使有接受佛法的雅量，也難容忍在其綿密的組織中，硬行插入一種精神情趣全然殊異的外來組織，以致形成「國內之國」。二是秦漢間流行的半原始宗教信仰與官府的管制政策，造成「聖人以神道設教」的思想，將巫覡管理、宗教事務、祭祀監督予以制度化，形成政教合一由官僚監督的局面，而導出日後的僧官制度。〔註35〕

　　僧官的設置，若從東晉時僧恭任蜀僧正起，至民國元年南京臨時政府廢除止，其間名號互異，無論中央或地方均有設置，形成對佛教控制的系統。這眾多的僧官，其政治地位僅是一中級官吏，他們必須接受皇帝、宰相、各部長官的命令。另外政府對於僧官的賜紫、封爵、賜臘、諡號等世俗恩寵，往往也造成僧侶的世俗化與官僚化，遠離了僧伽制度中依戒律自修，過著六和合敬法的生活。

　　佛教傳入中國，因受文化環境等因素影響，致政治權力介入，喪失了印度僧伽制度中的特有精神。這種轉變，使僧伽無法與政權抗衡而居於附屬，每遇強而有力的主政者，利用行政命令對僧伽運作加以干涉，大小輕重程度不一的法難就因而發生。

第四節　僧寺關係的變遷

一、印度僧伽制度與寺院的關係

　　釋迦牟尼建立僧伽制度時，並沒有精舍（Vihara 音譯毘訶羅）或寺院（Chaitya 音譯招提）制度。僧侶們「一會兒住在這裡，一會兒住在那裡─在

〔註33〕如賀光中謂：「僧官之制，蓋原於寺之三綱。」（賀光中，〈歷代僧官制度考〉，收入《中國佛教通史論述》，台北，大乘文化出版社，民國67年7月，頁193。）
〔註34〕釋明復，《中國僧官制度研究》（台北，明文書局，民國70年3月），頁2～2。
〔註35〕參見釋明復，《中國僧官制度研究》，頁2～2。

樹林中，就在樹下，在山邊，在洞穴中，在山窟內、塚間、森林內，露天的草地上，以及草堆上。」〔註36〕過著遊化的生活。

由於印度在六月中旬以後的三個月，正是草木滋長，蟲蛇蠢動的時期，所有宗教界都在此期間結夏（安居），以免受到傷害，而佛教並無此制，頗受各宗教及民眾的責難。故摩揭陀國頻婆沙羅王，建議釋迦牟尼仿照外道設結夏制度，首先在王舍城竹林精舍結合僧侶定居一處。〔註37〕於是在此短期的集會中，比丘們已有一種合群生活的意義，漸漸的這種暫時生活的住所，因僧侶們的固定住下，遂形成佛教的寺院制度。

僧侶們在寺院定居以後，每天仍過著乞食遊化的生活，並向眾生說法結緣，這種生活，反映在許多佛教經典中，如金剛經梵文原典，就保存著樸實真切的記載：

> 在正午前的時候，薄伽梵（世尊）穿著袈裟，手持著鉢，進入舍衛城乞食。
>
> 當世尊在舍衛城時，人們把飯丸丟進鉢裡。乞食完畢走向住所，吃完飯後收起衣鉢並洗足，然後在敷設的座位上結跏坐。〔註38〕

接著釋迦牟尼接受弟子頂禮和發問，然後說法教化信徒。這種生活方式，藉著乞食與眾生結緣，並藉寺院作為說法教化的場所，久而久之，寺院亦兼有教育的功能，成為高深的學問研究中心。其研究對象與範圍也漸從義學轉到語文、文法、歷史、因明、醫學等世間之學。〔註39〕

在印度，僧侶和寺院之間並無特殊的關係，寺院是一靜態的住所，而僧伽是一動態組織。僧侶們平日在外行化，除結夏必須在一定寺院定居外，並不限制其居住一定住所。就以釋迦牟尼而言，在摩揭陀國有八個精舍，十一個石窟；在拘薩羅國有九個大小不一的精舍，在其他各國亦同。〔註40〕所以在佛經中，常常可看到釋迦牟尼在各種不同精舍說法的記載。

〔註36〕智華譯，〈古代印度的佛教寺院〉，收入《印度佛教史論》（台北，大乘文化出版社，民國 67 年 12 月），頁 69～70。

〔註37〕參見塚本啓祥，《初期佛教教團史の研究》（東京，山喜房佛書林，昭和四十一年三月），頁 305～206。

〔註38〕譯自 F.Max Müller, ed., *Vajracchedikā – Prajñapāmitā – Sūtra.* London : Anecdota Oxoniensia, Aryan Series, Vol.1, Part 1 , 1881, P.19。

〔註39〕智華譯，〈古代印度的佛教寺院〉，頁 73。

〔註40〕參見谷響，〈佛陀時代印度諸國的社會思想概況〉，收入《印度佛教史論》（台北，大乘文化出版社，民國 67 年 12 月），頁 4～6。

　　佛教在印度，就以各地的寺院爲據點，配合僧伽制度的特質，積極向外佈教，終於在各教紛起的環境中脫穎而出，並成功的向國外弘傳。

二、魏晉南北朝佛教寺院的發展

　　中國佛寺，始建於洛陽白馬寺，爲東漢明帝時，爲天竺僧攝摩騰所建。〔註41〕其後胡僧來華者日眾，佛寺興建漸夥。但此時期的佛寺，均由官人監督，民眾不得置喙。至三國兩晉期間，始見僧人民眾，創立寺院精舍，略採西域天竺之法，由僧民自任寺主、檀越而經管之。於是佛寺遂有官私之別。〔註42〕

　　曹魏至東晉，戰亂頻繁，人民流離失所，政治爲世族門閥所壟斷，文化則因儒家思想中衰，發展出以老莊易經爲話題的清談。此時一些高僧如支道林、支愍度等人藉老莊以解釋佛法，大爲公卿所折服，佛法遂流行到上層社會。此期第一流思想家大都合玄學與佛學家爲一，實非偶然。

　　由於我國政治傳統，素有「禮不下庶人」「民可使由之，不可使知之」的思想，社會上有許多平民，受教育的機會有限，造成教育不普及的現象。而佛教以其平等的思想，透過佛寺，以講經、施賑、結社等方式來教育民眾，同時僧侶也能在戰亂流離之際，給予民眾以精神上的安慰，安定民心，故佛教同時也流行於下層社會。

　　在南朝，因佛教弘傳的成功，僧侶人數及寺院營造日漸增多，且以奢麗爲功德，頗爲清議所不許。宋文帝元嘉十二年（西元 435 年）丹陽尹蕭摹之上言謂：

> 佛化被於中國，已歷四代，形像塔寺，所在千數。自頃以來，情敬浮末，不以精誠爲至，更以奢競爲重，材竹銅綵，靡損無極；無關神祇，有累人事，不爲之防，流遁未息。請自今欲鑄銅像及造塔寺者，皆當列言，須報乃得爲之。〔註43〕

詔從之。然未挽頹風。上自帝王公卿，下至販夫走卒，無不競立寺塔以求功德。杜牧有詩謂：「南朝四百八十寺，多在樓台烟雨中。」（江南春）道出了南朝佛教之盛和寺院建築之多。

〔註41〕釋慧皎，《高僧傳》，頁 323。
〔註42〕釋明復，《中國僧官制度研究》，頁 42。
〔註43〕司馬光，《資治通鑑》，卷一二二，（台北，建宏出版社，民國 66 年），頁 3859。

　　北魏初期，限制佛寺興建頗嚴，太武毀佛，梵刹俱廢。文成帝繼位，首創限制寺院與僧尼數量之法，每州祇許立寺一區，僧尼大州五十，小州四十人。〔註44〕但其後崇佛頗甚，毀家建寺，在所不惜，豪門懿親，競相創立，致有北魏正龜元年（西元558年）任城王澄上奏謂：

> 今之僧寺，無處不有。或比滿城邑之中，或連溢屠沽之肆。或三五少僧，共爲一寺。梵唱屠音，連簷接響，像塔纏於腥臊，性靈沒於嗜慾。眞僞混居，往來紛雜。下司因襲而莫非，僧曹對制而不問。其於污染眞行，塵穢練僧。薰猶同器，不亦甚歟。……昔如來闡教，多依山林，今此僧徒，戀著城邑。豈湫隘是經行所宜，浮誼必栖禪之宅，當由利引其心，莫能自止。處者既失其眞，造者或損其福，乃釋氏之糟糠，法中之社鼠，内戒所不容，王典所應棄矣。（下略）奏可。〔註45〕

將謀盡驅洛陽城内之僧於外，會亂起未行。正光（西元520年）以後，國家多事，王役尤甚，故所在編民相與入道，假慕沙門，實避調役。史稱魏末僧尼大眾有二百萬，寺三萬有餘。京邑第舍，略爲寺矣。〔註46〕至北齊時，情況依舊，鄴都一地，「都下大寺，略計四千，見住僧尼，僅將八萬，講座相距，二百有餘。」〔註47〕寺院之多，爲前所未有。

三、僧寺合一制度的確定

　　南北朝時僧侶與寺院數量大增，至隋文帝時，官民捨宅建寺風氣盛行，遂引發煬帝對寺院的整頓。其作法有二：一是「賜額」。凡官民欲立寺者，先須請准，樞府以皇帝名義頒一雲標，上書敕建某某寺，即可享受豁免徭役賦稅之惠。無額之寺，即屬私建，立者服刑，材料入官。另與賜額之制並行的是官派佛寺監丞，依王府督理寺務，架空佛寺三綱的職權，破壞戒律公議決事，不作專斷的獨立運作之權，致使政教完全超於一致，不復可分。〔註48〕

〔註44〕魏收，《魏書》，卷一一四，〈釋老志〉，（台北，洪氏出版社，民國66年6月），頁3036。

〔註45〕魏收，《魏書》，頁3045。

〔註46〕魏收，《魏書》，頁3045～2046。

〔註47〕釋道宣，《續高僧傳》，卷十，〈釋靖嵩傳〉，《大正藏》第五十卷，（台北，新文豐出版公司，民國68年9月），頁501。

〔註48〕釋明復，《中國僧官制度研究》，頁43～44。

北魏文帝創立寺院僧侶設限制度，爲求有效管理，遂有僧籍的建立。有關僧籍的記載，《魏書‧釋老志》延興二年（西元 472 年）有詔謂：

> 沙門不在寺舍，遊涉村落，交通奸滑，經歷年歲。令民門五五相保，不得容止無籍之僧，精加隱括，有者送付州鎮。

此後在太和十年（西元 486 年）冬，有司又奏：

> 前被敕，以敕籍之初，愚民僥倖，假稱入道，以避輸課。其無籍之僧，罷遣還俗。重被旨，所檢僧尼、寺主、維那當寺隱審。其有道行精勤者，聽仍在道；爲行凡粗者，有籍無籍，悉罷齊民。今依旨簡遣，其諸州還俗者，僧尼合一千三百二十七人。

奏上，制可。〔註49〕

在此十四年間，僧籍的作用，由消極防止無籍僧侶的產生，轉變到積極的沙汰防弊，且成爲僧政中的重要工作。依現存資料考察，僧籍的設立，並未限制僧侶的遊行參訪，僧侶和寺院的關係淡薄，流動性極大，帶給有司極大的困擾，引發日後政府對僧侶活動的重重限制。尤其是唐代對僧政的管理，表現出政權至上的絕對優勢。致使僧伽制度陷於僵化與無奈，對日後佛教的發展深具影響。

唐代僧政管理中最重要的措施是玄宗天寶六載（西元 747 年）所頒行的度牒制度。〔註50〕在度牒上註明僧侶的德號和所屬寺院，作爲身份證明之用，僧侶在外出時必須隨身攜帶以備檢查。〔註51〕此外賦予寺院住持和尚無上的權力，僧侶的一舉一動均要向住持和尚報告，然後住持和尚（或三綱執事）

〔註49〕魏收，《魏書》，頁 3038～2039。
〔註50〕釋志磐，《佛祖統紀》，卷五十四：「天寶六載，始令祠部給牒，用綾素。」，《大正藏》第四十九卷，（台北，新文豐出版公司，民國 68 年 9 月），頁 472。
　　　按：近代中日學者頗多引用《文獻通考》卷五十二〈祠部郎中〉條，《佛祖統紀》卷五十五〈僧籍免丁〉條，《大宋僧史略》卷中〈管屬僧尼〉條，認爲武后延載元年（西元 694 年）敕僧尼由司賓改隸祠部。推測僧尼從此直接受政府管理，政府頒發度牒，當始於此時。這是將僧籍管理和度牒制度相混淆，北魏文成帝對僧尼人數設置，將僧民分籍，以利管理。天寶以前有關私度、賣度的記載，均未明確指出給牒的記錄，應指未經核准私自剃度，僧籍無名，或勾結官府，冒名入籍。若以今日制度推論，僧籍類似戶口名簿，度牒類似身分證，不能混爲一談。
〔註51〕唐代度牒已無實物存在，本文參考日僧圓珍於淳和天皇天長十年（西元 833 年）出家時度牒記載。收入大日本國史料寬平三年十月二十九日，（東京，東京大學史料編纂所，昭和四十三年四月一日覆刻），頁 548。

再向僧官報告，僧人不得越級報告，也不得自由行動，否則將受處罰。日僧
圓仁在《入唐求法巡禮行記》中載南天竺三藏寶月於會昌元年（西元 841 年）
六月趁上降日赴內道場之便，直接進言請回本國，結果以不先諮開府，將弟
子三人各決七棒，通事僧決十棒。〔註52〕就是最好的例子。

度牒制度的作用是將僧侶限制居住在一特定寺院，以寺院爲政府，爲僧
官與僧侶間的媒介，而居於寺院代表的住持和尚也往往由政府指派，於是這
種「以官轄寺，以寺轄僧」的僧寺合一制度於焉完成，中國僧伽制度所殘留
一些印度僧伽制度的特質從此喪失殆盡，政權對佛教的發展，取得絕對優勢
的控制權。

〔註52〕釋圓仁，《入唐求法巡禮行記》，卷三，（台北，文海出版社，民國 60 年 4 月），
　　　　頁 86～87。

第二章　從時代背景看法難原因

第一節　會昌前各君主宗教信仰與政策

在我國傳統的政治理論中，國君的地位是無與倫比的，人民寄望統治者為一明君，把國運寄託在其身上，此即白虎通所謂：「王者往也，天下所歸往。」早期的國君以「作之君，作之親，作之師」的方式治理世俗間的現實問題。後來因政治發展與官僚體系的充實嚴密，一些聰明的統治者以「聖人以神道設教」的名義，將流行於民間半原始的宗教信仰加以制度化，設官掌管，使納入國家統治的一部分，使人民基於宗教心理服從政治的領導。

當佛教傳入與道教組織系統後，以前「聖人以神道設教」的理論，其功能僅在於僧政與道政管理，政府無法限制人民選擇宗教信仰，故君主們改變方式，有的找根據或製造根據與之攀上關係，成為信徒的精神領袖；或籠絡宗教中的名人，作些教徒們喜歡的行為，提高自己在教徒心目中的地位，以利統治。〔註1〕

就宗教立場而言，君主也是有情眾生，其信仰亦有層次高低，上焉者洞悉緣起法則，以理智從事宗教活動，發揮淑世濟人的力量。下焉者冀求長生福祿，迷信超自然力量，以致沈溺其中，不能自拔。以此觀點看唐代帝王的宗教信仰與政策，很明顯的，是徘徊於「亦將有利以吾身」的宗教情操及「亦將有以利吾家」的政治理念之間。明白乎此，我們對唐代何以制定許多足以

〔註 1〕陳瓊玉，〈唐代政教關係－一般因素的探討〉，《中國佛教月刊》二十六卷 7 期，民國 71 年 4 月，頁 23。

顯示君臨天下，政權至上的宗教政策，又有許多君主步秦皇漢武後塵，鍊丹求仙，或竟因而身殉，這種矛盾現象，在本文中將可作合理的解釋。

　　史載高祖早年信仰佛法，隋煬帝大業中，嘗爲子世民祈疾造像，並立碑以誌功德，望能資益世民，並祈合家大小福德具足，永無災鄣。〔註2〕太原起義之初，高祖嘗有圓夢之事。謂其嘗夜夢身死墜於牀下，身爲群蛆所食。及覺，甚爲厭惡，乃詣智滿禪師語之。智滿禪師認爲此是至尊之象，又爲高祖占卜，得乾卦飛龍在天，爲帝王之徵。時世民在側，智滿禪師爲之面相，曰：「此公子福德無量，何憂天下乎？」及高祖至霍邑，數夜連夢甲馬無數，飛滿空中。智滿禪師認爲此是高祖身中之神，足以威制天下，高祖醒後，又語世民，復曰：「吾事濟矣。」太宗拜於前，連呼萬歲者四。高祖即位後，復命經營智滿禪師之寺，賜額爲「興義寺」，以太原田宅產業賜之，永充常住。並置圓夢堂於寺中，內有高祖及智滿禪師塑像。〔註3〕

　　消災祈福，爲善男信女宗教情操自然的流露，也是典型住相布施的信仰。圓夢之說，或起於編造，或起於附會，流行於民間後可收政治上宣傳之效果，即眞命天子已出世，並有祥瑞印證，且新天子與社會上龐大勢力的佛教有深厚淵源。

　　智滿禪師的人品並非高尚，宋《高僧傳》謂「當塗眾生，王臣欽重，三百餘僧，受其制約。」沙門曇選至其寺責其聚眾，恐壞佛法，並以「前代大乘之賊，後世彌勒之妖」戒之。〔註4〕高祖利用智滿，有其目的。蓋李唐革命，本質上是貴族革命，起義之初，已有不少從龍之士，本不須高舉宗教纛旗以招攬民眾，若黃巾白蓮之流。但佛教在中國，歷數百年發展，已根深蒂固的深植於民間，造成一股不可忽視的力量，故高祖加以利用。圓夢之說，其用意類似杜光庭所撰《虬髯客傳》，用以證明高祖、太宗爲眞命天子。

　　高祖以住相布施的信仰與有以利吾家的態度對待宗教，在目的達到之後，其態度立即轉變，也就不足爲奇。

　　《唐會要》卷五十謂：

〔註2〕王昶，《金石萃編》，卷四十，〈唐高祖爲子祈疾疏〉，（台北，台聯國風圖書出版公司，民國53年4月），頁16。

〔註3〕秦再思，《洛中記異錄》，收入《說郛》，卷二十，（台北，新興書局，民國52年12月），頁21～22。

〔註4〕釋道宣，《續高僧傳》卷二四，〈曇選傳〉，頁641。

武德三年（西元 620 年）五月，晉州人吉善，行于羊角山，見一老
叟，乘白馬朱鬣，儀容甚偉。曰：「與吾語唐天子，吾汝祖也，今年
平賊後，子孫享國千年。」高祖甚異之，乃立廟于其地。〔註5〕

這是高祖受禪後，製造根據，與老子攀上關係，以裝點皇家門面，此後的態
度，表面上雖由釋轉道，但實際上似乎對道教也無甚興趣。故於武德七年（西
元 624 年）十月幸終南山謁老子廟，八年（西元 625 年）造太和宮於終南山，
到了九年（西元 626 年）終於下沙汰僧尼道士的詔令，會傳位而止。〔註6〕

　　太宗的信仰層次，與高祖相去不遠。貞觀二年（西元 628 年）謂侍臣曰：「神
仙事本虛妄，空有其名。」並舉秦皇漢武為例，說明神仙不能妄求。又謂梁武
帝父子，志尚浮華，好釋老之教。後梁元帝在江陵，為萬紐、于謹所圍，矢下
如雨，帝猶講老子不輟，百寮戎服以聽，俄而城陷，君臣俱被囚縶。〔註7〕

　　貞觀八年（西元 634 年），長孫皇后從太宗至九成宮，染病危惙，太子承
乾入侍，欲奏請太宗赦囚徒，并度人入道，冀蒙福助，得以延年。長孫皇后
謂：「死生有命，非人力所加。若修福可延，吾素非為惡；若行善無效，何福
可求。赦者國之大事，佛道者示存異方之教身，非惟政體靡弊，又是上所不
為，豈以吾一婦人而亂天下法？」〔註8〕長孫皇后曾於貞觀元年（西元 627 年）
就沙門玄琬受菩薩戒。〔註9〕是一道地佛門弟子。尚說出昧於佛理的話，可見
太宗厭惡佛教，對長孫皇后影響之大。

　　太宗對佛教最露骨的批評，是在貞觀二十年（西元 646 年）對蕭瑀的手
詔。在該手詔中，太宗先表明對佛教的態度。接著以梁武、簡文二帝銳意於
法門，傾帑藏以給僧祇，殫人力以供塔廟。結果子孫覆亡，社稷化為丘墟為
例，證明報施之徵，何其繆也。接著指責蕭瑀「踐覆車之餘軌，襲亡國之遺
風。棄公就私，未明隱顯之際；身俗口道，莫辨邪正之心。修累葉之殃源，
祈一躬之福本。上以違忤君主，下則扇習浮華。」〔註10〕

　　這篇詔書與北魏太武帝毀法詔所表露的意識略無二致，可見其淵源有自。

〔註 5〕　王溥，《唐會要》，卷五十，（台北，世界書局，民國 71 年 12 月），頁 865。
〔註 6〕　劉昫，《舊唐書》，卷一，〈高祖本紀〉，（台北，鼎文書局，民國 68 年 12 月），
　　　　頁 15～17。
〔註 7〕　吳兢，《貞觀政要》，卷六，（台北，宏業書局，民國 72 年 9 月），頁 301。
〔註 8〕　劉昫，《舊唐書》，卷五十一，〈后妃列傳〉，頁 2166。
〔註 9〕　釋道宣，《續高僧傳》，卷二二，頁 616。
〔註 10〕　劉昫，《舊唐書》，卷六十三，〈蕭瑀傳〉，頁 2403～2404。

若繼續發展，另一次慘酷嚴重的法難，恐不會等到武宗時就要爆發了。〔註 11〕太宗之所以隱忍而未毀法者，除因信仰者眾外，復以明主以不擾民爲本；且其本身留心學問，旁及釋典，曾與義學僧接觸，〔註 12〕最重要原因是，遊印度的玄奘大師於貞觀十九年（西元 645 年）取經回國，以其貞亮的信仰，淵博的學問，純眞的修持，高雅的風範使太宗欣動傾倒，因而對佛教態度略有改變。〔註 13〕爲玄奘親撰聖教序，並下敕京城及天下州寺各度僧五人，弘福寺五十人。計海內寺三千七百一十六所，計度僧及一萬八千五百餘人。乃至臨終前對玄奘言：「朕共師相逢晚，不得廣興佛事。」〔註 14〕

太宗一生，除晚年外，對於佛教的態度，可謂政治運用重於宗教信仰。〔註 15〕如貞觀二年（西元 628 年）恐風雨失時，有礙民食，令京城及天下諸寺觀僧尼道士等七日七夜轉經行道。三年（西元 629 年）因旱令高僧二十七人於天門街祈雨七日。〔註 16〕詔於建義以來交兵處，爲義士勇夫殞身戎陣者各立一寺，〔註 17〕又詔僧徒爲戰亡人設齋行道，〔註 18〕五年（西元 631 年）以慶善宮爲太穆皇后建慈德寺，〔註 19〕八年（西元 634 年）爲穆太后追福立宏福寺。〔註 20〕均含有政治作用。近世頗謂太宗弘贊釋教者，實不盡然。

高宗一生，對於佛教頗爲護持。在其爲太子時，曾親睹太宗禮遇玄奘，並參與奘師譯經事業，貞觀二十二年（西元 648 年）爲追薦文德皇后新建慈恩寺，禮請奘師移居翻譯，並任上座職。同時作〈述聖記〉以褒奘，文中謂：「蓋眞如聖教者，諸法之元宗，眾經之軌躅也。」〔註 21〕對於佛教頗爲推崇。高宗除禮遇奘師外，於道宣、懷素之律師及奘師弟子窺基亦禮敬有加。道宣

〔註 11〕釋明復，《中國僧官制度研究》，頁 56～57。

〔註 12〕參見湯用彤，《隋唐佛教史稿》（台北，木鐸出版社，民國 72 年 9 月），頁 15。

〔註 13〕釋明復，《中國僧官制度研究》，頁 57。

〔註 14〕釋慧立，《大唐大慈恩寺三藏法師傳》，卷七，《大正藏》第五十卷，（台北，新文豐出版公司，民國 68 年 9 月），頁 260。

〔註 15〕黃聲孚，《唐代佛教對政治之影響》（香港，作者自印，民國 48 年 4 月），頁 20。

〔註 16〕王溥，《唐會要》，卷四十八，頁 849。

〔註 17〕釋道宣，《廣弘明集》，卷二八，《大正藏》第五十二卷，（台北，新文豐出版公司，民國 68 年 9 月），頁 328。

〔註 18〕釋道宣，《續高僧傳》，卷十五，〈法常傳〉，頁 541。

〔註 19〕王溥，《唐會要》，卷四十八，頁 850。

〔註 20〕釋法琳，《辯正論》，卷四，《大正藏》第五十二卷，（台北，新文豐出版公司，民國 68 年 9 月），頁 514。

〔註 21〕釋慧立，《大唐大慈恩寺三藏法師傳》，卷七，頁 257。

及窺基二師示寂後，下詔天下諸寺圖形塑像，以爲模範。

高宗對伽藍興建，亦不遺餘力，永徽二年（西元 651 年）廢玉華宮爲佛寺，六年（西元 655 年）在昭陵側建佛寺，以爲太宗追福。〔註22〕龍朔三年（西元 663 年）爲文德皇后立資聖寺，〔註23〕乾封元年（西元 666 年）以封禪故，詔天下諸州各置觀寺一所。〔註24〕

若以如實如法的觀點看，高宗之弘揚佛法，其層次仍留在住相布施，冀求福佑的層次中。故因政策需求提攜道教，乾封元年（西元 666 年）至亳州謁老君廟，上尊號曰「太上玄元皇帝」，創造祠堂；其廟置令、丞各一。改谷陽縣爲眞源縣，縣內宗姓各給復一年。〔註25〕高宗對道教之服丹藥求長生亦感興趣，顯慶（西元 656～660 年）廣徵諸方道術之士，合鍊黃白。道士葉法善上言：「金丹難就，徒費財物，有雕政理，請覈其眞僞。」遂令法善試之，乃出九十餘人，因一切罷之。〔註26〕不久，復命胡僧盧伽阿逸多合長年藥，藥成，將服之，爲朝臣郝處後所阻。〔註27〕又令道士劉道合鍊丹，丹成上之。不久道合死，弟子將開棺改葬，其屍惟有空皮，而背上開坼，有似蟬蛻，盡失其齒骨，眾謂尸解。高宗聞之不悅，曰：「劉師爲我合丹，自服仙去。其所進者，亦無異焉。」〔註28〕開耀元年（西元 661 年）終因服食丹藥，藥性發作，身體不適，因令太子監國，〔註29〕二年後（西元 683 年）而崩。高宗之崩，是否因餌藥之故，史無明文，不得而知。

高宗晚年寵信道士葉法善，葉法善「自高宗、則天、中宗歷五十年，常往來名山，數召入禁中，盡禮問道。然排擠佛法，議者或譏其向背。」〔註30〕在此背景下，似乎已放棄早年對佛法的熱誠。

武后在入宮前，因母系累世信佛，曾正式或非正式的做沙彌尼。〔註31〕

〔註22〕劉昫，《舊唐書》，卷四，〈高宗本紀上〉，頁 69、73。

〔註23〕王溥，《唐會要》，卷四十八，頁 846。

〔註24〕劉昫，《舊唐書》，卷五，〈高宗本紀下〉，頁 90。

〔註25〕劉昫，《舊唐書》，卷五，〈高宗本紀下〉，頁 90。

〔註26〕劉昫，《舊唐書》，卷一九一，〈方伎傳〉，頁 5107。

〔註27〕劉昫，《舊唐書》，卷八十四，〈郝處俊傳〉，頁 2799。

〔註28〕劉昫，《舊唐書》，卷一九二，〈隱逸傳〉，頁 5127。

〔註29〕歐陽修、宋祁，《新唐書》，卷三，〈高宗本記〉，（台北，鼎文書局，民國 68 年 12 月）。頁 76。

〔註30〕劉昫，《舊唐書》，卷一九一，〈方伎傳〉，頁 5107～5108。

〔註31〕陳寅恪，〈盟誓與佛教〉，收入《陳寅恪先生論文集》（台北，九思出版社，民國 63 年 4 月），頁 43。

太宗崩後，曾居感業寺爲尼，〔註32〕後被高宗立爲昭儀，進而奪王皇后及蕭淑妃之寵，被冊立爲皇后。高宗崩後，武后廢黜中宗，臨朝稱制，後又改國號爲大周，爲國史上唯一的女皇帝。

在儒家思想中，女性干政是不被允許的，所謂：「牝雞無晨，牝雞之晨，惟家之索。」武則天以女性而爲帝王，如欲證明其特殊地位，絕不能於儒家經典中求之。由於佛經素有女身受記爲轉輪聖王的教義，遂思加以利用。〔註33〕永昌元年（西元 690 年）七月，有沙門十人上《大雲經》，盛言神皇授命之事，下制頒於天下，命諸州各置大雲寺，總度僧千人。〔註34〕至九月，以時機成熟，自立爲帝，改之天授，遂移唐國祚。

天授二年（西元 691 年），以釋教開革命之階，令釋教在道法之上，僧尼處道士、女冠之前，〔註35〕其利用佛教之心態已昭然若揭。此詔下後，釋道二教仍多爭毀，互相排擠，遂於聖曆元年（西元 698 年）下詔制止。〔註36〕

武則天雖出身佛教世家，但其對佛教亦政治目的大於宗教情懷。長壽元年（西元 694 年）敕天下僧尼由舊隸司賓，改隸祠部。〔註37〕表面上，這次的改隸，是將歷代奉行「示存異方之教」的作法，改爲隸屬國政的一部分，以示禮優。實質上，祠部所掌職責是「祠祀、享祭、天文、漏刻、國忌、廟諱、卜筮、醫藥、僧尼之事。」〔註38〕可說是集上古半原始宗教信仰之大成，故此行動仍不出「聖人以神道設教」的範圍。

雖然武則天頗能禮遇神秀、實義難陀、菩提流支、義淨、法藏等高僧，但亦寵信劣僧薛懷義，以倡優蓄之，也曾令洪州僧胡超合長生藥，所費巨

〔註32〕劉昫，《舊唐書》，卷六，〈則天皇后本紀〉，頁115。李樹桐認爲武后削髮爲尼之事，係史官有計劃的僞造。李樹桐，〈武則天入寺爲尼考辨〉，收入《唐史考辨》（台北，中華書局，民國54年4月），頁310～235。

〔註33〕陳寅恪，〈盟誓與佛教〉，收入《陳寅恪先生論文集》（台北，九思出版社，民國63年4月），頁43。

〔註34〕劉昫，《舊唐書》，卷六，〈則天皇后本紀〉，頁121。大雲經《舊唐書》認爲是出自沙門僞造。陳寅恪認爲是沙門取曇無讖舊譯本，附以新疏，巧爲附會。（陳寅恪，〈武曌與佛教〉，頁434）。

〔註35〕宋敏求，《唐大詔令集》，卷一一三，〈釋教在道法之上制〉，（台北，鼎文書局，民國61年4月），頁4。

〔註36〕宋敏求，《唐大詔令集》，卷一一三，〈條流佛道二教制〉。頁4～5。

〔註37〕釋贊寧，《大宋僧史略》，卷中，頁245。

〔註38〕劉昫，《舊唐書》，卷四十三，〈職官志二〉，頁1831。

萬。〔註39〕亦曾廣建梵刹，但也因私心，贈僧人封爵、贈紫、賜夏臘等世俗恩寵，〔註40〕導致僧侶嘯傲王侯，堅守所志之風漸泯，僧品日趨低下，對於佛法，實種大惡因。〔註41〕

中宗、睿宗均崇信佛法，政策較爲放任，故佛教得以自由發展。中宗與佛教因緣頗深，生時曾因玄奘之請，敕賜號佛光王，逾月請從奘師受戒。〔註42〕即位後常幸佛寺設齋並營建伽藍。於神龍元年（西元705年）詔諸州置寺、觀各一所，以中興爲名，三年（西元707年）改中興爲龍興。同時爲追薦武則天，於東都造聖善寺，立報慈閣，修大像。〔註43〕竣工後僧會範、道士史崇玄等十餘人因功授官封公。中宗亦常幸佛寺行香及設無遮大齋，如景龍三年（西元709年）於安福門外，四年（西元710年）於化度寺門設無遮大齋。〔註44〕

睿宗對佛道二教均不排斥，景雲二年（西元711年）下詔：「自今每緣法事集會，僧尼、道士、女冠等宜齊行道集。」這種平頭式的宗教政策，使「天下濫度僧尼、道士、女冠依舊。」〔註45〕導致玄宗對佛教的限制。

玄宗在藩時，即與道士之流來往，即位後更加的寵信道士，於先天二年（西元713年）以葉法善爲鴻臚卿，封越國公。〔註46〕開元六年（西元719年）以盧鴻爲諫議大夫。〔註47〕十四年（西元726年）以王希夷爲朝散大夫、國子博士。十五年（西元727年）追贈司馬承禎爲銀青光祿大夫，號眞一先生。〔註48〕二十五年（西元737年）以尹愔爲諫議大夫、集賢院學士兼史館事，許以道士服視事。〔註49〕此外於開元中尙徵吳筠至京，待召翰林。〔註50〕

〔註39〕司馬光，《資治通鑑》，卷二〇六，頁6546。
〔註40〕天授元年（西元690年）則天以撰述大雲經之功，賜僧雲宣等九人縣公、紫袈裟、銀龜袋。（司馬光，《資治通鑑》，卷二〇四，頁6469）。
　　　萬歲登封元年（西元696年）洛陽弘道觀主杜義乞爲僧，賜名玄嶷，賜臘三十夏。（釋贊寧，《大宋僧史略》，卷下，頁251。）
〔註41〕湯用彤，《隋唐佛教史稿》，頁30。
〔註42〕釋慧立，《大唐大慈恩寺三藏法師傳》，卷九，頁271。
〔註43〕王溥，《唐會要》，卷四十八，頁848。
〔註44〕劉昫，《舊唐書》，卷七，〈中宗本紀〉，頁141～149。
〔註45〕劉昫，《舊唐書》，卷七，〈睿宗本紀〉，頁157。
〔註46〕劉昫，《舊唐書》，卷一九一，〈方伎傳〉，頁5108。
〔註47〕歐陽修、宋祁，《新唐書》，卷一九六，〈隱逸傳〉，頁5604。
〔註48〕劉昫，《舊唐書》，卷一九二，〈隱逸傳〉，頁5121、5128。
〔註49〕王溥，《唐會要》，卷六十三，頁1101。

以張果爲銀青光祿大夫，號通玄先生。〔註51〕

與寵信道士並行者爲提高道教在政治上的地位，開元二十一年《尚書》、《論語》（西元 733 年）玄宗親注《道德經》，制令士庶家藏一本，并減所貢舉《尚書》、《論語》兩條策，加老子策。〔註52〕二十三年（西元 735 年）用道門威儀司馬秀言，令天下應修官齋等州皆於一大觀立石臺刊勒御注《道德經》。〔註53〕二十五年（西元 737 年）令道士女冠隸宗正寺，用以滿足虛妄的政治神話，以裝點皇家門面。天寶二載（西元 743 年）又自覺無謂，下敕道士由司封檢校，不隸宗正寺。〔註54〕

開元二十五年（西元 737 年）置崇玄學於玄元皇帝廟，立玄學博士。〔註55〕二十九年（西元 741 年）制兩京諸州各置玄元皇帝廟，並置崇玄學，置生徒令習《老子》、《莊子》、《列子》、《文子》，每年准明經例考試。天寶元年（西元 742 年）玄宗親享玄元皇帝於新廟，爲莊子、文中子、列子、庚桑子各上尊號，其四子所著書爲眞經。崇玄學置博士、助教各一員，學生一百人。二年（西元 743 年）追尊老君爲「大聖祖玄元皇帝」，改兩京崇玄學爲崇玄館，博士爲學士。又改西京玄元廟爲太清宮，東京爲太微宮，天下諸郡爲紫微宮，〔註56〕八載（西元 749 年）復尊老子曰「聖祖大道玄元皇帝」，十三載（西元 754 年）再上尊號爲「大聖祖高上太道金闕玄元天皇大帝」。〔註57〕老子的名號至此達於極點。

玄宗尊禮道教，有其政治目的，一者傳說老子與李唐皇室同宗，可用以裝點門面。二者佛教在社會上勢力頗大，與達官顯宦之家既得利益衝突，故思藉道抑佛。

開元二年（西元 714 年），玄宗初以君主之尊干涉佛教，是年玄宗問左街僧錄，佛於眾生有何恩德，致捨君親妻子，說若有理，則當建立，否則除削。〔註58〕並從姚崇之請，命沙汰僞濫僧尼一萬二千餘人還俗。〔註59〕下「斷書

〔註50〕劉昫，《舊唐書》，卷一九二，〈隱逸傳〉，頁 5129。
〔註51〕劉昫，《舊唐書》，卷一九一，〈方伎傳〉，頁 5107。
〔註52〕劉昫，《舊唐書》，卷八，〈玄宗本紀下〉，頁 199。
〔註53〕王昶，《金石萃編》，卷八十三，〈玄宗御注金剛經〉，頁 9。
〔註54〕王溥，《唐會要》，四十九，頁 859～860。
〔註55〕歐陽修、宋祁，《新唐書》，卷四十八，〈百官志三〉，頁 1252～1253。
〔註56〕劉昫，《舊唐書》，卷八，〈玄宗本紀下〉，頁 213～216。
〔註57〕歐陽修、宋祁，《新唐書》，卷五，〈玄宗本紀〉，頁 147、149。
〔註58〕釋覺岸，《釋氏稽古略》，卷三，《大正藏》第四十九卷，（台北，新文豐出版

經及鑄佛像敕」，禁民間鑄像寫經。〔註60〕并敕百官家不得輒容僧尼，緣吉凶等事須設齋者，皆于州縣陳牒寺觀。〔註61〕又命毀除化度寺無盡藏院，將所得錢帛供京城諸寺。〔註62〕三年（西元 715 年）下「敕斷妖訛等敕」，此敕在基本上是繼承唐律禁妖書妖言精神。《唐律疏議》謂：「諸造妖書及妖言者絞。」〔註63〕若將此精神運用於宗教上，則顯示出不尋常的意義。

開元十三年（西元 725 年）敕諸寺三階院除去隔障，使與大院相通，眾僧錯居，不得別住，所行之《三階集錄》，悉禁斷毀除。若綱維縱其行化誘人而不糾者，勒還俗。〔註64〕此詔與二年（西元 714 年）之毀除化度寺無盡藏院，在歷史上影響相當的大。因化度寺無盡藏院為三階教（隋唐之際盛行之佛教宗派）的經濟基礎；《三階集錄》為三階教的理論基礎。二者經玄宗下詔毀除，終使該教一蹶不振，於會昌法難後在歷史上消失。

開元十五年（西元 727 年）以後，玄宗對僧政管理日趨嚴密。是年下敕天下村坊佛堂小者并拆除之，功德移入近寺，堂大者皆令封閉，公私望風，凡大屋大像亦被殘毀。十七年（西元 729 年）敕天下僧尼道士女冠三歲一造籍。天寶六載（西元 747 年）始今祠部給牒用綾素。〔註65〕這三次詔令，加強對佛教的管制，表示出皇權無限，政治在宗教之上，使佛教人士喪氣。十五年（西元 727 年）之敕可謂是一場小型法難。以後之僧籍、度牒政策，就造成「以官轄寺，以寺轄僧」制度，將傳統僧伽制度中依戒律規定獨立運作的功能喪失殆盡，佛教生機受到相當限制。

玄宗一朝為佛道勢力消長的分水嶺，若由此發展，很可能會造成一場全面性的法難，但因安史之亂，使佛教得以苟延於一時。

安史亂起，北方凌替，肅宗在靈武，以軍需不足，宰相裴冕請鬻牒度僧，

公司，民國 68 年 9 月），頁824。

〔註59〕劉昫，《舊唐書》，卷九十六，〈姚崇傳〉，頁3023。
　　　　按：《唐會要》卷四十七作沙汰僧尼三萬餘人。

〔註60〕宋敏求，《唐大詔令集》，卷一一三，〈斷書經及鑄佛像敕〉，頁5～6。

〔註61〕王溥，《唐會要》卷四十九，頁860。

〔註62〕王溥，《唐會要》卷四十九，頁860。

〔註63〕長孫無忌，《唐律疏義》，卷十八盜賊律，（台北，台灣商務印書館，民國 58 年 7 月），頁56。

〔註64〕釋智昇，《開元釋教錄》，卷十八，《大正藏》第五十五卷，（台北，新文豐出版公司，民國 68 年 9 月），頁679。

〔註65〕以上均見釋志磐，《佛祖統紀》，卷四十，頁374～275。

解決燃眉之急。〔註66〕然以天下未定，乃詔沙門百人入行宮，朝夕諷唄以祈佛佑，聲聞於外。中書侍郎張鎬上奏，謂：「未聞區區僧教以致太平。」肅宗雖然其言，〔註67〕但不改變信佛行爲。

代宗初不信佛，後因王縉、元載、杜鴻漸等人影響，轉而信佛，常令僧百餘人於宮中，陳佛教經像念誦，謂之內道場，供養甚豐，出入乘廐馬，支具廩給。每西蕃入寇，必令群僧講誦《仁王經》以攘寇虜，幸其退，則加以錫賚。〔註68〕胡僧有官至卿監、封國公者，著籍禁省，勢傾公卿，特寵群居，更相凌奪，凡京畿上田美產，多歸佛門。〔註69〕引起民怨，流弊頗大。

肅宗、代宗二帝作法雖不當，然其爲國祈福之情可憫，德宗以降，此事亦不復見。德宗即位後，即罷內道場，並詔令毋得置寺觀及請度僧尼。〔註70〕其後宗教政策均以政治作用爲考慮。貞元四年（西元788年）置左右街功德使、東都功德使、修功德使、總僧尼之籍及功役。〔註71〕五年（西元789年）敕寺觀不得容外客居住。〔註72〕憲宗即位，對佛教仍採緊縮政策。元和二年（西元807年）三月詔謂「天下百姓，或冒僞僧道士，苟避徭役，有司宜備爲科制，修例聞奏。」〔註73〕

貞元六年（西元790年）二月，詔歸還岐州無憂王寺佛骨。該佛骨先是迎來禁中供養，後送京師佛寺，傾都瞻禮，供奉巨萬。〔註74〕憲宗元和十四年（西元819年）正月，迎鳳翔法門寺佛骨至京師，留禁中三日，乃送詣寺。王公士庶奔走施捨如不及，百姓有廢業破產燒頂灼背而求供養者。〔註75〕這兩次的迎佛骨均傾動京師，官宦士民均爭先布施。導致韓愈的不滿，上疏極陳其弊，爲士大夫排佛達到極點。

〔註66〕劉昫，《舊唐書》，卷一一三，〈裴冕傳〉，頁3354。另卷四八，〈食貨志〉、〈宋高傳〉，均記載鬻牒以濟軍需之事。

〔註67〕劉昫，《舊唐書》，卷一一一，〈張鎬傳〉，頁3327。

〔註68〕釋贊寧，《大宋僧史略》，卷中，頁247。

〔註69〕歐陽修、宋祁，《新唐書》，卷一四五，〈王縉傳〉，頁4716。

〔註70〕劉昫，《舊唐書》，卷十二，〈德宗本紀上〉，頁321、326。

〔註71〕司馬光，《資治通鑑》，卷二四八，胡三省注，頁8024。

〔註72〕釋志磐，《佛祖統紀》，卷四十一，頁379。

〔註73〕王溥，《唐會要》，卷五十，頁881。

〔註74〕劉昫，《舊唐書》，卷十三，〈德宗本紀下〉，頁369。

〔註75〕劉昫，《舊唐書》，卷十五，〈憲宗本紀〉，頁466。另見卷一六○，〈韓愈傳〉，頁4198。

敬宗時，由於部分官宦嚳牒斂財，時議醜之，〔註76〕另朝廷自憲宗以降，皇帝服食丹藥之風益盛，對於道士無不極力延攬，使之出入禁中，日進其說，以惑人主。

文宗對道釋二家均不存好感，即位之初，將僧惟眞、齊賢、正簡、道士趙歸眞，並流配嶺南。這四人均是敬宗所寵信的方外之士。大和三年（西元829年）江西觀察使沈傳師奏請於皇帝誕月設方等戒壇，詔謂：「不度僧尼，累有敕命。傳師忝爲藩守，合奉詔條，誘至愚妄，庸非理道，宜罰一月俸料。」〔註77〕此後文宗僧政管理日趨嚴密，四年（西元830年）祠部請令僧尼冒名非正度者，許具名申省給牒，以憑入籍，時入申者七十萬人。五年（西元831年）令天下州縣造僧尼籍。〔註78〕這次的檢括造籍行動，是爲日後全面沙汰作準備。七年（西元833年）十月慶成節（文宗誕日）僧徒道士講論於麟德殿，翌日，文宗謂宰臣曰：「誕日設齋，起自近代，相承已久，未可便革，雖置齋會，僧道講論都不臨聽。」宰相路隋等，亦謂誕日齋會本非中國教法。〔註79〕在這上下交相厭惡佛道的背景下，九年（西元835年）文宗嘗詔近臣，天下有無補教化而蠹食於國者，可悉言之。有對者曰：祖宗已來，廣行佛教，緇徒益多，茲爲蠹物。乃命中外罷緇徒講說佛經。並罷長生殿內道場。〔註80〕是年翰林學士李訓亦請沙汰僧尼，詔所在試僧尼誦經不中格者，皆勒還俗，禁置寺及度僧人。〔註81〕這時佛教已處於山雨欲來風滿樓的危境中，一場轟轟烈烈的廢佛運動隨時都有可能爆發，後因甘露之變，使得這次法難延至武宗在位時始上場。

從唐代帝王的宗教信仰及政策來看當時佛教的政治地位，很明顯的可看出，由於唐代帝王以「亦將有以利吾身」的信仰層次，與「亦將有以利吾家」的宗教管理來對待佛教，使佛教的政治地位日趨下降，會昌法難，就是在這一背景下發生的。

〔註76〕劉昫，《舊唐書》，卷十七，〈敬宗本紀〉，頁519。

〔註77〕劉昫，《舊唐書》，卷十七，〈文宗本紀上〉，頁523～524、533。

〔註78〕釋贊寧，《大宋僧史略》，卷中，頁247～248。

〔註79〕劉昫，《舊唐書》，卷十七，〈文宗本紀下〉，頁552。

〔註80〕劉昫，《舊唐書》，卷三十七，〈五行志〉，頁1362。

　　　釋志磐，《佛祖統紀》，卷四十二，頁385。

〔註81〕司馬光，《資治通鑑》，卷二四五，頁7906、7909。

會昌前，可能發生法難的時期是高祖、太宗晚年、玄宗及文宗時代，後來雖因特殊原因而未釀成行動，但這不利於佛教發展的環境並未消失。到了武宗時，以時機成熟，終於爆發全面的法難。

第二節　國家經濟與寺院經濟的衝突

一、日益萎縮的國家經濟

唐代自安史之亂後，外患頻仍，國勢陵替，導致產生各種問題，有待當政者努力解決。在各項亟待解決的問題中，以日益萎縮的國家經濟最受當政者的重視。中晚唐國力的消長，端賴政府解決經濟問題的成效而定。造成中晚唐國家經濟日益萎縮的因素很多，約略言之，可從外在及內在原因分析。

外在原因方面，最嚴重者是安史之亂後，藩鎮棋布於內地，大者連州十餘，小者猶兼三四，自國門以外，幾乎全是藩鎮的勢力。他們不但在軍事政治上不服從中央政府的命令，就是在財政經濟上也要自收自用。〔註 82〕這種現象始自河北，《新唐書‧藩鎮傳》謂：「安史亂天下，至肅宗大難略平，君臣皆幸安，故瓜分河北地，付授叛將，護養孽萌，以成禍根。亂人乘之，遂擅署吏，以賦稅自私，不朝獻於廷。」〔註 83〕分而言之。李懷仙鎮盧龍，「文武將吏，擅自署置，貢賦不入於朝廷。」〔註 84〕田承嗣鎮魏博，「戶版不籍於天府，稅賦不入於朝廷。」〔註 85〕其他若李寶臣鎮承德，薛嵩鎮相衛（昭義），均「擁勁卒數萬，治兵完城，自署文武將吏，不供貢賦。」〔註 86〕由於這批雖稱藩臣，實不稟王命武夫佔領河北，導致朝廷稅收大減。

德宗以後，藩鎮益盛，武夫悍將，據險要、專方面，以致「天下戶口什亡七八九，州縣多爲藩鎮所據，貢賦不入，朝廷府庫耗竭。」〔註 87〕若韓弘鎮大梁二十餘載，四州征賦，皆爲己有，未嘗上供。〔註 88〕河南、山東、荊襄、

〔註 82〕全漢昇，〈唐宋帝國與運河〉，收入《中國經濟史研究》上冊，（香港，新亞研究所，西元 1976 年 3 月），頁 310。

〔註 83〕歐陽修、宋祁，《新唐書》，卷二一〇，〈藩鎮傳〉，頁 5921。

〔註 84〕劉昫，《舊唐書》，卷一四三，〈李懷仙傳〉，頁 3896。

〔註 85〕劉昫，《舊唐書》，卷一四一，〈田承嗣傳〉，頁 3838。

〔註 86〕司馬光，《資治通鑑》，卷二二三，頁 7175。

〔註 87〕司馬光，《資治通鑑》，卷二二六，頁 7284。

〔註 88〕劉昫，《舊唐書》，卷一五六，〈韓弘傳〉，頁 4136。

劍南有重兵處，亦皆厚自奉養，王賦所入無幾。〔註89〕

藩鎮割據對唐室歲入的影響，從憲宗元和二年（西元 807 年）李吉甫等撰元和國計簿可見一斑。《唐會要》卷八四謂是年：

> 總計天下方鎮，凡四十八道，管州府二百九十三，縣一千四百五十三，見定戶二百四十四萬二百五十四。其鳳翔、鄜坊、邠寧、振武、涇原、銀夏、靈鹽、河東、易定、魏博、鎮冀、范陽、滄景、淮西、淄青十五道，七十一州，并不申報戶口數。每歲縣賦入倚辦，止於浙西、浙東、宣歙、淮南、江西、鄂岳、福建、湖南等道，合四十州，一百四十四萬戶。比量天寶供稅之戶，四分有一。天下兵戎，仰給縣官八十三萬餘人。比量士馬，三分加一，率以兩戶資一兵，其他水旱所損，徵科妄斂，又在常賦之外。〔註90〕

由此可知，元和二年（西元 807 年）供賦稅者，僅南方八道，佔全國方鎮六分之一；所佔地域約爲全國三分之一。不申戶口，不納賦稅者有十五道，佔全國方鎮三分之一強；所佔地域，亦約全國三之一。稅戶較天寶時僅四分之一，全國軍隊則增加三分之一。導致中唐以後，納稅戶口日削，政府又不得不竭財養兵，人民負擔益重，政府財政益窘，故有鹽鐵、和糴、括田、榷利、借商、間架、進奉、獻助等徵科妄斂。史載：「自大曆已來，節制之除拜，多出禁軍中尉。凡命一帥，必廣輸重略。禁軍將校當爲帥者，自無家財，必取資於人，得鎮之後，則膏血疲民以償之。」當非誣言。〔註91〕

造成中晚唐國家經濟萎縮的內在原因，是科舉制度的實施，政權無限制的解放，導致官員充斥，坐食俸祿。其流弊自高宗後陸續有人提出，如高宗時劉祥道謂：「今之選司取士，傷多且濫：每年入流數過一千四百，傷多也；雜色入流，不加銓簡，是傷濫也。」又謂：「今內外文武官一品以下，九品以上，一萬三千四百六十五員，略舉大數，當一萬四千人。……年別入流者五百人，經三十年便得一萬五千人。」〔註92〕道出每年入流人數多，而官員名額少，積三十年後，便有難以安插之感。武后時魏玄同謂：「諸色入流，歲以千計。群司列位，無復新加，官有常員，人無定限。選集之始，霧積雲屯，

〔註89〕劉昫，《舊唐書》，卷一一八，〈楊炎傳〉，頁 3421。
〔註90〕王溥，《唐會要》，卷八十四，頁 1552～1553。
〔註91〕劉昫，《舊唐書》，卷一六二，〈高瑀傳〉，頁 4250。
〔註92〕劉昫，《舊唐書》，卷八十一，〈劉祥道傳〉，頁 2751。

擢敍於終，十不收一。」〔註93〕玄宗時劉秩亦謂：「近則官倍於古，士十於官，求官者又十於士，故士無官，官乏祿，吏擾人。」〔註94〕從魏、劉二人的話中可知中唐以前，經科舉入流者當官已相當不易，大抵十人競一官，致有循資格、排祿位、分朋黨等流弊。〔註95〕

　　政府爲了安排士人求官，遂將政府組織不斷的擴大，形成官僚膨脹的臃腫病。太宗時，內外官定制爲七百三十員，然是時已有員外置官，又有特置，同正員等。其後又有置使之名，或因事而置，事已則罷，或遂置而不廢。其名類繁多，莫能徧舉。自中世以後，盜起兵興，又有軍功之官，遂不勝其濫矣。〔註96〕杜佑《通典》謂唐文武官及諸色胥吏等共計三十六萬八千六百六十八人。憲宗元和六年（西元 811 年）李吉甫疾吏員廣，緜漢至隋，未有多於當時者，乃上奏：「方今置吏不精，流品龐雜，存無事之官，食至重之稅，故生人日困，冗食日滋。」後經參閱釐減，凡省冗官八百員，吏千四百員。〔註97〕

　　由於科舉的長期舉行，士人入流者多，政府爲安排職務，已費盡苦心。與官員日增相因並起的現象，便是官俸日高。唐初依品制俸，官一品月俸錢三十緡，職田祿米不過千斛。開元時一品月俸至二十六千。天寶數倍於開元，大曆又數倍於天寶，而建中又倍於大曆。大曆中，權臣月俸至九千緡。元載爲相，以任進者多樂京師，惡其逼己，厚增外官俸，刺史月給或至千緡。至常袞爲相，乃加京官俸，歲約十五萬六千緡，又加諸道觀察使都團練使副使以下料錢，使上下有敍。李泌爲相，又增百官及畿內官月俸。至會昌年間，三師至二百萬，三公百六十萬，侍中百五十萬，中書令兩省侍郎兩僕射百四十萬，尙書御史大夫百萬，節度使三十萬，上州刺史至八萬。這一趨勢，愈走愈失其本意，遂致爲官只是發財分贓，而不是辦事服務。〔註98〕

　　疆土陵替，導致全國稅收仰賴東南一隅；官俸日高及冗員充斥更增加百姓負擔。此時政府若能忍辱負重，生聚教訓，輕徭薄賦，減省不必要的開銷，

〔註93〕劉昫，《舊唐書》，卷八十七，〈魏玄同傳〉，頁 2850。

〔註94〕劉秩，〈選舉論〉，收入《全唐文》，卷三七二，（京都，中文出版社，西元 1976 年），頁 23。

〔註95〕錢穆，《國史大綱》（台北，台灣商務印書館，民國 66 年 4 月），頁 325。

〔註96〕歐陽修、宋祁，《新唐書》，卷四六，〈百官志〉，頁 1181～1182。

〔註97〕歐陽修、宋祁，《新唐書》，卷一四六，〈李吉甫傳〉，頁 4741。

〔註98〕錢穆，《國史大綱》，頁 332。

　　　　有關唐代官員俸料詳載《唐會要》卷九十一—九三。

以蘇民困，中晚唐政局仍大有可為。惜當政者不能體恤時艱，生活競為侈靡，此一現象，於唐室有再造之功的郭子儀固不待言，其他武人若馬璘、馬璲、田神功等亦競務豪奢，力窮乃止。此風一開，一些魚躍龍門的科場舉子在及第之後，亦抱一種盡情享受的心理，這種情形，若韓愈之賢者亦不能免。而以世族門廳出身的李德裕更是此一時期的代表，關於李德裕的奢侈行徑，據近人朱桂的歸納，有營平泉山莊，備極莊麗；「隴右諸侯貢語鳥，日南太守送名花。」；「每食一杯羹，費錢約三萬。」；茶湯悉用常州惠山泉，令人傳遞至長安；終身食羊萬口。此外又以重金行賄宦官部屬，如借錢十萬貫與李國澄，以寶器書畫數床賄結楊欽義。以重金賄結王踐言，遺白敏中錢十萬貫。〔註99〕這些武將士人權臣的競相奢靡，所花費者無非是民脂民膏，此期農民的生活可謂是水深火熱，賣妻鬻子，輾轉溝壑，若觀中晚唐詩人描述即可略見一斑。

安史之亂後，國家經濟日益萎縮，當政者為圖國庫收入增加，無不絞盡腦汁的運用各種可行之法，德宗建中元年（西元 780 年）宰相楊炎看到國家在兵亂之後，人口凋耗，版圖空虛，科斂名目繁多，官吏因緣為姦，廢者不削，重者不去，百姓為繳科徵，致瀝膏血，鬻親愛，旬輸月送無休息，吏因其苛，蠶食於人。而富人多丁者，率為官為僧，以色役免，貧人無所入則丁存，故產生課免於上、而賦增於下之不合理現象。遂建議德宗實施兩稅法，向既得利益階級的仕宦之家徵稅，所謂「戶無主客，以見居為簿；人無丁中，以貧富為差。不居處而行商者，在所郡縣稅三十之一，度與所居者均，使無僥利。」這是將前全由貧民負擔的賦稅，轉由全民分攤，使賦稅分配趨於合理。史稱兩稅法實施後，人不土斷而地著，賦不加歛而增入，版簿不造而得其虛實，貪吏不誠而姦無所取。自是輕重之權，始歸朝廷。但楊炎也因此得罪既得利益的仕宦之家，引起非議。最後道因立家廟，被搆以「此地有王氣，炎故取之，必有異圖。」罪名，貶官崖州賜死。〔註100〕

德宗時因運河被藩鎮控制，財賦不入關中，加以兵變迭起，不得不科徵妄歛，以渡難關，兩稅法的效用不彰。憲宗即位，以韓弘鎮汴州，誅殺常阻擾運河航運的亂兵，使江南財賦重輸京師。〔註101〕兩稅法實施後致中央稅收增加之

〔註99〕牛桂，《牛僧孺研究》（台北，正中書局，民國 65 年 7 月），自序頁 5、頁 227。
〔註100〕劉昫，《舊唐書》，卷一一八，〈楊炎傳〉，頁 3421～2422。
〔註101〕全漢昇，〈唐宋帝國與運河〉，收入《中國經濟史研究》上冊，（香港，新亞研

成效乃漸明顯。憲宗於是利用這一經濟條件,討伐藩鎮,造成中興之局。〔註102〕

　　憲宗後,朝廷對藩鎮一味姑息,加上兩稅制日久弊生,地主豪右仕宦之家逃稅依然,農民負擔日重,此一趨勢,至武宗時李德裕爲相,欲廣籌財源以征討澤潞時,已感到相當的困難。因若增加稅目恐非農民所能負擔;若向既得利益徵稅,必定引起反對。在這背景下,日益成長的寺院經濟就成爲當政者覬覦的對象。

二、中晚唐寺院經濟的成長

　　佛教是以寺院爲中心,擁有眾多僧尼和檀越的團體。自魏晉以降,人民基於福田思想,向寺院佈施錢帛田產,以冀求福,同時佛教受到統治階層的擁護和支持,給與僧徒免稅免役的特權,使寺院經濟逐漸的成長,膾炙人口的中國佛教社會福利事業,就是在此經濟基礎下完成的。但寺院經濟如果發展過甚,逃稅逃役人口擁向寺院,勢必影響全國稅收,必須加以防制,導致政教關係蒙上一層陰影。

　　過去研究寺院經濟者均以寺領莊園,借貸碾磑,僧眾奴婢的增加來解釋寺院經濟和國家經濟的衝突,遂導致會昌法難,這在表面現象而言是正確的。但若從中晚唐寺院經濟發展的特性來看,仍可作補充說明。

　　中晚唐的寺院經濟與以前不同之處有二:一是寺院經濟與僧伽(團)經濟結合爲一。二是政府的鬻牒度僧,給逃稅逃役者大開方便之門。

　　就前者而言,在玄宗天寶六載(西元747年)建立「以官轄寺,以寺轄僧」的寺僧合一制度以前,僧是僧,寺是寺,各有其組織體系,僧侶雖然在寺院內修行辦道,可能並不干預行政事務,所以僧侶本身無經濟結構可言。寺院經濟由國王、大富長者派人管理或僧官執事掌管。等到僧寺制度合一之後,僧侶獲得寺院的管理權,寺院經濟方始含有僧伽(團)經濟的意味。〔註103〕在此制度之下,容易導致僧伽爲求財富的增加,汲汲逐利,忘却大乘菩薩道精神而興辦社會福利事業的意義所在。中唐以後,士大夫常指責佛殿爲貿易之場,當非空穴來風。

　　　　究所,西元1976年3月),頁310。

〔註102〕韓國磐,〈唐憲宗平定方鎮之亂的經濟條件〉,收入《隋唐五代史論集》(北京,生活、讀書、新知三聯書店,民國68年10月),頁321～235。

〔註103〕釋明復、張慧命,〈關於現代佛教寺院經濟的對話〉,《獅子吼月刊》二十四卷7期,民國74年7月。

　　就後者而言，政府的鬻牒度僧，原是非常時期的權宜措施，然此風一開遂不可收拾，一些軍閥政客均以鬻牒為斂財手段，如王智興在泗州置僧尼戒壇，凡僧徒到者，人納二緡，給牒即回，別無法事。李德裕時為浙西觀察使，奏言江淮之人聞之，戶有三丁者，必令一丁落髮，意在規避徭役，影庇資產，今蒜山渡日過百餘人，若不禁止，一年之內，即當失却六十萬丁。〔註 104〕若以經濟利益而言，國家售賣度牒，雖可得錢，但人民得一度牒，即可免丁錢，庇家產，國家實暗虧丁田之賦，何利之有。若以佛教立場而言，在鬻牒之前，一些無知的僧官允許逃避賦稅的豪門刁滑之輩，納入寺中，導致寺院腐敗，已深為有識者所詬病。今則國家公然大開方便之門，讓一些自私、不道德，逃避國家義務的人進入寺院，他們進入寺內，不會發心向道，精進修持，相反的，還會引誘無智的庸僧隨之墮落。更甚者，由於唐代有規定，死在俗家的僧人，遺產由俗家先占。如果僧尼以歸侍父母的口實，離開寺院，死在自己的俗家，則其財產與十方或僧眾無關，故唐代為了避稅避役而出家僧人的遺產，仍可以回到俗家。可使我們想到富貴之家的子弟，為了利用寺院財產而出家的可能性。〔註 105〕這種現象唐代的當政者相當明白，故有禁止奏設寺院及施捨莊田的詔令，但成效不彰。

　　若從另一角度來看，李德裕為廣籌財源，以濟軍需，所施行的檢括寺產，在經濟意義上，是追回地主豪右的賦役責任，也是將影庇的資產重新分配，既不增加農民的負擔。也不科歛既得利益階段的仕宦之家，其作法顯然較楊炎高明。唯因施行過甚，終至竭澤而漁，使佛教施行社會福利事業的經濟基礎破壞殆盡，自是有欠考慮。

第三節　唐代士大夫的排佛思潮

　　佛教發源於印度，有其殊勝的哲理，幽邃的思維，嚴密的僧伽組織。自傳入中國，與中土國情文化頗多扞格之處，故自東漢以降，造成儒釋道三家思想的訾應，這種訾應，亦可視為本土文化與外來文化的衝突。

　　關於東漢迄於初唐，儒釋道三家思想的訾應，在《弘明集》及《廣弘明集》中載之甚詳，其間所爭論範圍甚廣，歸納言之，有下列各項：

〔註 104〕劉昫，《舊唐書》，卷一七四，〈李德裕傳〉，頁 4514。
〔註 105〕陶希聖，《唐代寺院經濟》（台北，食貨出版社，民國 63 年 1 月），頁 10。

一、倫理問題

沙門出家，拋妻棄子，遠離父母。與儒家孝順父母、蓄養妻子之觀念相背。自東漢以降，國人即以此問題加以責難評擊。佛教爲了因應這種批判，除撰文反駁外，還積極譯出（或造出）許多與孝道有關的經典，如《佛昇忉利天爲母說法經》、《六方禮經》、《佛說父母恩重難報經》、《四十二章經》、《佛說孝子經》、《佛說睒子經》等，〔註106〕以說明出家是基於報恩，爲大孝行爲。

二、君臣問題

儒者以「溥天之下莫非王土，率土之濱莫非王臣」的大一統思想，認爲僧侶雖係方外，然君臣名份，無所逃於天地之間，必須禮拜君王。佛教戒律則以拜俗爲戒，二者思想截然不同。東晉成帝時，庾冰輔政，下令僧尼禮拜君王，六十年後，桓玄執政，又重彈沙門禮拜君王的論調，導致熱烈的爭論。佛教的答辯以慧遠「沙門不敬王者論」爲代表，主張在家居士應禮拜君王，出家僧侶則不必拘泥世間禮法。謂：

> ……凡在出家，皆遯世以求其志，變俗以達其道。變俗則服章不得
> 與世典同禮，遯世則宜高尚其迹。〔註107〕

此脫俗清逸，不畏權勢的話，成爲日後「沙門不敬王者」的理論基礎。唐高祖時，因傅奕上奏廢佛僧，及高宗制敕僧尼禮拜君王，再度引發儒佛二者熱烈的爭論，迄龍朔二年（西元 662 年）高宗斟酌群情，體念不拜傳統，遂下詔僧侶可以不拜帝王，但須禮拜父母。〔註108〕關於禮拜君王議論遂止。

三、華夷之辨

佛教係外來宗教，傳入之前，中土華夷觀念已相當強烈，孔子「內諸夏而外夷狄」、「用夏變夷」的思想一直是士人所稱道者。佛教傳入後，士人即以地域、文化、風俗、種族殊異爲題，暢論中外之優劣，作爲排佛的理論基礎。在此爭論中，道士也附和儒生，其中較著名的有劉宋道士顧歡的〈夷夏論〉、齊梁間道士張融的〈三破論〉，直到初唐，相傳出身道士的太史令傅奕

〔註106〕楊惠南，〈一葦渡江，白蓮東來─佛教的輸入與本土化〉，收入《中國文化新論宗教禮俗篇》，敬天與親人，（台北，聯經出版社，民國 71 年 11 月），頁 28。

〔註107〕釋僧佑，《弘明集》，卷五，《大正藏》第五十二卷，（台北，新文豐出版公司，民國 68 年 9 月），頁 30。

〔註108〕釋道宣，《廣弘明集》，卷二九，頁

亦以夷夏之辨爲排佛論證。〔註 109〕

四、財經、治亂問題

以財經與治亂問題作爲排佛理由，最能打動統治者的心弦，因僧侶出家修行，不事生產、規免租稅，於政治關係有實際上的利害衝突，歷史上著名的「三武一宗法難」是國家經濟萎縮，君主假手儒生道士毀法廢佛，以坐收漁利的行爲。

從東漢到初唐，排佛者均爲儒生和道士，其氣燄極盛，唯自則天後，排佛者以士人爲主，道士反居不重要地位，這與科舉取士，士人熟讀儒家經典，導致本土文化意識的興起有關。唯唐代士大夫的排佛思想，并無推陳出新的論點，且大都是針對某單一因素而發，故其對後代的影響，除韓愈外，並不顯著。

茲將唐代士大夫排佛論點歸納於左，以便說明：

表一：唐代士大夫排佛論分析表

姓　名	排佛時間	出　身	排佛論點					資料來源
			倫理	君臣	華夷	財經	治亂	
傅　奕	高祖、太宗	道士	√	√	√	√	√	《舊唐書》79／2715～2716
狄仁傑	武則天	明經	√			√	√	《舊唐書》89／2893～2894
李　嶠	武則天	進士				√		《舊唐書》94／2995～2996
張廷珪	武則天	制舉				√		《舊唐書》101／3150～3152
蘇　瓌	武則天	進士				√		《新唐書》125／4398
韋嗣立	中宗	進士				√		《舊唐書》86／2870～2871
桓彥範	中宗	門廕		√				《新唐書》120／4311
呂元泰	中宗					√		《新唐書》118／4277
辛替否	中宗、睿宗			√		√	√	《舊唐書》101／3156～3161
宋務光	中宗	進士				√		《全唐文》268／18
裴　漼	肅宗	制舉				√		《舊唐書》100／3129

〔註 109〕關於傅奕的出身，兩唐書不載。《廣弘明集》，卷七，謂：「隋開皇十三年，與中山李播請爲道士。」（頁 1347）自來學者疑其僞。

姓名	朝代	科舉						出處
姚　崇	中宗－玄宗	制舉				√	√	《舊唐書》96／3023、2027～3029
張　鎬	肅宗						√	《舊唐書》111／3327
高　郢	代宗	進士					√	《全唐文》449／15～19
李叔明	代宗	明經					√	《新唐書》147／4758
彭　偃	德宗						√	《舊唐書》127／3580～3581
裴　垍	德宗	進士				√		《新唐書》147／4758
李　巖	德宗					√		《舊唐書》150／4044
舒元褒	憲宗						√	《文苑英華》490／1142
韓　愈	憲宗	進士	√	√	√	√	√	《舊唐書》160／4199～4200
崔　蠡	文宗	進士		√				《舊唐書》117／3403
蕭　倣	懿宗	進士		√	√			《舊唐書》172／4481
李　蔚	懿宗	進士	√			√		《新唐書》181／5354
孫　樵	宣宗	進士					√	《孫樵集》6／31～33

　　在上表二十四位排佛士大夫中,論點涉及倫理關係者四人,君臣關係者五人,華夷之辨者五人,財經問題者十九人,治亂問題者七人,可見財經問題仍是士大夫所關心者。個中原因,部分係因儒者貧困,寺院經濟勢力龐大,佛教流行,而儒學機關每下愈況,故部分儒者因羞妒而有排斥之舉。〔註110〕另部分原因則與部分帝王若武則天、中宗等人過份綴飾與窮奢極壯有關,如上表中狄仁傑、李嶠、張廷珪、蘇瓌四人,均因見則天於白司馬坡建大像而提出諫言。此外,由於中唐以後國家經濟迅速萎縮,相對的寺院經濟因為逃稅避役特權份子的操縱而膨脹,亦給排佛士大夫有力的口實。代宗時劍南東川觀察使李叔明即以此為藉口,上疏請求澄汰僧道,彭偃附會其議,德宗(以太子居攝)頗善其言,唯大臣以二教行之已久,列聖奉之,不宜頓擾,宜去其太甚,其議遂不行。〔註111〕但此後當政者重彈此調仍不乏其人,比較彭偃等人議論和武宗拆寺制,我們可以發現其心態與論調的一脈相承。

　　儒家思想,首重綱常倫理,君臣之義及父子之親的正名,為儒者視為天

〔註110〕參見費海璣,〈大唐『洛陽伽藍記』〉,收入《費海璣近作選集》(台北,作者自印,民國51年7月),頁135。

〔註111〕劉昫,《舊唐書》,卷一二七,〈彭偃傳〉,頁3579～2581。

經地義之事。佛教流傳中國，雖有其深邃的思想，然因中印國情不同，解脫涅槃之道無法取代固有的倫理思想，故排佛士大夫以此爲口實。如傅奕認爲僧侶「削髮而揖君親」，「佛踰城出家，逃背其父，以匹夫而抗天子，以繼體而悖所親。」〔註112〕韓愈亦認爲「佛本夷狄之人，與中國言語不通，衣服殊製。口不道先王之法言，身不服先王之法服，不知君臣之義，父子之情。」〔註113〕其說法頗爲動聽，成爲日後排佛思想的有力辯證之一。

安史亂後，夷狄交侵，社稷板蕩，唐室忧於禍害，夷夏之防，也因而轉嚴。韓愈的闢佛，可代表當時士大夫，受科舉制度薰習培養，所激發出民族本位文化的立場，對於外來文化發動猛烈攻擊的第一人。其理論純以儒家思想爲依據，於佛學並無深刻的認識，所言甚爲浮淺，在當時並未發生多大影響，但其在舉世滔滔之際，言人之所不敢言，與其民族思想的濃烈，對中國傳統文心態度的忠實，實爲有唐以來第一人。〔註114〕此後的儒者，也都採用本土文化立場來排斥佛教，雖然他們的思想與佛學有很密切的關係，但仍堅不承認受到佛教的影響。

治亂問題與國祚長短是人主最關心的問題之一，排佛者遂以此爲口實，抨擊佛教。在太宗與蕭瑀的手詔中，已露出對梁武、簡文二帝銳意法門，結果子孫覆亡、社稷化墟有輕視之意，狄仁傑亦重申其事。傅奕、韓愈、姚崇、辛替否等人亦言三代之時未有佛法而國祚長，六朝之際，君主普遍信佛，國祚反短，信佛無以救亡。此外魏晉以降，部分劣僧曾藉宗教之名謀亂，遂與排佛者有力口實，如傅奕謂：

> 寺饒僧眾，妖孽必作。如後趙沙門張光，後燕沙門法長，南涼道密，魏孝文帝法秀，太和時惠仰等，並皆反亂者。……況今大唐僧尼二十萬眾，共結胡法，足得人心，寧可不預備之哉。〔註115〕

事實上，歷代謀亂犯上者，僧侶所佔的數量較之俗人，百不及一，若以昔有叛僧而責今之法眾，實有構陷他人的嫌疑，唯事涉社稷安危，亦足傾動人主之視聽。

唐代士大夫因在政治立場上接近君主，故每當本土文化與外來文化發生

〔註112〕劉昫，《舊唐書》，卷七十九，〈傅奕傳〉，頁 2715～2716。

〔註113〕劉昫，《舊唐書》，卷一六○，〈韓愈傳〉，頁 4200。

〔註114〕傅樂成，〈論漢唐人物〉，收入《時代的追憶論文集》（台北，時報出版社，民國 73 年 3 月），頁 49。

〔註115〕釋法琳，〈對傅奕廢佛僧事并啓引〉，收入《廣弘明集》，卷一一，頁 161。

扞格衝突時，君主的政策絕大多數支持士大夫，而替君主執行崇道抑佛政策者亦是士大夫，佛教在此交相利的聯手打擊之下，能夠苟延殘喘已屬不易，更遑論與之抗衡。

第三章 會昌法難始末

　　魏晉以降，服食之風盛行。迨迄有唐，上自帝王，下至公卿，服食之風未衰。武宗以前，已有太宗、憲宗、穆宗、敬宗四君爲丹藥所誤。大臣則有杜伏威、李道古、李抱眞、李千、李虛中、李遜、李建、盧坦等人，因服藥致死。〔註1〕在這種風氣籠罩之下，武宗亦步上後塵，從喜好道術修攝之數，到聽信道士讒言，下詔全面廢佛，終於以服食丹藥暴崩，其間雖僅數年，然對佛教的傷害已是巨大且難以彌補。

第一節　武宗即位與崇道黜佛

　　開成五年（西元 840 年）正月四日，文宗崩於太和殿。十四日穎王李瀍以皇太弟即位，是爲武宗。武宗在藩時，頗好道術修攝之事，即位後，更積

〔註1〕李抱眞以上諸人參見趙翼，《廿二史箚記》，卷十九，〈唐諸帝多餌丹藥〉條，（台北，華世出版社，民國 69 年 9 月），頁 397～299。唯《箚記》敘事與史實稍有出入。如（一）《箚記》謂：「穆宗即位，泌大通付京兆府，決杖處死。是固明知金石之不可服矣。乃未幾聽僧惟賢，道士趙歸眞之説，亦餌金石。……尋而上崩。」按《舊唐書・穆宗本紀》謂：「上餌金石之藥。」未言及聽信何人之談。（二）《箚記》謂：「敬宗即位，詔惟賢歸眞，流嶺南，是更明知金石之不可服矣。」按《舊唐書・武宗本紀》會昌五年（西元 845 年）李德裕言：「臣不敢言前代得失，只緣歸眞於敬宗朝出入宮掖，以此人情不願陛下復親近之。」另〈文宗本紀〉謂寶曆二年（西元 826 年）十二月甲辰，「僧惟貞、齊賢、正簡，道士趙歸眞，並流配嶺南。」則趙歸眞在敬宗時見用，文宗即位之初流配嶺南明矣。
其餘諸人參見韓愈，〈故太常博士李君墓誌銘〉，《韓昌黎全集》，卷三十四，（台北，新興書局，民國 59 年 6 月），頁 14～16。

極從事。《舊唐書・武宗本紀》謂：

> 帝在藩時，頗好道術修攝之事。是秋，召道士趙歸眞等八十一人入
> 禁中，於三殿修金籙道場，帝幸三殿，於九天壇親受法籙，右拾遺
> 王哲上疏，言王業之初，不宜崇信過當，疏奏不省。〔註2〕

趙歸眞曾在敬宗時，以神仙之道干求祿位，出入禁中，文宗即位被流配嶺南。此事距武宗即位僅十四年，則武宗醉心道術之亟，不受前代帝王服毒致死影響，最後竟以身殉，死而無悔，後世謂其「徒見蕭衍、姚興之謬學，不悟秦王、漢武之非求。」〔註3〕當非厚誣。

武宗即位之初，不便公然禁止佛教活動，以招民怨，同時爲廣徠民衆，爲道教在民間發展起見，於會昌元年（西元 841 年）下敕恢復停止多年的俗講。此外，更積極的提升道講，希望由道講提高道教在人民心目中的地位。〔註4〕這個措施，到了會昌三年（西元 843 年），因道教聲勢已壓倒佛教，遂將俗講取消。

自高祖、太宗以降，每當君主誕日，即下詔令佛教大德、大臣、道士赴宮議論三教高下，謂之「三教講論」，講論時三教講主各鼓舌簧，互揭瘡疤，並爲排班次序問題，爭議不休。這種作法，本是出自君主私心，視僧道人士爲優倡，不惜破壞宗教功能，以求一粲的行爲，也是君主爲抑制教權結合，所採取各個擊破的辦法。

會昌元年（西元 841 年）的三教講論，武宗賜道士紫衣，藉以壯大道教的聲勢，並令釋門大德不得穿著，〔註5〕終武宗之世，此政策仍持續著。在世俗的恩寵裡，紫衣，爵位、謚號均被視爲無上的光榮；但若以出世的眼光視之，這些世俗恩寵無非鏡花水月的假相，於修持精進無益，若連名利都勘不破，如何追求永恒的涅槃之道呢？東晉沙門慧遠高唱沙門不拜王者，以維護教權運作的自由。惜自中唐以降，頑俗劣僧自甘下賤，見王者禮拜稱臣，以能膺封賜爲榮寵，開啓佛教世俗化與僧伽精神墮落之端。所謂物必自腐而蟲生，武宗採取這種「趙孟貴之，趙孟賤之」的手段排除異己，頑愚僧侶視世俗恩寵爲榮耀實不能辭其咎。

〔註2〕劉昫，《舊唐書》，卷十八上，〈武宗本紀〉，頁 585～586。
〔註3〕劉昫，《舊唐書》，卷十八上，〈武宗本紀〉，頁 661。
〔註4〕釋圓仁，《入唐求法巡禮行記》，卷三，頁 86。
〔註5〕釋圓仁，《入唐求法巡禮行記》，卷三，頁 86。

大致言之，武宗在會昌元年（西元 841 年）雖藉各種管道，讓臣庶明白上之所好外，仍然允許佛教在民間活動。是年三月起，大莊嚴寺、薦福寺、興福寺、崇聖寺等先後開佛牙供養大會，一時頗爲熱鬧。又令章敬寺鏡霜法師於諸寺傳阿彌陀淨土念佛法門。〔註6〕與佛教在民間相對的，是武宗對道士的崇敬，《舊唐書・武宗本紀》謂是年六月：

> 以衡山道士劉玄靖爲銀青光祿大夫，充崇玄館學士，賜號廣成先生，令與趙歸眞於禁中修法錄。左補闕劉彥謨上疏切諫，貶彥謨爲河南府戶曹。〔註7〕

佛道二教的消長，於會昌元年（西元 841 年）時已見端倪。二年（西元 842 年）因宰相李德裕的啓奏，下敕發遣保外無名僧，禁止置童子沙彌，並停止內供奉兩街大德共二十員。十月，因僧眩玄的妄語，謂能自作劍輪，自領兵打迴鶻國，結果試作劍輪不成。宰相李紳上疏，引發武宗條疏僧尼的舉動，被敕令還俗的僧尼包括解燒術、咒術、禁氣、背軍身上杖痕烏文、雜工巧、曾犯淫、養妻、不修戒行、愛惜錢財不願收納入官者。還俗僧尼計左街一千二百三十二人，右街二千二百五十九人。〔註8〕

武宗對佛教的政策若僅止於此，無論對國家，對佛教均有利益，因被條疏者，均係僧伽制度中的附骨之疽，破壞僧伽清淨與令譽，同時也是逃避國家賦役責任的莠民，其來源大都是安史之亂後販賣度牒所形成的獅子蟲。武宗此舉，頗能矯正流弊，惜武宗却以此行動爲全面廢佛的試金石。

會昌三年（西元 843 年）武宗對佛教政策日趨緊收，二月一日，功德使牒云：「僧尼已還俗者，輒不得入寺。又發遣保外僧尼，不許住京入鎮內。」〔註9〕二十五日，太原軍大破迴鶻，迎回太和公主，遂下敕抽檢摩尼寺莊宅、錢物等，摩尼寺僧委中書門下條疏。〔註10〕四月中命殺天下摩尼師，剃髮令著袈裟作沙門形而殺之，〔註11〕京城女摩尼七十二人死，及在中國迴紇諸摩尼等，流配諸道，死者大半。〔註12〕這次對摩尼教的迫害，主因是迴鶻國勢

〔註 6〕　釋圓仁，《入唐求法巡禮行記》，卷三，頁 84〜85。
〔註 7〕　劉昫，《舊唐書》，卷十八上，〈武宗本紀〉，頁 587。
〔註 8〕　釋圓仁，《入唐求法巡禮行記》，卷三，頁 90〜91。
〔註 9〕　釋圓仁，《入唐求法巡禮行記》，卷三，頁 91。
〔註10〕　劉昫，《舊唐書》，卷十八上，〈武宗本紀〉，頁 594。
〔註11〕　釋圓仁，《入唐求法巡禮行記》，卷三，頁 91。
〔註12〕　贊寧，《大宗僧史略》，卷下，頁 251。

衰落，無法威脅中國，故武宗迫不及待的條疏摩尼師，以洩安史以來迴鶻驕縱，欺陵中國之怨氣。又從摩尼師被殺前須剃髮著袈裟作沙門狀，可知武宗對沙門憎恨之意，已有欲殺之而後快的心態。

繼條疏摩尼師後，五月二十五日勘問外國僧來由，到城兼住寺年月、年齡、解何藝業等。六月十一日武宗誕日，內裏設齋，僧道入內議論，道士二人敕賜紫衣，而僧則否。又此前十五日，內宮內諸司各赴諸寺，設齋獻壽。與此一行徑相對的是武宗敕焚燒內裏佛經，又埋佛菩薩天王像等。〔註13〕

是時太子詹事韋宗卿進《涅槃經疏》，《奉敕大圓伊字鏡略》各二十卷，武宗下敕焚之，毀其稿，並左遷成都府尹。敕文謂：

> ……韋宗卿參列崇班，合遵儒業，溺於邪說，是扇妖風，既開詃惑之端，全戾典墳之旨，簪纓之內，頹靡何深。況非聖之言，尚宜禁斥，外方教，安可流傳，雖欲包含，恐傷風俗，宜從左官，猶謂寬恩，可任成都府尹。〔註14〕

唐代帝王崇信道教者不乏其人，但未聞因此而焚燒臣下所注佛經疏義，武宗此舉，與貶劉彥謨爲河南府戶曹，同樣是出於不容異己的個性。

九月，澤潞節度使劉稹叛，朝廷派王元逵、何弘敬、李彥佐、石雄等人討伐。〔註15〕並敕下諸州府，抽兵馬都五萬軍攻打潞府，起初兩軍呈膠著狀態，朝廷軍入界不得，仍在界首相守，供軍每日用二十萬貫錢，諸道搬載不及，遂從京城內庫搬糧不絕。〔註16〕龐大的軍需，讓財源日絀的政府頗感爲難，宰相李德裕亦費盡心機的尋找財源，以應付戰爭需要。

是時位於京城左街平康坊的潞府留後院，押衙薑孫在院知本道事，武宗下敕捉其人，走脫不知去處，諸處尋捉不獲，唯捉得妻兒女等，斬殺破家。有人報告，潞府留後押衙薑孫剃頭，今在城僧中隱藏。遂敕令兩街功德使疏理城中等僧，公案無名等盡敕還俗遞歸本貫，諸道州府亦同斯例。近住僧寺，不委來由者盡捉京兆府，投新裏頭僧於府中，打殺三百餘人，其走藏者，不敢街裏行走。〔註17〕

這次潞府押衙事件，引發武宗全面毀法的決心，但武宗的舉動，實有借題

〔註13〕以上均見釋圓仁，《入唐求法巡禮行記》，卷三─四，頁91～93。

〔註14〕釋圓仁，《入唐求法巡禮行記》，卷四，頁92～93。

〔註15〕劉昫，《舊唐書》，卷十八上，〈武宗本紀〉，頁597～598。

〔註16〕釋圓仁，《入唐求法巡禮行記》，卷四，頁94。

〔註17〕釋圓仁，《入唐求法巡禮行記》，卷四，頁94。按：潞府，原文作路府。

發揮嫌疑。有論者嘗謂這是武宗深恐澤潞叛將，與僧人相潛結以作亂之故，〔註18〕此乃厚誣之辭。因唐代對僧侶行動的控制，可謂相當的嚴密，尤其是在玄宗時確立「以官轄寺，以寺轄僧」政策以後，僧人一舉一動均要向住持和尚報告，然後住持和尚向僧官報告，僧人不得越級報告，否則處罰。又唐代僧侶未經許可，不得遊方腳，唐律謂：「諸私度關者，徒一年，越度者，加一等。不由門為越。」「已至越所而未度者，減五等。謂已到官府應禁約之處，條餘未度準此。」〔註19〕行人欲過關須檢驗通行證（過所），否則不准通過，《舊唐書‧職官志》云：「關令掌禁末遊，伺姦慝。凡行人車馬出入往來，必據過所以勘之。」〔註20〕唐代對於關禁的實施，直到晚唐宣宗時仍未鬆弛。日本留學僧圓珍於大中七年（西元 853 年）來華，其所持之通行證（過所）二紙，至今仍保存日本，其中一紙係圓珍自越州往長安之際，越州都督府所給過所，首載人數、年齡，并驢及隨身物品。次就越州至上都途中所在州縣鎮舖關津應檢驗之物品，再次交待從日本到中國行踪及目的地，並註明府方勘驗開元寺三綱僧長等所出狀與此相同，故給此過所，以備勘驗。〔註21〕圓珍持此官府通行證，似乎仍受滯留日數的限制，大中九年（西元 855 年）六月七日，長安春明門外街家盤問圓珍：「和上何久住店中，不入城耶？」圓珍答以同伴落後，相待彼人共同入城，街家警告謂：「和上明日入城去好，若過明日，將報官去。」〔註22〕據此，僧人與澤潞一起叛變的可能性甚小。

以佛教的立場而言，作姦犯科者剃髮為僧，並不表示佛門廣大。因佛教教義，並不允許他們出家，若私度為僧，佛教本身也是受害者，此種人一多，僧伽將不免被譏為藏污納垢之所，給與排佛者有力口實。潞府押衙潛匿寺中，本身未具僧侶身份，政府只要透過僧官和寺中三綱執事，將可很快的查明是否屬實，武宗捨此途徑，其項莊比劍的企圖，實是相當明顯。

潞府押衙事件後，佛教各項活動陸續被禁止。會昌四年（西元 844 年）正月，中書奏定斷屠日，遂下敕謂：

〔註18〕湯承業，《李德裕研究》（台北，學生書局，民國 63 年 8 月），頁 542。
〔註19〕長孫無忌，《唐律疏義》，卷八，〈衛禁律〉，頁 66～67。
〔註20〕劉昫，《舊唐書》，卷四十四，〈職官志三〉，頁 1924。
〔註21〕內藤虎次郎著，萬斯年譯，〈三井寺藏唐過所考〉，國立北平《圖書館館刊》第五卷 4 期，民國 20 年 7 月。
〔註22〕釋圓珍，《行歷抄》，收入大日本國史料第一編之一，（東京，東京大學史料編纂所，昭和四十三年四月覆刻），頁 632。

齋月斷屠，出於釋氏，國家創業，猶近梁、隋，卿相大臣，或沿茲弊，鼓刀者既獲厚利，糾察者潛受請求。正月以萬物生植之初，宜斷三日，列聖忌斷一日。仍准開元十二年敕，三元日各斷三日，餘月不禁。〔註23〕

唐初曾於武德二年（西元 619 年）下詔，每年正月、五月、九月禁止屠宰殺戮、網捕掠獵，〔註24〕是爲三長月。武宗於是年改三長月爲三元日（正月、六月、十月十五日）斷屠三天。

三月敕不許供養佛牙。又敕代州五台山、泗州普光王寺、終南山五台、鳳翔法門寺，寺中有佛指節者，不許置供及巡禮，如有人送一錢、僧尼在前件處受一錢，諸道州縣送供養者，如被捉獲，均脊杖二十。因此四處靈境，絕人往來，無人送供。准敕勘責彼處僧人無公驗者，並當處打殺，具姓名聞奏，恐潞府留後押衙作僧潛在彼處也。〔註25〕禁供佛牙，主要在隔絕佛教與社會上的關係，打殺無公驗僧侶，亦顯示出趁機消滅佛教的意圖，按唐制，凡決死者，皆於中書門下詳覆，並有十惡、八議、五聽、六贓之典。〔註26〕對於人權的考慮不可謂不周，武宗此舉，顯係輕率與不恤民情。

此後武宗令焚燒長生殿內道場經教，毀拆佛像，並令僧眾各歸本寺，在道場內安置天尊老君之像。是年武宗降誕日一反常態的只請道士，不請僧侶入內議論，故道士乘機進言，謂：「孔子說云，李氏十八子，昌運方盡，便有黑衣天子理國。臣等竊惟，黑衣者，是僧人也。」武宗信其詆惑，因此憎嫌僧尼，遂敕僧尼不許街裏行、犯鐘聲，若有出者，須於諸寺鐘聲未動前歸，又不許別寺宿，違者罪之。

這年七月，因征討潞府兵眾，每日用二十萬貫錢，諸州搬載不及，又京城官庫物欲盡，遂敕分欠百司判錢，依官階尊卑，納錢多少，用充攻圍潞府兵糧，在外諸州道府官，亦遵此例。由於既得利益的仕宦之家，寧願以鉅額經費營名園，而不願略盡棉薄之力以助軍費，故武宗遂下敕毀拆天下山房蘭若、普通佛堂、義井、村邑齋堂等未滿二百間，不入額者，其僧尼等盡敕還俗，充入邑役，具分分拆聞奏。是時京師長安城內，坊內佛堂三百餘所被毀，其內佛像經幢，

〔註23〕劉昫，《舊唐書》，卷十八上，〈武宗本紀〉，頁599。
〔註24〕宋敏求，《唐大詔令集》，卷一一三，〈禁正月五月九月屠宰詔〉，頁2。
〔註25〕釋圓仁，《入唐求法巡禮行記》，卷四，頁95。
〔註26〕劉昫，《舊唐書》，卷四十三，〈職官志二〉，頁1838。

莊嚴如法，盡是名工所作，一個佛堂院，敵外州一大寺，遵敕併除。罄盡諸道天下佛堂院等，不知其數，又敕毀天下尊勝石幢、僧墓塔等。〔註27〕

　　當武宗正積極毀法之際，長安城內流言四起。日僧圓仁在《入唐求法巡禮行記》一書中記載甚詳，如是年二月，武宗駕幸金仙觀，觀中有女道士甚有容，天子召見如意，敕賜絹一千疋，遂宣中官修造觀，特造金仙樓。其觀本來破落，後因修造華麗，天子數駕幸。八月中，太和皇后郭氏薨，緣太后有道心，信佛法，每條疏僧尼時，皆有諫詞，皇帝令進藥酒而殺之。又義陽殿皇后蕭氏，是武宗阿孃，甚有容顏，武宗召納爲妃，而太后不肯同意，天子索弓射殺，箭透入胸中而薨。〔註28〕

　　近代以來，學者均謂郭后當即憲宗懿安皇后，係死於大中二年（西元848年），蕭后當指穆宗貞獻皇后，死於大中元年（西元847年），且《新唐書》載武宗對郭、蕭二太后均甚敬重，圓仁所記，爲僧人有計劃之造謠，以洩心中積怨。〔註29〕獨陳寅恪懷疑義陽，係義安之譌，蓋因穆宗恭僖皇后王氏崩於會昌五年（西元845年）正月庚申，王太后於大和中居義安殿，是爲義安太后，圓仁所記，適當會昌時，斷無預書之理。〔註30〕故義安一訛爲義陽，再訛爲懿安，圓仁所記，當非全係空穴來風。在專制時代，天子所居，號爲禁中，皇帝之生活如何，人民莫能知道，然巷議街言亦足以誣衊天子的神聖。人類最愛談又最愛聽者，乃是性生活的行爲，所以要破壞皇室的尊嚴，莫若宣傳宮廷內性生活之骯髒。〔註31〕由於廢佛牽涉廣大，事關民眾信仰，其無法服眾是必然的現象。又如《太平廣記》謂：

　　　長安城北有古塚，高十數丈，傳云周穆王陵也。唐會昌六年（西元
　　　846年），正月十五日，有人夜行至陵下，聞人語於林間，意其盜也，
　　　因匿於草莽中伺焉。俄有人自空而來，朱衣執版。宣曰：「塚尉何在？」
　　　二吏出曰：「在位。」因曰：「錄西海君使者，何時當至？」吏曰：「計

〔註27〕釋圓仁，《入唐求法巡禮行記》，卷四，頁96～97。
〔註28〕釋圓仁，《入唐求法巡禮行記》，卷四，頁96～97。
〔註29〕參見湯用彤，《隋唐佛教史稿》，頁53。梁容若，〈圓仁與其入唐求法巡禮記〉，
　　　　《大陸雜誌》第六卷6期，民國42年6月，頁177。湯承業，《李德裕研究》，
　　　　頁546。
〔註30〕蔣天樞，《陳寅恪先生編年事輯》（台北，弘文館出版社，民國74年10月），
　　　　頁94。按憲宗懿安皇后郭氏薨於大中二年，本文誤作大中元年。穆宗貞獻皇
　　　　后蕭氏薨於大中元年，本文誤作會昌中，不知何故。
〔註31〕薩孟武，《社會科學概論》（台北，三民書局，民國64年元月），頁166。

程十八日方來。」朱衣曰：「何稽？」對曰：「李某（武宗名）坐毀聖教，滅一計算，當與西海君同日錄其魂。」忽有賈客鈴聲自東來，朱衣與二吏俱不復見。後數月，帝果宴駕。帝英毅有斷，勤於庶政。至如迎貴主以破羌族，復內地而殲狡穴，武功震耀，肅憲之次也。然金人之教，不可厚誣，則秦時焚書坑儒，後華山中有告祖龍之死者，事不謬矣。〔註32〕

此雖齊東野語，却反映出民眾雖讚賞武宗的安內攘外，但不苟同其廢佛毀法。流言四起，不必盡歸咎僧人誹謗造謠。

會昌四年（西元844年）七月，澤潞平定，劉稹被殺。九月，傳首京師。武宗坐銀臺門樓上，看大笑曰：「昭儀已破，今未除者，准是天下寺舍，兼條疏僧尼都未了，卿等知否？」遂敕令毀拆天下小寺，佛經搬入大寺，鐘送道觀。其被拆寺僧尼，粗行不依戒行者，不論老少，盡勅還俗，遞歸本貫，充入邑役。年老身有戒行者配大寺，雖有戒行，若是年少者，盡勅還俗。城中毀拆三十三處小寺。〔註33〕

是年三月，武宗志學神仙，以趙歸真為左右街道門教授先生。歸真乘寵，每對武宗言，輒排毀釋氏，言非中國之教，蠹耗生靈，盡宜除去。〔註34〕九月，趙歸真又謂武宗曰：「佛生西戎，教說不生。夫不生者，只是死也，化人令歸涅槃，涅槃者死也。盛談無常苦空，殊是妖怪。」並於內禁築起仙臺。〔註35〕至會昌五年（西元845年）正月又敕造望仙臺於南郊壇。

時趙歸真特承恩禮，諫官上疏，論之延英。武宗謂宰臣曰：「諫官論趙歸真，此意要卿等知。朕宮中無事，屏去聲技，但要此人道話耳。」李德裕對曰：「臣不敢言前代得失，只緣歸真於敬宗朝出入宮掖，以此人情不願陛下復親近之。」武宗曰：「我爾時已識此道人，不知名歸真，只呼趙鍊師。在敬宗時亦無甚過。我與之言，滌煩爾。至於軍國政事，唯卿等與次對官論，何須問道士。非直一歸真，百歸真亦不能相惑。」歸真自以遭受非議，遂舉羅浮道士鄧元起有長年之術，帝遣中使迎之。〔註36〕武宗所言，似乎對於政治與信仰能劃分清楚，不

〔註32〕李昉，《太平廣記》，卷一一六，〈報應十五〉，（台北，古新書局，民國69年元月），頁235。

〔註33〕釋圓仁，《入唐求法巡禮行記》，卷四，頁98。

〔註34〕劉昫，《舊唐書》，卷十八上，〈武宗本紀〉，頁600。

〔註35〕釋圓仁，《入唐求法巡禮行記》，卷四，頁98。

〔註36〕劉昫，《舊唐書》，卷十八上，〈武宗本紀〉，頁603。

因信仰而害軍國大政，實際上，此乃文過飾非之語。趙歸眞於敬宗時出入禁中，敬宗服金丹暴崩後被流放至嶺南，這在當時是一件大事，武宗不可能不知道。若說武宗此時已識此道人，不知名歸眞，只呼趙鍊師。但可以在即位之初，即召趙歸眞等八十一人入禁中。如武宗對趙歸眞的寵信僅止於道話滌煩，諫官當不至逆麟進諫，重蹈劉彥謨之覆轍。從李德裕的話中也可看出其對武宗的不滿，只不過爲保持祿位不便明說而已。再者，趙歸眞本人對老子無爲之理並未研究，既知遭受非議，自當急流勇退，明哲保身，何況更引進鄧元起、劉玄靖等人，自結黨羽，排毀釋氏，終至身首異處，貽笑後代。

會昌五年（西元 845 年）正月三日，拜南郊，不准僧人觀看，發表南郊赦文，內中提及對佛教的政策。三月，敕天下寺舍不許置莊園，又令勘檢天下寺舍奴婢多少，并及財物。〔註37〕四月祠部檢括天下寺及僧尼人數，凡寺四千六百，蘭若四萬，僧尼二十六萬五百人。〔註38〕自四月一日起，年四十以下僧尼盡勅還俗，遞歸本貫。每日三百人還俗，十五日方訖。十六日起令僧尼五十以下還俗，至五月十日方盡。十一日起無牒者還俗，最後有牒者亦須還俗，五月終，長安僧尼盡。寺惟留三綱，檢財物訖再還俗，時外國沙門無祠部牒者亦須還俗，天竺沙門難陀、寶月、日僧圓仁等均依令還俗。〔註39〕

七月敕併省天下佛寺，中書門下條疏聞奏：

> 據令式，諸上州國忌日，官吏行香於寺，其上州望留寺一所，有列聖尊容，便令移於寺內；其下州並廢。其上都、東都兩街請留十寺，寺僧十人。

武宗下敕曰：

> 上州合留寺，工作精妙者留之；如破落，亦宜廢毀。其合行香日，官吏宜於道觀。其上都、下都每街留寺兩所，寺留僧三十人。上都左街留慈恩、薦福、右街留西明、莊嚴。

中書又奏：

> 天下廢寺，銅像、鐘磬委鹽鐵使鑄錢，其鐵像委本州鑄爲農器，金、銀、鍮石等像銷付度支。衣冠士庶之家，所有金、銀、銅鐵之像，敕出後限一月納官，如違，委鹽鐵使依禁銅法處分。其土木、石像

〔註37〕釋圓仁，《入唐求法巡禮行記》，卷四，頁 99。

〔註38〕王溥，《唐會要》，卷四九，頁 864。

〔註39〕釋圓仁，《入唐求法巡禮行記》，卷四，頁 99～101。

合留寺內依舊。

又奏：

> 僧尼不合隸祠部，請隸鴻臚寺。其大秦穆護等祠，釋教既以釐革，
> 邪法不可獨存。其人並敕還俗，遞歸本貫充稅戶。如外國人，送還
> 本處收管。〔註40〕

全面廢佛的原則，至此已決定。八月時武宗頒〈拆寺制〉，一場前所未有的法
難遂正式展開。

第二節　從〈拆寺制〉看武宗廢佛動機

會昌五年（西元 845 年）正旦，宰臣李德裕、杜悰等率文武百僚上武宗
「仁聖文武章天成功神德明道皇帝」尊號，三日，拜南郊，〔註41〕其儀仗威
儀，一似元年，不准僧尼參與。〔註42〕禮畢，御承天門，大赦天下，發表南
郊赦文。在此赦文中，武宗指示了對佛教的政策，其文如下：

> 京師佛剎相望，其數已多，既臨康莊，足壯都邑，近緣疏理僧尼，
> 訪問大寺，房院半已空閑，其坊內小寺或產業素貧，或殿宇摧毀，
> 僧數既少，不足住持，併同合居，事從簡當。委功德使條疏，各具
> 去者名額，奉聞其所拆寺僧尼如何行迹，非違不守佛禁戒者，亦宜
> 揀選勅令還俗，仍依前勑處分兼具。數聞奏其餘僧尼，即令移入側
> 近大寺，有房院居住。又京城諸市亦不盡有產業，就中即有富寺，
> 今既疏理僧尼，兼停修造，所入厚利，恐皆枉破，委功德使檢責富
> 寺邸店多處，除計料供常住外，賸者便勅貨賣，不得廣佔求利，侵
> 奪疲人，所去不均之患，冀合衰多之義。
>
> 又諸州府所申還俗僧尼已有定額，若無私度，日當減耗，諸道每至
> 年終，各具見在僧尼數申省，續有死亡及犯事還俗，並分析申報本
> 司磨勘奏聞。如聞兩浙宣鄂潭洪福三川等道，緣地稍僻，姑務寬容，
> 僧尼之中尚多踰濫，委長吏更加揀其有年少無戒行者，雖先在保內，
> 亦須沙汰。〔註43〕

〔註40〕劉昫，《舊唐書》，卷十八上，〈武宗本紀〉，頁 604～605。

〔註41〕劉昫，《舊唐書》，卷十八上，〈武宗本紀〉，頁 603。

〔註42〕釋圓仁，《入唐求法巡禮行記》，卷四，頁 99。

〔註43〕唐武宗，〈加尊號後郊天赦文〉，收入《全唐文》，卷七八，頁 16。

或許是因赦文性質關係，武宗在此文中就尚未條疏之僧尼及寺院下達處理原則，而未表示全面廢佛的意願。若以此後行徑相勘，則武宗廢佛之意早已決定，致有三月下敕不許置莊園，檢勘天下寺舍奴婢。四月祠部檢括天下寺及僧尼人數，並依年齡依次勅令僧尼還俗。七月下敕併省天下佛寺等舉動。（見上節）

到了八月，因機緣成熟，遂發表〈拆寺制〉，以說明此次廢佛的理由，其文如下：

> 朕聞三代已前，未嘗言佛。漢魏之後，像教寖興，是逢季時，傳此異俗，因緣染習，蔓衍茲多。以至於耗蠹國風，而漸不覺；以至於誘惑人心，而眾益迷。洎乎九有山原，兩京城闕，僧徒日廣，佛寺日崇，勞人力於土木之功，奪人利為金寶之飾，遺君親於師資之際，違配偶於戒律之間。壞法害人，莫過於此。且一夫不田，有受其餒者；一婦不織，有受其寒者。今天下僧尼，不可勝數，皆待農而食，待蠶而衣。寺宇招提，莫知紀極，皆雲構藻飾，僭擬宮殿。晉宋齊梁，物力凋瘵，風俗澆詐，莫不由是而致也。況高祖太宗，以武定禍亂，以文理華夏，執此兩柄，足以經邦，而豈可以區區西方之教，與我抗衡哉。貞觀開元，亦嘗釐革，剗除不盡，流衍轉滋。朕博覽前言，旁求輿議，弊之可革，斷在不疑。而中外諸臣，叶予至意，條疏至當，宜從所請。誠懲千古之蠹源，成百王之典法，濟物利眾，予不讓焉。其天下所拆寺四千六百餘所，還俗僧尼二十六萬餘人，收充兩稅戶，拆招提蘭若四萬餘所，收膏腴上田數千萬頃，收奴婢為兩稅戶十五萬人。隸僧尼屬主客，顯明外國之教。勒大秦穆護祆三千餘人還俗，不雜中華之風。於戲！前古未行，似將有待，及今盡去，豈謂無時。驅游惰不業之徒，已踰千萬，廢丹艧無用之居，何啻億千。自此清淨訓人，慕無為之理，簡直為政，成一俗之功。將使六合黔黎，同歸皇化。尚以革弊之始，日用不知，下制明廷，宜體予志，宣布中外，咸使知聞。〔註44〕

武宗在此文中所提及廢佛理由，不外乎下列諸項：

〔註44〕王溥，《唐會要》，卷四十七，頁840～841。
　　　　另見劉昫，《舊唐書》，卷十八上，〈武宗本紀〉，頁605～606。宋敏求，《唐大詔令集》，卷一一三，〈拆寺制〉，頁12～13。三者文字稍有出入。

一、華夷之辨

武宗認爲三代以前，未嘗言佛，佛教是外來的宗教，於漢魏之後傳來中國，以至於耗蠹國風。故在拆寺及勅令僧尼還俗之後，隸僧尼屬主客，以顯明爲外國之教，另大秦穆護祆教之屬，同時禁止，以明中外之別、華夷之辨。

二、財經、勞役問題

佛教因僧徒日廣，皆待農而食，待蠶而衣，於國家經濟及稅收多所妨害。佛寺日崇，窮土木之功，且極其金寶之飾，華麗程度且僭擬宮殿。故需勅令僧尼還俗以充兩稅戶，並收寺院田產重新分配，以解決財經難題。

三、倫理、君臣關係

認爲佛教僧尼遺君臣關係於師資之間，有礙君權至上理念；且佛教戒律，不許僧侶蓄養妻子，於人倫有所缺欠。

四、宗教原因

望廢佛之後，政治能臻於清淨訓人，慕老子無爲之理，簡易爲政，以成一俗之功。

五、行祖宗未竟之志

貞觀開元均曾釐革，唯剗除不盡，流衍轉滋。故此次廢佛須「除惡務盡」，以免重蹈覆轍。

關於華夷之辨，財經勞役，倫理君臣關係等問題，從晉代以後，一直都是排佛者所提的問題，武宗於此亦未推陳出新。武宗自謂其「博覽前言，旁求輿議」，但我們不知道休是否曾閱讀韓愈的文章，[註45] 是否直接受其影響。唯自中唐後，儒學復興，韓愈及其門人李翱、孫樵皆以排佛著稱，武宗在此風氣下，提出毀法之詔，雖曾引起「女泣於閨，男號於途，廷臣辯之於朝，褻臣爭之於旁，群疑膠牢，萬口一辭。」[註46] 這種議論紛紛的場面，唯有主客郎中韋博言敕令太暴列，宜近中和，爲宰相李德裕所惡，出爲靈武節度副使。[註47] 其他大臣則不見堅決反對者，排佛理論的暗潮，或係一重要原因。

〔註45〕 Kenneth K.S. Ch'en，*Buddhism in China*，*A Historical Survey*（Princeton ,N.J.：Princeton University Press，1966），P.226。

〔註46〕 孫樵，《孫樵集》，卷二，〈武皇遺劍錄〉，（台北，台灣商務印書館，民國 54 年 8 月），頁 28。

〔註47〕 歐陽修、宋祁，《新唐書》，卷一七七，〈韋博傳〉，頁 5289。

　　高祖、太宗、玄宗、文宗時期，均有發生法難的可能，後因特殊事例而未實施（見第二章第一節）。值得注意的是高祖、玄宗、文宗均於詔令中痛詆佛教對財政、勞役的影響，如佛祖在武德九年（西元626年）沙汰僧尼詔中謂：

> 自覺王遷謝，像法流行，末代陵遲，漸以虧濫。乃有猥賤之侶，規
> 自尊高，浮惰之人，苟避徭役。妄爲剃度，託號出家，嗜慾無厭，
> 營求不息。出入閭里，周旋闤闠，驅策田産，聚積貨物。耕織爲生，
> 估販成業，事同編戶，迹等齊人。〔註48〕

玄宗於「誡勵僧尼敕」謂：

> 朕念彼流俗，深迷至理，盡軀命以求緣，竭資財而作福，……近日
> 僧道此風尤甚，因依謝講，煽惑閭閻，谿壑無厭，惟財是歛。

又於「不許私度僧尼及住蘭若敕」謂：

> 夫釋氏之教，義歸眞寂，爰置僧徒，以奉其法。而趨末忘本，去實
> 據華，假託方便之門，以爲利養之府，徒蠲賦役，積有姦訛。至使
> 浮俗奔馳，左道穿鑿。

文宗於「條流僧尼敕」中亦謂：

> ……黎庶信苦空之說，衣冠敬方便之門，異同之論雖多，俗尚訛未
> 革，遂使風驅成俗，雲構滿途，丁壯苟避於征徭，孤窮實困於誘
> 奪。……夫一夫不耕，人受其飢，一女不織，人受其寒。安有廢中
> 夏之人，習外蕃無生之法。〔註49〕

在唐代無論是富豪仕宦或貧苦無託之人，均喜依附佛門以求逃避賦稅徭役，君主及當政者也相當明白，所以在詔令或奏議中屢次提及，武宗在此制中也特別強調毀法後所收的經濟效益，有論者謂：「會昌滅佛不是突然發生，乃是由歷朝的漸進的限制與禁令，發展爲急進的運動。」〔註50〕這是正確的。在另一角度來看，武宗的毀法，同時也是執行祖宗之法，前代祖宗廢佛未竟之事，至此以機緣成熟而爆發，故武宗特別提出貞觀、開元之事作爲根據。

　　武宗的崇信道教，受道士趙歸眞等人蠱惑，亦是廢佛的主要原因，故其在文末露出「自此清淨訓人，慕無爲之理，簡易爲政，成一俗之功」的期望。此一行徑，歐陽修謂：

〔註48〕劉昫，《舊唐書》，卷一，〈高祖本紀〉，頁16。
〔註49〕三敕均見宋敏求，《唐大詔令集》，卷一一三，頁6～7；頁13。
〔註50〕陶希聖，《唐代寺院經濟》，自序頁14。

> 余修唐本紀，至武宗，以謂奮然除去浮圖銳矣，而躬身受道家之籙，
> 服藥以求長年，以此知其非明智不惑者，特其好惡有所不同爾。及
> 得會昌投龍文，見其自稱承道繼玄昭明三光弟子南嶽炎上眞人，則
> 又益以前言爲不繆矣。蓋其所自稱號者，與夫所得菩薩戒弟子者亦
> 何以異。余曾謂佛言無生，老言不死，二者同出於貪，信矣。會昌
> 之政，臨事明果，有足過人者，至其心有所貪，則其所爲與庸夫何
> 異。〔註51〕

歐陽修對廢佛政策的看法，頗類似於本章第一章所引《太平廣記》之記載，
即對會昌政治，相當的推崇，唯於廢佛向道，不表苟同。

　　從唐代政治發展與武宗即位後行徑，可知會昌法難形成的因素甚爲複
雜，浮在表面上的信仰問題，僅是氷山之一角，由此我們可看到唐代君主信
仰和宗教政策的制定，對佛教地位之不利。中唐後日益困窘的經濟問題，一
直是當政者亟待解決的難題，而佛教則是富豪仕宦逃避賦役之所，當政者也
明白這一問題，由楊炎兩稅法實施後，富豪逃稅依然的經驗。至武宗時，因
澤潞用兵，軍需甚殷，故武宗及李德裕等人以檢括寺產，條疏僧尼爲解決經
濟問題的途徑。經濟原因，可說是沈在海中的廣大氷山，唯有透過深入探討，
纔可以看清。至於從六朝以來的排佛思想，及中唐以後儒學復興，士大夫本
土文化意識的興起，則是構成會昌法難的一股暗潮。關於這三個原因，在武
宗的拆寺制中均可得到明證。

第三節　宣宗即位與法難結束

　　會昌六年（西元846年）三月，武宗服方士金丹，至是藥發，脾氣暴躁，
喜怒無常，疾既篤，旬日不能言，二十三日崩。諸宦官立光王李怡爲帝，是爲
宣宗。宣宗在蕃時，歷大和、會昌朝，愈事韜晦，群居游處，未嘗有言。文宗、
武宗幸十六宅宴集，強誘其言，以爲戲劇，謂之「光叔」。武宗氣豪，尤不爲禮。
〔註52〕宣宗即位後，以白敏中爲相，李德裕被貶，於大中三年（西元849年）

〔註51〕 歐陽修，《集古錄跋尾》，卷九，石刻史料叢書甲編，（台北，藝文印書館），
　　　　 頁9。
〔註52〕 劉昫，《舊唐書》，卷十八，〈武宗本紀〉、〈宣宗本紀〉，頁610、613。

十二月卒於崖州。〔註53〕是時君相務反會昌之政，對於武宗施政多與更改。

自會昌六年五月起，宣宗放寬對佛教寺院的管制，《舊唐書‧宣宗本紀》謂：

> 會昌六年（西元846年）五月，左右街功德使奏：「准今月五日赦書節文，上都兩街舊留四寺外，更添置八所。兩所依舊名興唐寺、保壽寺。六所請改舊名，寶應寺改爲資聖寺，青龍寺改爲護國寺，菩提寺改爲保唐寺，清禪寺改爲安國寺，法雲尼寺改爲唐安寺，崇敬尼寺改爲唐昌寺。右街添置八所。西明寺改爲福壽寺，莊嚴寺改爲聖壽寺。舊留寺，二所舊名，千福寺改爲興元寺，化度寺改爲崇福寺，永泰寺改爲萬壽寺、溫國寺改爲崇聖寺，經行寺改爲龍興寺，奉恩寺改爲興福寺。」敕旨依奏。誅道士劉玄靖等十二人，以其說惑武宗，排毀釋氏故也。

大中元年（西元847年）閏三月，敕：

> 會昌季年，併省寺宇。雖云異方之教，無損致理之源。中國之人，只行其道，釐革過當，事體未弘。其靈山勝境，天下州府，應會昌五年四月所廢寺宇，有宿舊名僧，復能修創，一任住持，所司不得禁止。〔註54〕

寺宇的茸修，是宣宗恢復佛教的第一步，但僅有寺宇而缺乏僧侶，寺宇也無法發揮推動法輪的力量，是以大中元年（西元847年）有定策之功的統左禁軍楊漢公，請復佛教，并訪求沙門知玄，于是復爲僧入居寶應寺。壽昌節講贊，署爲三教首座，宣宗以藩邸造法乾寺，命知玄居之。〔註55〕大中二年（西元848年）復命上都、東都、荆、揚、汴、益諸州建寺，立方等壇爲僧尼再度者重受戒法；五台山建五寺，各度僧五十人。〔註56〕大中五年（西元851年）正月，又下詔重申勿禁京畿及郡縣士庶建寺宇村邑，兼許度僧尼，住持營造。〔註57〕唯在此佛教漸露復興徵兆之際，反對聲浪自朝廷傳出。六月，進士孫樵上書諫復寺，謂：百姓男耕女織，不自溫飽，而群僧安坐華屋，美衣精饌，率以十戶不能養一僧。武宗憤其然，髮十七萬僧，是天下一百七十

〔註53〕陳寅恪，〈李德裕貶死年月及歸葬傳說辨〉，收入《陳寅恪先生論文集》，頁473。
〔註54〕劉昫，《舊唐書》，卷十八下，〈宣宗本紀〉，頁615。
〔註55〕釋志磐，《佛祖統紀》，卷四十二，頁386。
〔註56〕釋贊寧，《宋高僧傳》，卷二十七，〈智顗傳〉，頁881。
〔註57〕王溥，《唐會要》，卷四十八，頁854。

萬戶始得蘇息也。陛下即位以來，修復廢寺，天下斧斤之聲至今不絕，度僧
幾復其舊矣。陛下縱不能如武宗除積弊，奈何興之於已廢乎！日者陛下欲脩
國東門，諫官上言，遽爲罷役，今所復之寺，豈若東門之急乎？願早降明詔，
僧未復者勿復，寺未脩者勿脩，庶幾百姓猶得以息肩也。〔註58〕

　　孫樵爲昌黎門人，其論點與昌黎有異曲同工之處，雖然書上，帝怒不納，
但朝廷中持有此論點者大有人在。七月，宰臣奏曰：

> 陛下崇奉釋教，臣子皆願奔走，慮士庶等物力不逮，擾人生事，望
> 令兩畿及州府長吏，與審度事宜，撙節聞奏，不必廣爲建造，驅役
> 黎甿。其所請度僧尼，亦須選有道行，爲州縣所稱信者，不得容隱
> 凶惡之流，却非敬道，望委長吏，精加揀擇。其村邑堂，望且待兵
> 罷建置爲便。

同年十月十七日宰臣等又上言謂：

> 近有勅許罷兵役後建置佛堂蘭若，若今邊事寧息，必恐奏請繼來，
> 若不先議條流，臨事恐難止約。伏以釋門之教，本貴正眞，奉之精
> 嚴，則人用加敬。今諸州府寺宇新添，功悉未畢，百姓等若志願崇
> 奉，則宜並力同修。自今已後，有請置佛堂蘭若者，望所在長吏，
> 分明曉示，待一切畢後，或有云州府遠處大縣，即許量事建置一所，
> 其餘村坊，不在更置佛堂蘭若。制可。〔註59〕

從上述二件奏文可看出宰臣對佛教的態度，由於大中五年（西元 851 年）正
月宣宗下詔百官勿禁士庶營建寺宇，並許度僧尼住持，宰臣不便公然持相反
議論，故於七月時建議宣宗，在兵罷之後再行建置；同時在度僧尼之時須選
有道行，爲州縣所稱信者，這二建議於表面上看，相當合理，也無可厚非，
但在實際上，却反映出宰臣對宣宗的復興佛教並不熱中。由於不便反對，遂
提出兵罷之後再行建置的拖延對策，另在度僧尼方面，爲州縣上下其手預留
伏筆，以達變相阻撓之目的，其法爲賦予州縣審核僧尼道行之權。此外，亦
可藉此安排私人達到逃稅目的，同時又可以劣幣驅逐良幣，爲下次大規模法
難提供藉口。但宰臣未料到的，是年八月沙州刺史張義潮遣兄義澤以瓜、沙、
伊、肅等十一州戶口來獻，隴右故地陷於吐蕃百餘年，至是悉復。〔註60〕由

〔註58〕孫樵，《孫樵集》，卷六，頁 31～23。
〔註59〕王溥，《唐會要》，卷四十八，頁 854～855。
〔註60〕劉昫，《舊唐書》，卷十八下，〈宣宗本紀〉，頁 629。

於軍事的捷報，更加強州縣士庶建置佛堂，修茸寺院的信心，在朝的士大夫雅不願見此，遂於十月上奏宣宗，建議對於寺院的增建，若是正在進行中者，則許其並力同修，另在州府遠處大縣，只許建置一所，其餘村坊，不再更置。這種對於佛寺的限額政策和心理，仍不能脫離高祖、武宗等人的作法，且於大中六年（西元852年）十二月得到宣宗本人的同意。《通鑑》卷二四九載中書門下奏曰：

> 度僧不精，則戒法墮壞；造寺無節，則損費過多。請自今諸州準元敕許置寺外，有勝地靈迹許脩復，繁會之縣許置一院。嚴禁私度僧尼；若官度僧尼有缺，則擇人補之，仍申祠部給牒。其欲遠遊尋師者，須有本州公驗。從之。〔註61〕

會昌澄汰之後的佛教，復舊最困難的首推經典的輯佚，因法難的範圍幾乎遍及全國，在同時發動「巾其徒，火其書，毀其居」的行動下，無數珍貴經典熛於且夕。而大中年間的僧侶，却在艱難險阻中，排除萬難，搜尋斷簡殘篇，使佛法得以常存。大中八年（西元854年）潭州岳麓寺沙門疏言往太原求佛經，河東節度使司空盧鈞、副使韋宙以經施之，共得佛經五千四十八卷。〔註62〕其對佛教誠摯的情操，使得部分士人為之側目，大中九年（西元855年）河東節度巡官李節謂：

> 儒學之人，喜排釋氏，其論必曰：「禹、湯、文、武、周、孔之代皆無有釋；釋氏之興，源於漢，流於晉，瀰漫於魏、宋、齊、梁、陳、隋、唐，此衰世之所奉也，宜一掃絕之，使不得滋。」論者言粗矣，吾請精而言之。……釋氏之教，以清淨居，柔和自抑，則怨爭可得而息也，以因果為言，窮達為分，則貴賤可得而安也；怨爭息，則干戈盜賊之不興；貴賤安，則君臣民庶之有別，此佛聖人所以救衰世之道也，不有釋氏，尚安救之哉；今論者不責衰世之俗為難移，而尤釋氏之徒為無用，是不憐抱病之夫，而詬醫禱之為何人也；不思釋氏教世行化之為大益，而且疾其官墻之麗，徒眾之蕃，摘其猥庸，無檢者為口實，而欲一槩以廢棄之，是見其末而遺其本也。〔註63〕

大中八年（西元854年）以後，宣宗雖依舊准許佛教復舊，唯其信仰已

〔註61〕 司馬光，《資治通鑑》，卷二四九，頁 8052。
〔註62〕 釋志磐，《佛祖統紀》，卷四十二，頁 387～288。
〔註63〕 釋志磐，《佛祖統紀》，卷四十二，頁 388。

偏向道教。是年下令茸修武宗所築之望僊台，因右補闕陳嘏抗論乃罷修，營改文思院。〔註64〕十一年（西元 857 年），遣中使往羅浮山迎道士軒轅集，右補闕陳嘏、左拾遺王譜、右拾遺薛庭杰上疏極諫。宣宗謂聞軒轅集能攝生益壽，故遣使迎之，或冀有少保理。又謂每觀前史，見秦皇、漢武爲方士所惑，當以之爲戒。次年（西元 858 年）軒轅集至京師，宣宗召入禁中，問長生可致否，答以王者棄欲從德，則自然受福，何以別求長生。留之月餘，堅求還山，乃遣之。〔註65〕軒轅集較之趙歸眞、劉玄靖等人可謂有道之士，這可能是集數百年來服食暴卒的慘痛經驗，民間漸漸明白「金石有毒，不宜服食」的道理。〔註66〕雖宣宗仍執迷不悟，軒轅集走了之後，又召見人謂「能役使鬼神」的江南術士董光素，賜賚甚多。十三年（西元 859 年）終以餌醫官李玄伯、道士虞紫芝及山人王樂藥，痕發於背崩。〔註67〕宣宗的宗教政策與情操，仍然不出李唐諸帝「亦將有以利吾國」與「亦將有以利吾身」的範疇，故其在位時，表現出佛門護法與丹鼎弟子的兩極化作風。

從武宗、宣宗二位君主的宗教政策，可更加印證道安所謂「不依國主，法事不立」的理論，在晚唐的佛教發展中，確是顛撲不破的眞理，亦顯現出帝王在君臨天下勢力籠罩下，佛教的無奈。

〔註64〕王溥，《唐會要》，卷五十，頁881。

〔註65〕劉昫，《舊唐書》，卷十八下，〈宣宗本紀〉，頁640～642。

〔註66〕劉昫，《舊唐書》，卷一五八，〈韋澳傳〉，頁4177。

〔註67〕范祖禹，《唐鑑》，卷二十一，（台北，台灣商務印書館，民國66年3月），頁590。

第四章 法難下的佛教

第一節 僧侶的志行節操

　　武宗拆寺制頒下後，身無寸鐵，毫無政治憑介的僧侶被迫還俗，寺院被毀，經典被焚，中國佛教遭遇空前浩劫。雖云：「一切有爲法，如夢幻泡影，如露亦如電，應作如是觀。」（金剛經語）世間的一切法，均是因緣和合，流轉變遷。但因宗教情操，僧侶們無不希望法輪常轉，正法永駐，故在艱難橫逆的情況下，表現出慰辱負重、堅毅不拔的情操，爲中國佛教保存一分元氣，中國佛教亦因這批忍辱負重、委曲求全的高僧大德，纔不致如景教、祆教、摩尼教般似的一蹶不振，這也是他們受到四眾弟子景仰的原因。

　　茲將大藏經史傳部、方志及其他撰著中所載僧侶行迹，按照類別加以敘述。

一、逆麟力爭

　　武宗決定廢佛之前，曾在麟德殿召集緇素議論，沙門知玄因陳帝王教化根本，謂神仙羽化，乃山林匹夫獨善之事，非帝王之所宜而忤旨，幸宦官仇士良、楊欽義等人救護，得免於難。及至簡汰沙門，知玄歸巴蜀，後至湖湘。宣宗即位後重返釋門，建議宣宗再興佛教。〔註1〕

　　沙門玄暢在京師僧侶徬徨無主之際，上表論諫，撰歷代君王錄以規諫，〔註2〕武宗不納。法難時，玄暢被迫還俗，蟄伏待時。宣宗即位，重返釋門，

〔註1〕 釋戒珠，《往生淨土傳》，《大正藏》第五十一卷，（台北，新文豐出版公司，民國68年9月）頁316。

〔註2〕 《歷代帝王錄》一作《三寶五運圖》，二者或係同書異名。

於誕日入內道場談論，宣宗賜紫袈裟以示禮遇。〔註3〕

知玄、玄暢二師均犯顏直諫，結果武宗不從，廢佛之際遁隱山林，宣宗時復出，表現出天下有道則現，無道則隱的情操，這種行爲在對僧伽制度限制嚴密的中晚唐，已是難能可貴。唯近代學者頗多認爲會昌之際，僧侶已無周武帝時代慧遠與初唐法琳等聲勢，非難會昌法難時之僧侶。如湯用彤謂：

> 時朝臣未聞有諫者，僧人抗議亦不如周武之甚，佛教勢力之已衰，可知也。〔註4〕

陶希聖謂：

> 武宗會昌廢法時，教下諸宗已衰，所留下的祇是寺廟財產及腐敗的僧眾。當時抗辯的只有知玄法師，他的論旨頗爲拙劣，他的賦詩更是拙劣，詩有：「鶴背傾危龍背滑，君王且住一千年。」的諷刺，把皇帝給鬥翻了。這回爭論比之於初唐沙門議論風生、權機萬變的景象，眞有今昔之感。當時希運（黃蘗，死八四九）、靈祐（潙山，死八五三）、宣鑒（德山，死八六五）、義玄（臨濟，死八六六），這些禪師或正受禪僧的崇拜，或正在求法行道的當中。他們有沒有反抗呢？……這在一個有組織的教會的教徒看來，豈不羞死？這若與惠（慧之誤）遠抗周武比來，豈不愧死。〔註5〕

以上兩種說法，實是不明瞭武宗時僧伽制度的被箝制，及僧官制度下造成的麻痺。考之史實，玄暢是受兩街僧錄靈宴、辯章的推舉而上表論諫。知玄是在麟德殿議論，纔有發言機會。至於希運（時在湖南、江西一帶）、靈祐（時在福建）、宣鑒（時在湖南）、義玄（廣東人，行迹不詳），他們將以何種身份發言，如何取得過所、公驗入京論諫，均值得商榷。

二、保全典籍

會昌廢佛，釋子承此大變，護教心切者，無不盡力保藏經典，行徑有如秦火下之伏生，令人欽佩。

五台僧元堪在沙汰之際，哀慟累夕，以其師志遠章疏文句秘藏於屋壁。宣宗即位，重闡釋門，趁重葺舊居之際，再行取出。高麗沙門元表在官吏搜

〔註3〕 釋贊寧，《宋高僧傳》卷十七〈玄暢傳〉，頁818。
〔註4〕 湯用彤，《隋唐佛教史稿》，頁56。
〔註5〕 陶希聖，《中國政治思想史》第四編，（台北，食貨出版社，民國61年4月台再版），頁234。

索之際，將佛經以華櫚木函蓋，深藏於石室中。宣宗即位時，保福慧評禪師素聞往事，躬率信士，佛經取出，紙墨猶如新繕寫。宗亮在武宗廢佛之時，隱居深山巖洞。宣宗大中年間再造國寧寺，徵選清高者隸名，宗亮預焉，遂求正本以繕寫，選紙墨鳩聚噸親。沙門藏奐在內典焚毀，梵夾煨燼之際，手輯散落經典。〔註6〕大中八年（西元854年）疏言往太原府訪經，得河東節度使盧鈞、副使韋宙之助，得經律論文五千四十八卷，滿載而歸。〔註7〕

　　雖然以上諸人保全尋訪經典有限，但在經典全面焚燼煨燼之後重現，其價值絕非以數量可以衡量。

三、終老山林

　　會昌毀法，敕僧侶還俗編入兩稅戶，唯自中唐之後，僧侶授田制度已不行，還俗僧侶貧無立錐之地，仍需繳交稅賦，且佛教在社會上的福利事業慘遭摧毀，貧民借貸無門，老弱衣食不繼，造成許多社會問題，形成民間對政府的不信任和疏離感。故宣宗即位，重興釋法之際，仍有許多僧侶不願復出，表現出皎然如月的情操。

　　福建廈門名剎鼓山湧泉寺，原係一水潭，據傳上有毒龍居住，德宗建中四年（西元783年）僧人靈嶠居住潭旁，毒龍遂去不為害，從事裴冑奏建華嚴寺。會昌澄汰之後，靈嶠遂隱居山林不復出。〔註8〕慧忠禪師在沙汰之際，作十偈以明志，現《景德傳燈錄》保存三首。宣宗即位重興釋教，慧忠笑謂：「仙去者未必受籙，成佛者未必須僧。」故不復披緇，不出山者垂二十年。〔註9〕常達在滅法時謂：「我生不辰，不自我後。」由是隱居山林。宣宗時重建法幢荐興精舍，合境人民皆望達師化導，太守韋曙特加崇重。唯常達身不衣繒，繩室惟蒙薜蘿，四眾知歸慕化，其行潔白如鶴鷺。〔註10〕巖頭在沙汰之際，於湖邊作渡子，以禪機示人，後竟卒於洞庭臥龍山。〔註11〕無斆因遭沙汰，

〔註6〕 元堪、元表、宗亮、藏奐等人分見於釋贊寧，《宋高僧傳》，頁545、895、881、778。

〔註7〕 釋志磐，《佛祖統紀》卷四十九，頁387～288。

〔註8〕 黃任，《鼓山志》卷二，（台北，明文書局，民國69年1月），頁1。

〔註9〕 釋道源，《景德傳燈錄》，《大正藏》第五十一卷，（台北，新文豐出版公司，民國68年9月），頁270。

〔註10〕 釋贊寧，〈吳郡破山寺常達傳〉，收入《唐四僧詩》卷六，（台北，台灣商務印書館，四庫全書珍本，六集），頁2。

〔註11〕 福建通志局，《福建通志》卷十二，（民國12年刊本），頁11。

隱居禪定十餘年，藤蘿繞身，時人稱爲藤蘿尊者。〔註12〕

　　山林生活原爲文人隱士所嚮往，但生活清苦，非有堅強的毅力不能辦到，上述諸人，其行皎然，難能可貴，唯這畢竟是一獨善其身的作法，與「佛法在世間，不離世間覺」的大乘菩薩道精神仍有一段距離，也不符儒家「用之則行，舍之則藏」的情操，其作法算是消極的。

四、待機而出

　　與終老山林相異者爲蟄伏以俟機，此亦僧侶最常用之法，不但顯示不與惡勢力妥協情操，亦表現重建大乘菩薩道精神，後人最欽佩者亦是此類中人。

　　現存史料，以此類僧人最多，舉其犖犖大者，如沙門日照深入巖窟，飯栗飲流而延喘息。宣宗大中年間重興佛法，率門徒六十餘人，重回昂頭山舊基，結苫蓋構寺宇。宣鑒避難於獨浮山石室，洎大中年間還復法儀，大闡宗風。藏廙避居柯山，大中六年（西元852年）因郡牧崔壽禮敬，於蘇州龍興寺別構禪寺延居。義存於十七歲落髮，後至芙蓉山（今浙江樂清）禮恒照法師，而止於其所。至宣宗重興釋氏，義存褱然而出。〔註13〕文喜在澄汰時變換素服，大中初年，重新懺度，於鹽官齊豐寺講說。楚南深竄林谷，宣宗時裴休出撫宛林，請黃蘗出山，南隨侍詣姑蘇報恩寺專行禪定。智頵遁入五台山谷，不捨文殊之化境。宣宗即位，敕五台山度僧五十人宣供衣帔，頵爲十寺僧長，兼山門都修造供養主。文質隱居樂成縣大芙蓉山，大中年間太守強置樉舁出開元寺，迴造佛殿講堂、房廊形像，并寫藏經以供時需。〔註14〕義忠避隱廣東三平山，宣宗後至大潙山，因好世者數十人至，請而方轉法輪。〔註15〕全歲在鄂州遇沙汰，先在湖邊作舡人，後往依高麗僧卓庵。〔註16〕高麗僧梵日於文宗時往遊中國，會昌沙汰時東奔西走，竄身無所，遂隱商山，獨居禪定，拾墜果以充饑，掬泉流而止渴，形容枯槁，氣力疲羸，未敢出行。會昌六年（西元846年）八月還歸故里，弘宣佛法，成一代高僧。〔註17〕元修原駐錫福州，澄汰時深入巖谷中，

〔註12〕沈翼機，《浙江通志》，卷一〇一，（商務印書館影印乾隆元年本，民國25年），頁4。

〔註13〕日照、宣鑒、藏廙、義存四人分見釋贊寧，《宋高僧傳》，頁778、780、782。

〔註14〕文喜、楚南、智頵、文質四人分見釋贊寧，《宋高僧傳》，頁783、817、881。

〔註15〕釋靜脩，《祖堂集》卷五，（京都，中文出版社，民國63年12月），頁106。

〔註16〕釋靜脩，《祖堂集》卷七，頁139。

〔註17〕釋靜脩，《祖堂集》卷十七，頁320。

　　　按：韓人李能和《朝鮮佛教通史‧梵日傳》中未引用《祖堂集》，故此節未記

大中年間復出，詣闕貢金買山，始創精舍，名翠石院。〔註18〕

　　另有部分僧侶受澄汰，信徒保護，隱姓埋名，俟機復出。此因唐代士人信佛風氣頗盛，士子中舉前，往往利用山林寺院讀書，多少明白佛教的福利事業在社會上的安定力量，故於法難之際，挺身而出，保護少數僧侶。如寰中衣短褐，居戴氏別墅，宣宗時重盛禪林。〔註19〕從諫烏帽麻衣，潛於皇甫氏之溫泉別業後岡上，宣宗重興釋門，重回洛邑舊居。〔註20〕洪諲應長沙信士羅晏之請，居其家若門客，二年後重返故鄉吳興西峰院。〔註21〕

　　另在《酉陽雜俎》中也有記載：

> 武宗六年，揚州海陵縣還俗僧義本且死，托其弟言：「我死必爲我剃鬚髮，衣僧衣三事。」弟如其言，義本經宿却活。言見二黃衣追至冥司，有司若王者問曰：「此何州縣？」吏言：「揚州海陵縣僧。」王言：「奉天府沙汰僧尼，海陵無僧，因何作僧領來？令迴，還俗了領來。僧遽索俗衣，衣之而卒。〔註22〕

雖然此事可信度值得懷疑，但反映出僧侶重返佛門的意願迫切，與廢佛政策執行的徹底。

五、改當道士

　　會昌年間，道士極受武宗寵信，不時受到賜紫衣錢財等恩寵，會昌四年（西元844年）下敕天下小寺佛經搬入大寺，鐘送道觀。〔註23〕澄汰僧尼時，部分不願還俗，又不願隱居山林的僧侶改穿道袍，成爲一名道士。如全眞蓄鬚髮，披披紫霞衣，戴青空冠。宣宗復興佛法之際，全眞不願返回空門。〔註24〕栖玄改穿道士服，詩人許渾以其裝扮行徑不類，曾作詩規勸，中有：「今日勸師師莫惑，長生難學證無生」之語。〔註25〕

　　　　載。（見李能和，《朝鮮佛教通史》，漢城，慶熙大學出版社，西元1968年3
　　　　月影印）。
〔註18〕徐景熹，《福州府志》（乾隆十九年刊本，成文出版社影印），卷十六下，頁30。
〔註19〕釋贊寧，《宋高僧傳》卷十二〈寰中傳〉，頁778。
〔註20〕皇甫枚，《三水小牘》（台北木鐸出版社，民國71年5月），頁37。
〔註21〕釋贊寧，《宋高僧傳》卷十二〈洪諲傳〉，頁781。
〔註22〕段成式，《酉陽雜俎續集》卷二，（台北，源流出版社，民國71年12月），頁
　　　　219。
〔註23〕釋圓仁，《入唐求法巡禮行記》卷四，頁98。
〔註24〕釋志磐，《佛祖統紀》卷四十二，頁388。
〔註25〕許渾，《丁卯集》卷上，（台北，台灣商務印書館，四庫叢刊初編），頁7。

以出世間之立場而言，改當道士的僧侶，爲缺乏宗教情操，不能爲教犧牲者。但若以世間立場來看，這些僧侶出家因緣未必具有宗教情操，或係其他因素使然，其目的無法達成，改弦更張是很自然的。王夫之謂：

> 天下之僧寺蘭若，欲毀則一旦毀之，此其無難者也。敕二十餘萬僧尼使之歸俗，將奚歸哉？人之爲僧尼者，類皆孤露惰游無賴罷民也，如使有俗之可歸，而晏然爲匹夫匹婦，以田爾田廬爾廬，尚寧幹止也，則固十九而不爲僧尼矣。〔註26〕

明白乎此，我們對於此類僧侶，不必作求全苛責。

六、遣送回國

會昌之際，滯留我國的外籍僧侶人數很多，據日僧圓仁《入唐求法巡禮行記》中記載，會昌三年（西元843年）時有青龍寺南天竺三藏寶月等五人、興善寺北天竺三藏難陀一人、慈恩寺師子國僧一人、資聖寺日本國僧一人，其他寺院新羅僧、龜茲國僧二十一人。〔註27〕這些僧侶在會昌五年（西元845年）沙汰之時，除日本國僧惟曉病故外，悉被遣送回國。當這些僧侶回國時，頗多大臣釋子相送，如圓仁回國，寺中三綱相送謂：

> 遠來求法，遇此王難，應不免改服。自古至今，求法之人足（或定）有艱難，請安排也，不因此難，則無因歸國，且喜將聖教得歸本國，便合本願。〔註28〕

大理寺卿楊敬之送行亦謂：

> 我國法既以滅絕，佛法隨和尚東去，自今以後，若有求法者，必當向日本國也。〔註29〕

詩僧棲白作〈送圓仁三藏歸本國〉詩一首，其詞曰：

> 家山臨晚日，海路信歸橈；樹滅渾無岸，風生只有潮。歲窮程未盡，天末國仍遙；已入閻王夢，香花境外邀。〔註30〕

〔註26〕王夫之，《讀通鑑論》卷二十六，（台北，世界書局，民國51年4月），頁559～560。

〔註27〕釋圓仁，《入唐求法巡禮行記》卷三，頁91。

〔註28〕釋圓仁，《入唐求法巡禮行記》卷四，頁101。

〔註29〕朱雲影，〈中國佛教對於日韓越的影響〉，引日本三代實錄貞觀六年正月十四日條，《師大歷大學報》第4期，民國65年4月，頁57。

〔註30〕李龔，《廣僧弘秀集》卷八，收入禪門逸書初編二冊，（台北，明文書局，民國69年1月），頁7。

白居易亦謂新羅僧無染曰：

> 吾閱人多矣，罕有如是新羅子矣，他日中國失禪，將問之東夷耶！

〔註31〕

以上諸人均表現出佛法東傳的慶幸與關切，希望有朝一日，中土能派人到日本、新羅求法回國，以延繼法脈。五代時吳越王果真派代表向韓日諸國求法，足證朝臣釋子的關切是有道理的。

　　從上述各種型態可知法難對僧侶的衝擊，也因這些僧侶對佛教的執著與情操，為歷史留下證言，同時也保存中國佛教的法脈，俗謂「疾風知勁草，板蕩識忠貞」，其行徑相當值得後人欽佩。

第二節　各地區佛寺經像的破壞

　　武宗拆寺制中謂：「其天下所拆寺四千六百餘所，還俗僧尼二十六萬五百人，收充兩稅戶；拆招提蘭若四萬餘所，收膏腴上田數千萬頃，收奴婢為兩稅戶十五萬人。」〔註32〕這是會昌法難時所斥寺宇蘭若數量的概略估計，由於被廢之寺，「寺材州縣得以恣新其公宇傳舍。」〔註33〕故全國各地執行程度相當徹底，使佛教遭到無情的打擊。

　　茲根據方志寺觀篇、藏經史傳部、金石史料、《古錢大辭典》等資料，按現行省分，將各地區寺院，在法難時所受破壞鉤劃出來。

一、上都、東都

　　上都長安、東都洛陽，唐代的兩京，也是全國政治、宗教、文化中心。段成式〈寺塔志〉謂其與朋友在會昌三年（西元 843 年）遊京師寺塔，自靖善坊大興善寺起，止於晉昌坊慈恩寺，初知官府將并寺，僧眾草草，乃泛問一二上人及記塔下畫跡，遊於此遂絕。宣宗大中七年（西元 853 年）段成式重回京師，見所記寺塔已十亡五六。〔註34〕大中元年（西元 847 年）段成式出任吉州盧陵郡，作〈桃源僧舍看花〉詩一首。詩云：

〔註31〕崔致遠，〈有唐新羅國故兩朝國師教諡大朗慧和尚白月葆光之塔碑銘并序〉，收入《朝鮮佛教通史》上篇，頁 14。
〔註32〕劉昫，《舊唐書》卷十八上，〈武宗本紀〉，頁 606。
〔註33〕趙令時，《侯靖錄》卷二，（知不足齋叢刊，藝文印書館影印），頁 4。
〔註34〕段成式，《酉陽雜俎續集》卷五，頁 245。

前年帝里探春時，寺寺名花我盡知。今日長安已灰爐，忍能南國對
芳枝。

此詩所記前年春，即會昌五年（西元 845 年）春季。其時段成式任職於京師，
長安寺猶未毀，百花繁茂，春尚可探，七八月間法難事起，景色全非。故段
成式憶寺懷人，於南國桃園僧舍，面對盎然芳枝，感慨係之。〔註35〕

長安是唐代的首都廢佛政策執行的最徹底，除左街慈恩、薦福，右街西明、
莊嚴寺外，全數悉遭破壞。廢寺中藏有不少名畫，均遭破壞，亦有好事者揭取，
加以收藏。〔註36〕執行政令官員，有因此而發財者，如護鳳翔軍王義逸以家財
易諸瓦木，取其精者，遂大營市邸，并治其第，爲岐下之甲。〔註37〕

洛陽一如長安，各寺保存名畫甚多，會昌之厄，悉遭破壞。時致仕尚書
白居易寓居洛陽，會昌拆寺時，遭中貴人勒索，要其出錢添補聖壽寺銀佛，
可知法難在社會上亦產生諸多問題。〔註38〕

茲將長安、洛陽地區廢寺情形表列於左：

表二：兩京廢寺一覽表

寺 名	地點	沿　　革	資料來源
千福寺	陝西西安	△會昌中毀寺，寺額上官昭容所書，後有僧收得再置懸之。	《歷代名畫記》3／122
寶雲寺	陝西臨潼	△本名慶山寺，唐武后建，有緣閣複道而上，德宗時改，……唐會昌五年廢，咸通六年再置，名鷲嶺寺。	《陝西通志》28／32
崇聖寺	陝西西安	△崇聖寺佛牙寶塔碑，高宗儀鳳中始建崇聖寺於京師，武宗廢佛法，寺亦被廢，宣宗初復，以太平坊之溫國寺爲崇聖寺。	《集古錄目》10／10
總持寺	陝西西安	△太（大）中七年，上華莊嚴寺禮佛牙，因登大塔四望，見西北有廢址，曰：此其總持寺也。悵然久之，詔耆年間往事，眾推（慧）靈對，上嘉其詳盡，即賜紫且詔復修總持寺。三月十一日，三教首座辨章勾當，修寺六月畢工，詔靈爲綱任。	《六學僧傳》18／371

〔註35〕方南生，〈段成式年譜〉，收入《酉陽雜俎‧附錄》，頁 335。
〔註36〕張彥遠，《歷代名畫記》卷三，（台北，台灣商務印書館，民國 60 年 4 月），頁 141～142。
〔註37〕李昉，《太平廣記》卷一一六，頁 235。
〔註38〕王讜，《唐語林》卷七，（台北，台灣商務印書館，民國 68 年 7 月），頁 188。

章敬、青龍、安國寺	陝西西安	△（會昌五年）五月廿九日，……諸寺見下手毀拆，章敬青龍安國三寺，通爲內閣。	《入唐求法巡禮行記》4／104
聖善寺	河南洛陽	△聖善寺銀佛，天寶亂，爲賊將截一耳。後少傅白公奉佛，用銀三鋌添補，然不及舊者。會昌拆寺，命中貴人毀像，收銀送內庫。	《唐語林》7／237
安國寺	河南洛陽	△節愍太子宅，太子升儲，神龍三年建爲崇因寺，復改衛國寺，景雲元年改安國寺，會昌中廢，後復葺之，改爲僧居。	《河南志》1／17
景福寺	河南洛陽	△本唐千金公主宅，垂拱中自教業坊徒景福寺於此，會昌中廢，晉時爲宣徽院軍將朱崇口宅，因穿地得石佛，遂奏建爲寺。	《河南志》1／17
衛國寺	河南洛陽	△神龍二年節愍太子建，以本封爲名，會昌中廢，光化中復建。	《河南志》1／24
淨土寺	河南洛陽	△後魏建淨土寺，隋大業四年自故城徙建陽門內，唐正（貞）觀三年復徙於此，長壽二年改大雲，會昌中廢，後唐同光二年重建。	《河南志》1／25
天女尼寺	河南洛陽	△唐正（貞）觀九年建景福寺，武后改天女，會昌中廢，後唐同光二年重建。	《河南志》1／25
荷澤寺	河南洛陽	△唐神龍二年，睿宗在藩爲武太后追福建慈澤寺，景雲三年改荷澤，會昌中廢，後重建。	《永樂大典》引《洛陽志》13823／7
芳桂寺	河南洛陽	△唐大帝儀鳳四年造紫桂宮，宮有九玄殿，永淳元年改芳桂宮，弘道元年廢之，後立爲芳桂寺，會昌中廢。	《永樂大典》引《河南府志》13824／8

　　長安地區將被毀佛像、鐘磬鑄成會昌開元通寶，背文標以「京」；洛陽地區所鑄則標以「洛」。（圖一）

（京）　　　　　　　　　　　（洛）

圖　一

二、浙　江

安史亂後，江南地區漸成全國經濟重心，社會富裕，寺院發展迅速。現存方志，以江浙地區爲最多，對於廢寺考察也較易，茲表列於左：

表三：浙江地區廢寺一覽表

寺　名	地　點	沿　　革	資料來源
大中禹跡寺	浙江紹興	△晉義熙十二年驃騎郎將軍捨宅置寺，名覺嗣，唐會昌五年例廢，大中五年僧居玄詣闕請僧契眞復興此寺，并置禪院於北廡，詔賜名大中禹跡寺。	《嘉泰會稽志》7／10
長慶院	浙江紹興	△本晉尙書陳囂竹園，因號竹園寺，唐會昌五年毀廢。周顯德五年，僧德欽重建，號廣濟院，大中祥符元年七月改賜今額。	《嘉泰會稽志》7／13
淳化寺	浙江紹興	△義熙三年有五色祥雲見，安帝詔建雲門寺，會昌毀廢，大中六年觀察使李褒奏再建，號大中極迷寺，淳化五年十一月改今額。	《嘉泰會稽志》7／23
大禹寺	浙江紹興	△梁大同十一年建，會昌五年毀廢，明年重建。	《嘉泰會稽志》7／26
福慶寺	浙江紹興	△晉將軍何充宅也，……捨爲靈嘉寺，唐會昌五年廢，晉天福七年重建，大中祥符六年改賜今額。	《嘉泰會稽志》7／27
隆慶院	浙江紹興	△晉元嘉三年建，號長樂寺，會昌廢，建隆元年重建。	《嘉泰會稽志》7／27
淨住院	浙江紹興	△齊永明二年建，號淨心寺，會昌廢，漢乾祐三年陸君泰重建，治平三年九月改賜今額。	《嘉泰會稽志》7／29
石佛妙相寺	浙江紹興	△唐大和九年建，號南崇寺，會昌廢，晉天福中僧行欽於廢寺前水中得石佛遂重建，治平三年賜今額。	《嘉泰會稽志》7／30
稱心資德寺	浙江紹興	△梁大同三年建，會昌中廢，大中五年觀察使李褒奏重建。	《嘉泰會稽志》7／31
明覺寺	浙江紹興	△唐開元十八年建，會昌毀廢，晉天福八年復建，號大明院，治平二年改今額。	《嘉泰會稽志》7／32
戒珠寺	浙江紹興	△初名昌安，後值會昌廢毀，大中初復許郡府量立寺宇，而越州得其五，昌安在詔中，六年六月又別以戒珠爲名。	《寶慶會稽續志》3／10

雲秘寺	浙江紹興	△梁大同十年將軍毛寶捨宅建，會昌毀廢，大中五年重建。	《嘉泰會稽志》7／35
奉聖院	浙江紹興	△唐開元十六年建，爲玄儼律師度僧戒壇院，會昌毀廢，漢乾祐二年吳越重建，改明思院，大中祥符元年七月改賜今額。	《嘉泰會稽志》7／36
安隱院	浙江紹興	△清開皇十三年建，唐武德中重修，會昌毀廢，後唐清泰元年高伯興等重建，號安養院，治平三年改賜今額。	《嘉泰會稽志》7／38
龍興寺	浙江紹興	△宋太始元年建，號香嚴寺，唐神龍元年改爲中興寺，神龍二年改爲龍興寺，……會昌五年毀廢，大中二年僧契眞重建。	《嘉泰會稽志》7／40～41
大慶尼寺	浙江紹興	△西晉永康元年……置靈寶寺，會昌毀廢，大中元年觀察使李褒奏重建。	《嘉泰會稽志》7／41
惠安寺	浙江嵊縣	△晉義熙二年南天竺國有高僧二人入金華，……復於剡山立般若臺寺，會昌廢，咸通八年重建，改法華臺寺，天祐四年吳越武肅王改興邑寺。	《嘉泰會稽志》8／1《剡錄》8／3～4
寶性寺	浙江嵊縣	△唐乾元中建清泰院，會昌廢，晉天福七年重建，大中祥符元年賜今額。	《剡錄8／5》《嘉泰會稽志》8／2
普安寺	浙江嵊縣	△宋元嘉二年建，會昌廢，後唐清泰二年重建。	《剡錄8／7》《嘉泰會稽志》8／3
尊勝寺	浙江嵊縣	△宋元嘉二年日厚山院，會昌廢，天福六年建。	《剡錄》8／7《嘉泰會稽志》8／4
上乘寺	浙江嵊縣	△梁永明二年置安福寺，會昌廢，景福元年興建。	《剡錄》8／8
法祥寺	浙江嵊縣	△宋元嘉二年建，號延福院，會昌廢，後唐清泰二年重建。	《剡錄》8／8《嘉泰會稽志》8／4
明覺寺	浙江嵊縣	△梁大通元年智遠法師建，號禪林寺，會昌廢，晉天福元年重建，大中祥符元年改賜今額。	《剡錄》8／8《嘉泰會稽志》8／2
禪惠寺	浙江嵊縣	△傳者以爲齊景明元年安南將軍黃僧家天雨錢捨以造寺，號錢房院，梁天監中改禪房寺，會昌毀壞，咸通二年重建。	《剡錄》8／9《嘉泰會稽志》8／2
顯淨寺	浙江嵊縣	△齊永明三年建，號青林寺，會昌廢，後唐長興元年重建，大中祥符元年改賜今額。	《剡錄8／9》《嘉泰會稽志》8／5
宣妙寺	浙江	△宋元嘉二年建，號崇明寺，會昌廢，晉天	《剡錄》8／10

	嵊縣	福四年重建，治平三年改賜今額。	《嘉泰會稽志》8／1
戒德寺	浙江嵊縣	△齊永明三年建，號光德院，會昌廢，晉天福七年重建，治平二年改賜今額。	《剡錄》8／10《嘉泰會稽志》8／3
普惠寺	浙江嵊縣	△齊永明三年建，號安養法華院，會昌廢，乾符六年重建，治平三年改賜今額。	《嘉泰會稽志》8／3
定林寺	浙江嵊縣	△宋元嘉二年建，號松山院，會昌廢，晉天福八年重建，有響巖龍潭，治平三年改賜今額。	《剡錄》8／11《嘉泰會稽志》8／3
下鹿苑寺	浙江嵊縣	△宋元嘉二年建，號靈鷲寺，會昌廢，咸通十四年重建，有瀑布及龍潭寺，治平元年改賜今額。	《剡錄》8／11《嘉泰會稽志》8／2
安福寺	浙江嵊縣	△梁永明二年置，唐會昌五年廢，景福元年重建。	《嘉泰會稽志》8／1
上鹿苑寺	浙江嵊縣	△宋元嘉七年姚聖姑於西白山造寺，賜披雲院，會昌廢，咸通七年重建，改咸通披雲院，晉天福七年吳越改披雲寺。	《嘉泰會稽志》8／1～2
龍藏寺	浙江嵊縣	△梁天監二年建，號龍官院，會昌廢，咸通十四年重建。浙東觀察使李紳少年寓此肄業，存紳所爲碑存，大中祥符元年改賜今額。	《嘉泰會稽志》8／3
大雄寺	浙江諸暨	△梁普通六年大智禪師建，號法樂寺，會昌廢，大中二年重建，改報國寺，後改賜今額。	《嘉泰會稽志》8／6
永壽寺	浙江諸暨	△梁大同二年左僕射吳文寵捨宅建，號延壽寺，會昌廢，咸通十年重建，後唐天成三年改長壽寺，後改今額。	《嘉泰會稽志》8／7
香社院	浙江諸暨	△隋樓世幹捨宅建，會昌廢，大中元年重建，院有連理木，咸通元年賜木連院，後改今額。	《嘉泰會稽志》8／8
崇勝院	浙江諸暨	△唐貞觀十五年千歲禪師開巖建，會昌廢，大中重建，咸通二年改華嚴般若院，後改今額。	《嘉泰會稽志》8／9
延慶院	浙江諸暨	△唐貞觀元年建，有千歲禪師修行於此，因號道場院，會昌廢，咸通八年重建，又號溪山院，周顯德五年改興福永安院，大中祥符元年改賜今額。	《嘉泰會稽志》8／9
化城院	浙江	△梁大同二年建，會昌廢，開寶四年重建，	《嘉泰會稽志》

	諸暨	號紫巖院，後改今額。	8／11
永福院	浙江	△因梁武帝書堂基建，號應國禪院，有碩水井，會昌廢，晉天福七年重建，改今額。	《嘉泰會稽志》8／11～12
淨住院	浙江諸暨	△唐永貞二年建，號龍潭禪院，會昌廢，建隆三年重建，改安福院。	《嘉泰會稽志》8／12
崇教院	浙江諸暨	△唐貞觀元年建玄寂禪師塔院，會昌廢，周廣順元年重建高松院，後改今額。	《嘉泰會稽志》8／12
祇園寺	浙江蕭山	△東晉咸和六年許詢捨山陰永興二宅建寺，號崇化，穆帝降制云山陰舊宅名曰祇園，永興新宅號曰崇化，會昌廢，建隆元年重建。	《嘉泰會稽志》8／14
覺苑寺	浙江蕭山	△齊建元二年江淹子昭玄捨宅建，會昌廢，大中二年重建，賜名昭玄寺。	《嘉泰會稽志》8／14
廣化寺	浙江蕭山	△梁大通二年建，號法興寺，會昌廢，咸通十三年重建，治平三年改賜今額。	《嘉泰會稽志》8／15
覺海寺	浙江蕭山	△唐會昌元年建，號政信寺，五年廢，晉天福四年重建。	《嘉泰會稽志》8／15
慈雲寺	浙江蕭山	△梁天監十二年僧寶誌於許玄度宅基上建，號開善資寶寺，會昌廢，晉天福三年重建。	《嘉泰會稽志》8／15
眞濟院	浙江蕭山	△唐武德七年建，會昌廢，晉天福六年重建，吳越文穆王給興國禪院額。	《嘉泰會稽志》8／16
重興院	浙江蕭山	△本晉許徵君巖下寺，會昌廢，咸通十四年重建。	《嘉泰會稽志》8／17
淨土院	浙江蕭山	△梁大同二年白敏將軍捨宅建，號白墅寺，會昌廢，咸通九年重建。	《嘉泰會稽志》8／17
龍泉寺	浙江餘姚	△東晉咸康二年建，會昌五年廢，大中五年重建，咸通二年改今額。	《嘉泰會稽志》8／19
九功寺	浙江餘姚	△齊建元中越州刺史榮穎捨宅建，號休光寺，會昌廢，大中十二年重建。	《嘉泰會稽志》8／20
圓智寺	浙江餘姚	△齊永明元年建，號禪房寺，唐天寶四年改大法寺，會昌廢，咸通元年重建。	《》嘉泰會稽志8／20
建初寺	浙江餘姚	△晉大和元年建，號平元寺，會昌廢，周顯德四年重建。	《嘉泰會稽志》8／20
長慶院	浙江餘姚	△唐長慶四年建，號柯城道場院，會昌廢，大中二年重建。	《嘉泰會稽志》8／20

羅漢院	浙江餘姚	△梁大同元年建，號棲賢院，會昌廢，周顯德四年高景准重建改賜今額。	《嘉泰會稽志》8／20
悟法院	浙江餘姚	△梁天監元年建，會昌廢，大中元年重建，號四明寺。	《嘉泰會稽志》8／21
東福昌院	浙江餘姚	△唐長慶四年建，大中二年重建，……大中祥符元年改賜今額。	《嘉泰會稽志》8／23
靜凝教忠寺	浙江餘姚	△本號姜山院，……會昌廢，晉天福二年重建，改報國興福院。	《嘉泰會稽志》8／23
等慈寺	浙江上虞	△梁天監二年建，始曰化民院，後改上福禪院，會昌毀廢，咸通元年重建。	《嘉泰會稽志》8／25
上乘院	浙江上虞	△在唐爲休光寺，大善道場嘉猷禪師奏建，會昌毀廢，大中五年三白和尚道全重建。	《嘉泰會稽志》8／25～26
天宮院	浙江新昌	△本號靈居院，梁普通元年建，會昌廢，大順元年重建。	《嘉泰會稽志》8／31
明因寺	浙江新昌	△舊名妙喜，梁天監中周豹二女捨宅建，唐會昌中廢，大順中復建。	《浙江通志》231／41
白巖寺	浙江新昌	△唐貞觀十年賜號白巖寺，會昌中廢，咸通二年重建。	《浙江通志》232／5
雲林禪寺	浙江杭州	△舊名靈隱寺，晉咸和元年僧慧理創建，……唐會昌毀教寺毀，後稍稍興復，規制未宏，吳越錢氏命僧延壽開拓，建經幢於寺門左右。	《杭州府志》29／2
北高峯塔	浙江杭州	△唐天寶中建，高七層，會昌中煅，錢武肅王重修。	《杭州府志》29／4
海會寺	浙江臨安	△舊名竹林寺，大同中建，會昌五年廢，大中五年重建。	《咸淳臨安志》83／14
興教院	浙江臨安	△唐天寶中賜額興善，會昌五年廢，天祐元年吳越王重建。	《杭州府志》32／15
寶乘寺	浙江新城	△舊名靈遠寺，上元二年建……會昌間廢，大中十三年復建爲聖像寺。	《咸淳臨安志》85／6
棲禪院	浙江上虞	△唐開成三年建，號錢溪院，會昌廢，光化元年重建。	《嘉泰會稽志》8／26
雲居寺	浙江新昌	△宋元嘉二年建，會昌毀廢，晉天福九年吳越重建，號石門寺。	《嘉泰會稽志》8／29
大明寺	浙江	△昔沙門法乾支林白道猷下築東岬山，晉隆	《嘉泰會稽志》

	新昌	和元年賜號東岬寺，會昌毀廢，後唐同光元年重建。	8／29
七寶院	浙江新昌	△舊號元華寺，齊永明中盂蘭法師建，會昌廢，晉開運三年趙仁爽見巖龕有石佛千身，重建院宇，改千佛院。	《嘉泰會稽志》8／29～30
興善院	浙江新昌	△晉太康十一年，西域僧幽開卜築於此，號新建寺，會昌廢，大中元年重建。	《嘉泰會稽志》8／30
祖印院	浙江新昌	△宋元嘉中建，號南巖院，會昌廢，咸通八年重建。	《嘉泰會稽志》8／30
沃洲眞覺院	浙江新昌	△舊名眞封寺，不知其始，晉白道猷竺法潛支道林乾興淵支道開威蘊崇實光誠斐藏濟度逞印皆嘗居焉，會昌廢，大中二年有頭陀白寂然來游，戀戀不能去，廉使元微之始爲卜築。	《嘉泰會稽志》8／31
鷲峯院	浙江新昌	△本號靈巖院，唐天寶三載建，會昌廢，後唐清泰二年重建。	《嘉泰會稽志》8／31
安國禪寺	浙江海寧	△唐開元元年建，名鎭國海昌，會昌五年廢，大中四年復置，名齊豐。	《咸淳臨安志》85／12
薦福寺	浙江海寧	△永明二年建，舊名安善，會昌五年廢，大中十三年重建。	《咸淳臨安志》85／14
崇福寺	浙江海寧	△乾元元年建，舊名靈池，會昌五年廢，大中元年重建。	《咸淳臨安志》85／18
廣嚴寺	浙江杭縣	△西晉義熙十二年通法師建，以供華嚴故名華嚴院。隋大業間燬，唐高祖時元覽法師即其舊址恢拓之，會昌中寺燬，大中間里人濬井得石函華嚴經六十一卷遂捨宅爲寺，建塔以藏焉。	《杭州府志》31／1
護聖院	浙江鄞縣	△唐貞元中法常禪師始誅茅結庵，開成元年建寺，名曰上禪定，會昌廢大中間復建。	《寶慶四明志》13／19
開元寺	浙江鄞縣	△開元二十八年建，以紀年名，會昌五年毀佛祠，此寺例廢，大中初刺史李敬方請於朝，詔復開元寺，乃即國寧寺舊址建焉。	《寶慶四明志》11／9
保國教寺	浙江慈谿	△始建於唐，名靈山，會昌中廢，廣明元年賜保國額。	《寧波府志》18／12
大中岳林寺	浙江奉化	△舊名崇福院，梁大同二年置，在大溪西，唐相李紳爲書院額，廢於會昌中，大中三年間曠禪師復建於溪東。	《寶慶四明志》15／11

翠蘿寺	浙江定海	△成於唐開成，廢於會昌，往宋建隆中賜以銅鐘，吳越國受封奉國，又鎮以鐵塔寺。	《昌國州圖志》7／14
資聖院	浙江嘉興	△唐會昌五年建，當年廢，大中年間重置。	《至元嘉禾志》10／3
惠寂院	浙江嘉興	△唐乾元間創，會昌間廢，咸通六年復立。	《至元嘉禾志》11／3
祥符禪寺	浙江嘉興	△東晉興寧間，哀帝詔剡山法師竺潛講般若于禁中，還止檇李貴氏家，因舍宅爲精舍，梁天監中盛行法事，口水陸院，唐會昌五年廢，大中元年復立。	《嘉興府志》4／2
能仁院	浙江嘉興	△舊名福業院，唐武宗會昌五年廢，宣宗大中二年給元額。	《至元嘉禾志》11／3
崇福寺	浙江崇德	△梁天監二年名常樂寺，唐會昌年廢，大中十年重立。	《至元嘉禾志》11／10
寶嚴院	浙江臨海	△舊名香積，唐會昌中廢，乾寧元年重建，改名香嚴。	《嘉定赤城志》27／14
延慶院	浙江臨海	△舊名龍山，梁天監初建，唐會昌中廢，開平中改龍潭院。	《嘉定赤城志》27／17
永壽院	浙江黃巖	△晉永和二年建，唐會昌中廢，咸通中復建，周朝大中元年改賜今額。	《嘉定赤城志》28／10
香嚴院	浙江黃巖	△唐開元元年建，會昌中廢，大中復建。	《嘉定赤城志》28／10
報恩寺	浙江天台	△唐大和七年僧普岸建，……會昌中廢，大中六年號鎮國平田。	《嘉定赤城志》28／13
景德國清寺	浙江天台	△舊名天台，隋開皇十八年爲僧智顗建，大業中改名國清，……唐會昌中廢，大中五年重建。	《嘉定赤城志》28／14
大慈寺	浙江天台	△舊名修禪或禪林，陳時爲僧智顗建，……隋創國清乃更寺爲道場，唐會昌中廢，咸通八年重建。	《嘉定赤城志》28／19
妙智寺	浙江天台	△宋末僧普（孝廟嫌諱）建，舊傳（孝廟嫌諱）感江白郎之異，遂以名嚴，隋大業中僧純陀徒平地五十步，唐貞觀十年賜號白巖寺，會昌中廢，咸通二年重建。	《嘉定赤城志》28／21
寧國寺	浙江天台	△梁普通三年僧智遠居焉，後建寺爲棲禪，唐會昌中廢，大中五年建。	《嘉定赤城志》28／22

白馬寺	浙江 天台	△陳時建，唐會昌中廢。	《嘉定赤城志》 28／22
佛窟寺	浙江 天台	△僧遺則卓庵居之，唐會昌中廢。	《嘉定赤城志》 28／26
顯慶寺	浙江 僊居	△梁天監二年建，隋大業元年廢，唐貞觀十年重建，天寶六年有神光現今址，遂徙之，改光明山，會昌五年廢，大中二年重建。	《嘉定赤城志》 29／1
廣度院	浙江 僊居	△唐天寶元年建，會昌中廢，晉天福中重建。	《嘉定赤城志》 29／2
崇教寺	浙江 寧海	△舊在縣北三十里，名清泉，梁天監元年建，隋大業元年廢，唐乾元元年徙今地，會昌中廢，大中元年復建。	《嘉定赤城志》 29／8
鴻禧寺	浙江 吳興	△梁大同二年侍中蕭翼捨宅建，舊名寶勝寺，唐會昌中廢，咸通十二年僧法珍請爲崇福寺。	《嘉泰吳興志》 13／20
報恩光孝禪寺	浙江 吳興	△陳永定三年章皇后捨宅建，名龍興寺，神龍二年改孝義寺，中宗時復舊名，會昌五年廢，次年再置。	《嘉泰吳興志》 13／22
開元寺	浙江 吳興	△天監中尙書右僕射徐勉以居宅有慶雲之瑞，捨爲尼寺，號八政。武德元年改居僧，開元二十六年改今名，殿內有明皇眞容，武宗初例廢，會昌五年奉敕再置。	《嘉泰吳興志》 13／22
淨眾院	浙江 吳興	△唐元和十四年建，會昌中廢，天復三年有僧立庵以金蓋道場，名上金院。	《嘉泰吳興志》 13／28
獅子吼寺	浙江 吳興	△吳太元中有居人劉鉽嘗與費長房睹空中奇獸金毛五色，哮吼之聲三振，遂奏捨宅爲寺，因以爲名，唐會昌中廢，中和二年重建。	《嘉泰吳興志》 13／30
無爲寺	浙江 吳興	△晉王衍捨宅建，士人馮倫沈演復建，移郡城興國寺廢額榜之，會昌中廢，咸通三年又建。	《嘉泰吳興志》 13／31
開化院	浙江 吳興	△晉永嘉元年孫德宗捨宅建，唐會昌五年廢，錢氏重建，號菩提寺，當周廣順三年。	《嘉泰吳興志》 13／31
崇勝院	浙江 吳興	△晉永嘉元年孫德宗捨宅建，會昌五年廢，號幽嚴院，當周廣順三年。	《嘉泰吳興志》 13／34
制勝院	浙江	△舊號清異寺，梁大同元年江州刺史錢道居	《嘉泰吳興志》

	長興	捨宅爲寺，唐會昌中廢，錢氏重建。	13／36
覺海寺	浙江德清	△唐時武康縣，元和十年，……烏程令朱集捨田宅金錢，賈彝昌相與九成之，武宗時廢毀，宣宗時彝昌重建。	《嘉泰吳興志》13／43
報恩光孝教寺	浙江安吉	△宋元嘉元年信義太守施彬捨宅建，唐會昌中廢，後復舊。	《嘉泰吳興志》13／46
崇福寺	浙江石門	△梁天監二年建，名常樂寺，唐會昌年廢，大中十年重立。	《浙江通志》228／19
官巖教寺	浙江浦江	△梁大同間比邱尼元淨始建院，唐會昌之際燬，咸通初祖燈大師自越之上虞飛錫而來，遂縛禪巖內，會歲旱，獨上絕頂，祈請捐身，投巖下而卒，俄傾大雨，火化得五色舍利，民感之，就巖之西爲建今院。	《浙江通志》232／37
天寧寺	浙江吳興	△唐天寧寺經幢　佛頂尊勝陀羅尼經。會昌三年十月九日樹，會昌五年六月十七日准敕廢，至大中元年十一月廿八日重建。 般若波羅密多心經　唐會昌五年詔大除佛寺，凡唐闍室宇關於佛祠者，掊滅無遺，分遣御史發視之，州縣祇畏，至於碑幢銘鏤贊述之類，亦多毀廢，不及三年，盡皆重立矣。	《兩浙金石志》3／5～6 《兩浙金石志》3／7

　　浙江境內佛教名山天台山，法難時，智者大師道場國清寺、大慈寺均遭廢棄。宣宗大中年間，日僧圓珍到天台山巡禮，所看到的仍是滿目瘡痍，圓珍並出錢修復國清寺止觀堂，士人沈懼作記。〔註39〕

　　浙江地區所鑄之錢，背文曰「越」。（圖二）

圖二

三、江蘇

　　江蘇地區，在唐代大部分屬於淮南節度使領地，當時節度使是李紳，李

〔註39〕釋圓珍，《行歷抄》，頁625。

紳少時在佛寺讀書，常以經文背紙為文稿，為寺僧所毆，終生憾之。〔註40〕
在政治上，李紳與策動廢佛的宰相李德裕，同為李黨「三俊」，故江蘇地區廢
佛政策相當徹底。

江蘇地區被廢寺宇如下列：

表四：江蘇地區廢寺一覽表

寺　名	地　點	沿　　革	資料出處
祈澤寺	江蘇南京	△宋少帝景平元年建，名祈澤治平寺，會昌中廢，南唐昇元間復，宋治平間改祈澤寺。	《金陵梵剎志》9／3
清眞寺	江蘇南京	△舊名清玄寺，梁大通元年置，復廢，唐大中中復置。	《金陵梵剎志》29／7
天竺山能仁寺	江蘇南京	△劉宋元嘉中文帝建，名能仁寺，唐會昌中廢，楊吳太和中改報先院。	《金陵梵剎志》32／1
靜居寺	江蘇南京	△本唐天福寺基，會昌中廢，南唐復為淨住院。	《金陵梵剎志》44／5
龍光寺	江蘇南京	△宋元嘉二年號青園寺，高僧傳云竺道生後還上都青園寺。寺是惠恭皇后褚氏所立，本種青處因以為名。……元嘉五年有青龍見覆山之陽，帝捨果園建青園寺，西置龍王殿，今沼止見存，至會昌年廢，咸通二年重建。	《金陵梵剎志》48／5
崇教禪院	江蘇武進	△梁大同二年邑人王建捨宅為之，名祇院，大業五年廢，唐上元初重建，會昌中又廢，乾符二年復舊。	《咸淳毘陵志》25／19
靜教禪院	江蘇武進	△陳至德元年建，名善寂，隋開皇中吳郡刺史陳子邁捐資增創，大業盡燬，唐上元間重緝，會昌又廢，尋復舊。	《咸淳毘陵志》25／19
旌忠薦福禪寺	江蘇武進	△梁大同三年建，名法雲，唐會昌中廢，咸通重建，亦名慧山。	《咸淳毘陵志》25／20
法藏禪寺	江蘇宜興	△蕭齊時建，名重居，……會昌廢，咸通中復。	《咸淳毘陵志》25／21
廣教禪院	江蘇宜興	△齊建元二年以祝英台故宅建，唐會昌中廢，地為海陵鍾離簡之所得。至太和中李	《咸淳毘陵志》25／22

		司空於此借榻，肄業後第進士，咸通間贖以私財重建，刻奏疏于石。	
慧明禪寺	江蘇宜興	△唐上元二年建，名淨土，後改善覺，會昌中廢，南唐保大八年僧惠正重建，復號淨土。	《咸淳毘陵志》25／24
靈巖寺	江蘇吳縣	△即晉東亭獻穆公王珣及弟珉之宅，咸和二年捨建精廬於劍池，分爲東西二寺，寺皆在山下，蓋自廢昌廢毀後，人乃移寺山上。（會昌）五年詔毀天下寺四十（千）餘所而靈巖與焉，大中既復教，寺亦仍舊。	《吳郡圖經續記》卷中頁13《六學僧傳》26／445
天峯院	江蘇吳縣	△昔唐自有報恩寺，……自武宗時報恩寺廢，雖興葺不能復，……其後益淪壞。所謂南峯者，乃古之報恩之屬院耳。	《吳郡圖經續記》卷中頁14
寶嚴院	江蘇常熟	△梁天監初建，舊名延福禪院，唐會昌中廢，宋端拱中再行葺治。	《重修琴川志》10／13
破山興福寺	江蘇常熟	△此寺始自齊始興五年，因邑人彬州牧倪德光捨居第置之，是爲大慈寺。至梁大同三年，改爲興福寺，自是邑爲寺，歷陳隋四代，迄於我唐甲辰歲，歲逾三百年。會昌末，釋教中圮，僧難聿興，武宗斥去浮屠，法寺毀，大中踐祚，再恢釋教，俾飭伽藍。	《破山興福寺志》1／2～3
報恩寺	江蘇吳縣	△唐之報恩寺，在吳縣之報恩山，即支硎山也。自梁武帝建寺，經唐武宗殘毀，至是乃移額於此（開元寺）寺。	《吳郡圖經續記》卷十頁10
穹窿禪寺	江蘇吳縣	△舊名福臻禪院，梁天監二年建，唐會昌六年復建。	《姑蘇志》29／37
昭明教寺	江蘇吳縣	△相傳爲昭明太子所建，或謂山產文石故名，然不可考矣。唐會昌中廢，宋嘉泰中白馬寺僧南公重建。	《姑蘇志》29／44
慧聚教寺	江蘇崑山	△梁天監十年吳興沙門惠嚮建，……會昌中寺廢，以柱藏郡中，大中間復興，賜金書字牌銅鐘，復以柱還寺。	《姑蘇志》30／1～2
嚴因崇報禪寺	江蘇南京	△齊永平七年明僧紹捨宅爲寺，……（唐）高宗御製明隱君碑，改爲隱居棲霞寺，……武宗會昌中廢，宣宗大中五年重建。	《景定建康志》46／14
隆報寶乘禪寺	江蘇南京	△即舊草堂寺，唐會昌中寺廢，國朝復建，治平中賜額。	《景定建康志》46／17

向善寺	江蘇鎮江	△祥符圖經云：宋將軍劉（亡其名）捨宅為之，唐會昌中廢，咸通中復，曰僧伽禪院。	《至順鎮江志》9／15
慧聚寺		△張僧繇繪神於兩壁，畫龍於四柱，每陰雨欲晦，畫龍雛雛皆潤，鱗甲欲動，又敕僧繇畫鎖以制之。會昌寺廢，以柱藏郡中，至宣宗大中間復興，賜金畫寺牌銅鐘，郡復以柱還寺。	《玉峯志》卷下頁7
惠山普利院	江蘇無錫	△梁大同間入于僧創招提號法元禪院，……後廢于唐武宗垂拱（疑衍文）間，宣宗時寺復興。	《無錫縣志》3／28

　　江蘇地區被保留的是開元寺，為玄宗二十六年所置，內有玄宗聖容。〔註41〕另李德裕在浙西觀察使任內（駐潤州），為求穆宗冥福所建的甘露寺，亦被保留。〔註42〕廢寺之際，將管道內廢寺所藏名賢壁畫置之於室，內有顧愷之、戴安道、謝靈運、陸探微、張僧繇、展子虔、韓幹、吳道子等人作品。〔註43〕

　　廢寺之初，李紳以揚州所鑄新錢背文「昌」字以表年號，呈進朝廷，遂敕鑄錢之所，各以本州郡名為背文。〔註44〕另有背文「潤」者，為浙西觀察使所鑄之錢。（圖三）

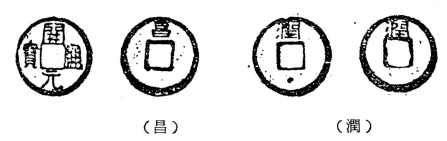

（昌）　　　　　　　　（潤）

圖　三

四、江西、福建

　　江西地區廢寺資料不多，僅延慶、棲賢、東林、龍興四寺。其中東林、

〔註41〕朱長文，《吳郡圖經續記》卷中，（台北，中國地志研究會，民國67年8月），頁10。

〔註42〕盧憲，《嘉定鎮江志》卷八，（台北，中國地志研究會，民國67年8月），頁1。

〔註43〕郭若虛，《圖畫見聞志》卷五，（台北，台灣商務印書館，四部叢刊續編），頁9。

〔註44〕丁福保，《古錢大辭典》下編，（台北，世界書局，民國54年3月），頁389。

棲賢位於廬山。東林寺為東晉慧遠所建，會昌法難依例廢止，大中年間，刺史崔黯修復並撰文，柳公權書之。福建在中唐以後，佛教漸盛，會昌拆寺亦遭波及。茲將兩地被廢寺宇表列於後：

表五：江西、福建地區廢寺一覽表

寺　名	地點	沿　　革	資料出處
延慶寺	江西南昌	△唐大和三年文宗以夢寐交感，特詔修崇，有僧普願者，率勵眾力創造飛閣，極高明之制，盡臨觀之美，瞻仰之徒勝賞，仍在會昌沙汰，旋復珍夷。	《江城名蹟》，頁25
棲賢院	江西廬山	△始南齊永明七年，議參軍張希奏置寺於尋陽西南二十里。唐寶曆初，刺史李渤徒置是山，以僧智常居之，智常學者數百人，春夏居棲賢，秋冬居歸宗。會昌中廢寺，景福中僧懷祐復興焉。	《廬山記》2／1035
東林寺	江西廬山	△復東林寺碑殘刻　崔黯撰柳公權書　唐有天下一十四帝，見其非理而汰之，而持事之臣不以歸元（民）返本，以結人心，其道甚桀，幾為一致。今天子取其有益生人，稍復其教，通而流之，以濟天下，於是江州奉例詔，余時為刺史，前詔茲地，……得舊僧正言，問能復東林乎？曰：能。即斷其髮，佳而勉之，又命言擇其徒，得二十九以隸其下，皆心生力完臂股相用，言則隨才賦事，分命告復，所至響應。	《八瓊室金石補正》，頁25
龍興寺	江西吉安	△廬陵龍興寺西北隅，先有設色遺像，武宗五年毀廢，至大中初重建寺。	《塑像記》
懷安大中寺	福建福州	△梁太守袁士俊地，內有小山，時聞鐘聲，因名鍾山，普通二年捨以為寺，號袁寺。隋仁壽二年始以舍利為塔，……唐上元元年更名福唐寺，會昌例廢，大中四年復之，賜今額。	《三山志》，頁2975
侯官神光寺	福建福州	△唐大曆三年析南澗為金光明院，七年改為大雲，會昌例廢，大中三年監軍孟彪亭池其間，號南莊，明年捨為寺。又明年觀察使崔于請名于朝，宜宗夜夢神人發光，殿廷遲明，覽奏異之，遂與今名。	《三山志》，頁2976

東禪院	福建福州	△舊名淨土，唐武宗廢爲白馬廟，咸通十年郡人迎僧惠筏居之，及夜禪定，有戎服若拜而辭者，是夕或見白駟東之，觀察使李景溫因撤祠爲寺，號東禪院。	《三山志》，頁2983
大乘愛同寺	福建福州	△唐神龍中律師懷道懷一相繼居之，會昌例廢，大中十一年復之。	《三山志》，頁2984
東山文殊般若院	福建福州	△會昌廢，大中復，咸通賜今額。	《三山志》，頁2985
護國天王院	福建連江	△本會昌竹林廢寺，大中初復之，咸通中改今額。	《三山志》，頁7996
雲峯院	福建連江	△建中初僧義延開山，會昌毀法，大中中鄭氏黃氏復之。	《三山志》，頁8001
建善寺	福建長溪	△齊永明元明置，舊號建福，……景雲二年遂移建寺在縣城東，改號建善，會昌例廢，大中四年僧大千令弅奏復之，賜大中建善爲額。	《三山志》，頁8012
盧山寺	福建福清	△陳永定元年置，……唐會昌例廢，大中初有僧澄善望氣，往來其間，乃丐盧居宅以廣之，號盧山。	《三山志》，頁8026
靈石俱胝院	福建福清	△先是唐武宗時僧元修始庵於此，誦七俱祇治疾祟，後深入巖谷中，人以爲遁去矣，有蔬甲泛流而下，乃泝源訪而得之，再往則廬已虛矣，蓋避會昌禁也，宣宗時出，詣闕貢金買山，始創精舍，名翠石院，庄是錫今額。	《三山志》，頁8028
安國寺	福建羅源	△始日龍邱，會昌例廢，乾寧二年忠懿王復之。	《三山志》，頁8061

　　江西、福建地區所保存的寺宇均是開元寺，內有玄宗聖容銅像。〔註45〕江西地區所鑄的會昌開元通寶，背文曰「洪」。福建地區則標以「閩」、「福」。（圖四）

〔註45〕陳宏緒，《江城名蹟》（台北，台灣商務印書館，四庫全書珍本五集），頁13。
　　　　梁克家，《三山志》（台北，中國地志研究會，民國67年8月），頁2957。

（洪）　　　　（福）　　　（閩）

圖　四

五、廣東、廣西

　　廣東地處南疆，佛教傳佈以廣州爲盛，至於飛鳥猶是半年程（李德裕詩）的南中小郡，則多無緇素，每宣德音，須假作僧道陪位。〔註46〕會昌厄，著名之光孝寺被改作道觀，大中年間復舊。

　　廣西佛教，在中唐以前，以桂林西山最盛，會昌廢佛，摩崖造像多爲所毀，雖宣宗繼統，而元氣已傷，終難回復。〔註47〕今據《桂林風土記》、《嘉慶廣西通志》僅得延慶寺、淨土院二所，爲廢於法難者。

　　廣東地區所鑄會昌錢，背文標以「廣」，廣西地區則曰「桂」。（圖五）

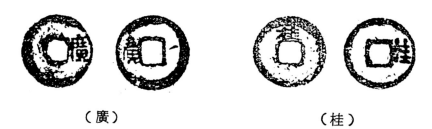

（廣）　　　　　　　　（桂）

圖　五

六、安徽

　　安徽地區被廢寺院有下列數所：

表六：安徽地區廢寺一覽表

寺　名	地點	沿　革	資料出處
會勝寺	安徽旌德	△梁滕公慶和故居，捨宅爲寺，唐會昌中廢，宋太平興國中重建	《安徽通志》57／18

〔註46〕李昉，《太平廣記》卷四八三，頁1028。
〔註47〕羅香林，《唐代文化史研究》（台北，台灣商務印書館，民國69年6月），頁83。

漢洞院	安徽歙縣	△唐建，會昌中廢，大中二年復建。	《徽州府志》10／52
陳塘院	安徽歙縣	△唐會昌以前有之，唐大中七年復建。	《徽州府志》10／53
新興寺	安徽宣城	△新興寺在宣州，宣宗大「和」中（和疑衍文）初悉復武宗所毀佛寺，刺史裴休修之。	《集古錄目》10／6
普光王寺	安徽盱眙	△泗州普光王寺，是天下著名之處，今者庄園錢物奴婢盡被官家收檢，寺裡寂寥，無人來往，州司准敕，欲擬毀拆。	《入唐求法巡禮行記》4／104

武宗會昌年間，李黨當權，牛黨俱遭排斥。詩人杜牧，在政治立場上親近牛黨，廢佛時，爲宣州團練判官，出牧黃池睦三州，他看到廢佛令甫下，地方官吏就迫不及待的將寺產竹園砍伐易錢，留下一首即景詩－〈斫竹〉，詩曰：

寺廢竹色死，官家寧爾留；霜根漸隨斧，風玉尚敲秋；江南苦吟客，
何處送悠悠。

寺院被廢後，是一片蕭條荒涼，即作〈池州廢林泉寺〉，詩曰：

廢寺碧溪上，頹垣倚亂峯；看棲歸樹鳥，猶想過山鐘；石路尋僧去，
此生應不逢。

被迫還俗的僧侶，境況更爲淒慘，於是以悲天憫人的心懷，寫下〈還俗老僧〉，詩曰：

雲髮不長寸，秋寒力更微；猶尋一徑葉，猶挈納殘衣；日暮千峯裡，
不知何處歸。〔註48〕

因廢佛所造成的社會問題，在杜詩筆下，歷歷如繪。安徽地區所鑄的開元錢，背文曰「宣」。（圖六）

（宣）

圖六

〔註48〕杜牧，《樊川文集》卷三，（台北，台灣商務印書館，四部叢刊初編），頁39、43。

七、湖南、湖北

中唐以後，湖南、江西是禪宗二大中心，唯現存法難史料不多，據《南嶽總勝集》僅得廢寺淨業禪寺一所而已。另從《往生淨土傳》知被保存爲開元寺。湖北地區則未留下文獻資料。

湖南地區所鑄會昌開元通寶，背文曰「潭」；湖北地區有「鄂」、「襄」、「荊」三種。（圖七）

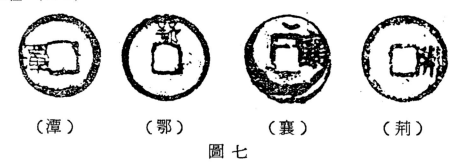

（潭）　　（鄂）　　（襄）　　（荊）

圖 七

八、四川

據日人山崎宏之研究，四川在中晚唐時代的佛教活動僅次於兩都，會昌拆寺，損毀情形如下表：

表七：四川地區被廢佛寺一覽表

寺　名	地　點	沿　革	資料出處
聖興寺	四川成都	△大歷中杜鴻漸領東西川節度使，改爲永泰寺，武宗時例毀廢，大中三年僧定蘭……詔至長安，得對稱旨，遂予優加，遂丐西還，復構此寺。	《四川通志》38／11
梵安寺	四川成都	△前代爲尼居，名桃花寺，隋文帝易以僧，……會昌中欲焚寺，夜聞女子啼泣之聲乃止。	《四川通志》38／11
龍興寺	四川彭縣	△彭州九隴縣再建龍興寺碑　陳會初寺號大空，天授二年爲大雲，我唐開元中詔號龍興，會昌五年廢爲閒地，僧俄巾像示滅，鐘聲絕耳，樓台爲薪。……（大中）復詔天下，使率士郡府各復其寺，寺之數郡府有差，釋之數男女一致，其與夫彭爲郡得復寺之二焉，二之數龍興居一，一寺度僧三十，精選進行能臻不二之門者居其右焉。	《古今圖書集成・神異典》卷114／281

開元寺	四川廣漢	△漢州開元寺，有菩薩像，自頂及焰光坐趺，都是一般青石，雕琢極工，高數尺。會昌毀寺時，佛像多遭摧折刓缺，惟此不傷絲毫。及再立寺，僧振古寶而置放西廊。	《因話錄》6／50
空慧寺聖壽寺	四川成都	△本古龍淵寺，隋更名空慧寺。在城西南石牛門市橋處，俗稱石牛寺、石犀寺。元和二年勅於成都府置聖壽寺，在萬里橋之南。會昌中，兩寺皆毀。大中元年，李回於空慧寺舊址重建一寺，摹聖壽寺額豎此，僖宗更御書之，然非元和聖壽寺也。	《唐代成都寺觀考略》（嚴耕望）

　　據《益州名畫錄》得知，被保存的寺宇為成都大聖慈寺，寺額為玄宗所題。廢寺之時，成都及附近寺宇壁畫、大鐘有少部分移至大聖慈寺。亦有人在靜德精舍、福聖寺的頹垣當中，操刀力剗，得像三十七所，馬八蹄，及展子虔天樂部二十五身。〔註49〕

　　四川地區因地域遼濶，所鑄會昌錢，背文標有「梓」、「益」、「蜀」三種。（圖八）

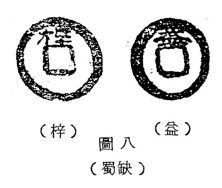

（梓）　（益）
圖八
（蜀缺）

九、陝西、河南

　　陝西、河南地區，除兩京外，廢寺資料不多，僅得陝西臨潼寶雲寺、河南氾水定覺寺二所。定覺寺被拆的目的，是要以建材修昭武廟，供奉高祖、太宗聖容。〔註50〕

　　陝、豫地區所鑄的開元通寶，背文有「藍」、「興」（陝西）；「梁」（河南）。（圖九）

〔註49〕郭若虛，《圖畫見聞志》卷五，頁9～10。
〔註50〕劉昫，《舊唐書》卷十八上〈武宗本紀〉，頁607。

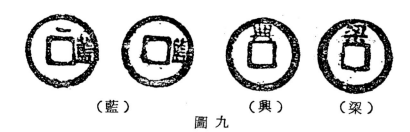

(藍)　　　　　　(興)　　　　(梁)

圖　九

十、北方諸鎮

中唐以後，北方爲藩鎮所統治，因藩鎮對中央順逆不一，故廢佛程度有深淺。《資治通鑑》卷二四八載法難時，五台僧多亡奔幽州，幽州節度使張仲武因李德裕之言，乃封二刀付居庸關，令斬入境游僧。《畿輔通志》載幽州（北平）尉使君寺廢於會昌法難，可知五台、幽州均有佛情事發生。《入唐求法巡禮行記》謂鎮幽魏路四節度使，原來敬重佛法，不毀拆寺舍，不條疏僧尼，佛法之事，一切不動之，云：「天子自來毀拆焚燒，即可然矣，臣等不能作此事也。」〔註 51〕除幽州一地與現存史料不符，有待進一步研究外，其他三地則尚未發現有關史料，也許是執行程度不徹底。河北地區所鑄會昌開元錢，背文有「平」、「丹」二種。（圖十）

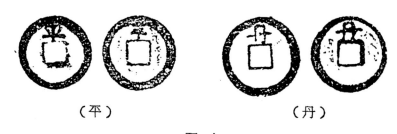

(平)　　　　　　　　　(丹)

圖　十

山東方面，《入唐求法巡禮記》謂：

雖是邊地，條疏僧尼，毀拆寺舍，禁經毀像，收檢寺物，共京城無異。況乃就佛上剝金，打碎銅鐵佛，稱其斤兩，痛當奈何。〔註 52〕

山西方面，雖曾利用寺銅鑄成背文「并」字的開元通寶。但據現存資料判斷，於僧侶、經典未加以迫害、損毀。如沙門增忍在會昌初遊古賀蘭山（朔方節度使領地），羌胡之族供獻酪酥，至五年（西元 845 年）節度使李彥佐嘉其名

〔註51〕釋圓仁，《入唐求法巡禮行記》卷四，頁 109。
〔註52〕釋圓仁，《入唐求法巡禮行記》卷四，頁 107。

節，於龍興寺建別院以居之，忍刺血寫諸經。〔註53〕疏言於大中七年（西元853年）往太原取經，得五千四十八卷，載之而歸。〔註54〕

　　從上所述，可知會昌法難，全國各地均遭波及，被保留的均爲政治廟宇，如南方各地的開元寺，四川的大聖慈寺，江蘇的甘露寺。北方各地開元寺，在安史之亂時，悉被拆毀，玄宗聖容銅像，亦遭鎔毀。〔註55〕所保留寺院，因資料缺乏，有待進一步考察。

第三節　佛典的散佚

　　隋代牛弘曾對我國書籍毀於兵刼火厄，感慨係之，提出「五厄」之說。在中國佛教史上，佛典的散佚，以會昌毀法時最爲嚴重，程度不下於「五厄」之刼。惜會昌所損毀之佛典，詳細書目已不易考察，我們僅能從後人對佛典尋訪過程中，略窺一二。

　　會昌教難時，凡「言論於紙素者投諸火」，致佛典遭遇無情的火刼。地方官吏執行命令，對於碑幢銘贊之類，無不鑿毀，或坎地而瘞之，其中見於後代史料者有〈魯公八關齋報德記〉、〈牟瓃方山證明功德記〉、〈大雲寺經幢〉等。清人葉昌熾謂：

> 余所藏唐幢，往往有大中重建題字。五代宋初，尚有發地得之，而再立者，皆因會昌之刼也。〔註56〕

由於執行政令徹底，造成日後散佚經典不易尋回的一個重要原因。大中年間，沙門元堪等人將秘藏經典取出，疏言往太原府訪經，這些行動，雖有益於經典復原工作，唯所得有限，日後佛子若非主動向國外尋訪佚經，則國內抱殘守闕之憾將無以避免。

　　懿僖之際，司空圖撰〈爲東都敬愛寺講律僧惠確化募雕刻律疏〉一文，謂：

> 自洛城圓遇時交，乃楚印本漸虞散失，欲更雕鏤。惠確無愧專精，頗嘗講授，遠欽信士，誓給良緣，所希龜鏡，益昭津梁靡絕。〔註57〕

〔註53〕釋贊寧，《宋高僧傳》卷二十，頁716。
〔註54〕釋志磐，《佛祖統紀》，卷四十九，頁387～288。
〔註55〕劉昫，《舊唐書》，卷一四二，〈李寶臣傳〉，頁3866。
〔註56〕葉昌熾，《語石》卷九，（台北，台灣商務印書館，民國59年2月），頁302。
〔註57〕司空圖，〈爲東都敬愛寺講律僧惠確化募雕刻律疏〉，收入《全唐文》卷八〇

所謂「自洛城罔遇時交，乃楚印本漸虞散失。」是指敬愛寺在法難時受到破壞，該寺律典有散佚之虞，故以講律僧惠確曾經講授律疏之故，請司空圖撰文以化募雕刻。唐代律宗有南山、東塔、相宗三宗之別，至唐末時，東塔、相宗俱已式微，僅南山宗流傳，懿宗咸通十年（西元869年）十月左右街僧令霄、玄暢等上表乞追贈南山初祖道宣，敕贈「澄照」，塔曰「淨光」，〔註58〕司空圖所化募之律疏當屬南山宗。東塔、相宗之注疏或因無人化募雕印以致湮沒。

　　五代之際北方亂起，擾攘不安，加上後周世宗毀法，佛教發展不易。南方則社會較安定，且國君多崇信佛法，派遣使者遠至高麗、日本求法，致法脈得以重續中國。《佛祖統紀》記四明沙門子麟海外求法事，謂：

> 法師子麟，四明人，五代唐清泰二年（西元935年），往高麗、百濟、日本諸國援智者教。高麗遣使李仁日送師西還，吳越王鏐於郡城建院以安其眾。〔註59〕

《佛祖統紀》亦載天台宗經典散佚情形及遣使海外求經事，其文曰：

> 初天台教迹，遠自安史挺亂，近從會昌焚毀，殘篇斷簡，傳者無憑。師（義寂）每痛念，力網羅之，先於金華古藏僅得《淨名》一疏。吳越忠懿王，因覽《永嘉集》，有「同除四住以此爲齊，若伏無名三藏即劣」語，以問（德）韶國師。韶云：「此是教義，可問寂師。」王即召，師出金門，建講以問前義。師曰：「此出智者妙玄，自唐末散亂教籍散毀，故此諸文多在海外。」於是吳越王遣使十人，往日本國求取教典。既回，王爲建寺溪，扁（匾）曰定慧，賜號淨光法師。……案二師口義云：「吳越王遣使，以五十種寶，往高麗求教文，其國令諦觀來奉諸部，而智者論疏，仁王疏、華嚴骨目、五百門等不復至。」〔註60〕

從上述可知天台教典在會昌之厄損毀十分嚴重，以致陷於斷簡殘篇，傳者無憑的困境，四明子麟、吳越忠懿王，往海外求經。惜日本對這兩次求經反應冷淡，除惠心僧都外，不見積極行動。日人牧田諦亮曾引用日本紀略，謂吳越文穆王於後晉天福元年（西元936年），遣使蔣承勳赴日，尋求佛書。

八，頁4。
〔註58〕釋贊寧，《宋高僧傳》卷十四，頁769。
〔註59〕釋志磐，《佛祖統紀》卷二十二，頁246。
〔註60〕釋志磐，《佛祖統紀》卷八，頁189～190。

〔註61〕唯此說不見於中國，未審是否與子麟之事有關。

　　據韓國佛教史載，我國天台九祖荊溪湛然（西元 711～782 年）傳法新羅法融，開新羅天台法脈，法融三傳弟子諦觀於高麗光宗四年（西元 960 年）持論疏諸文，至螺溪謁義寂法師，天台經典，復還中國。諦觀來華，乃高麗應吳越王之請而遣，觀師至中國，禮義寂為師，留螺溪十年而卒，著《天台四教儀》一書行於世。〔註62〕高麗國遣諦觀來華前，曾誡以於中國求師問難，若不能答，則奪教文以回。同時將智論疏、仁王疏、華嚴骨目、五百門論等禁不令傳。〔註63〕由此觀之，高麗送回天台教典，猶多保留。由於諦觀持天台教典來華，致日後天台人才輩出，造成北宋天台宗的復興。

　　諦觀在中國圓寂，致高麗天台法脈斷絕，致日後有僧統義天持華嚴經典至中國求天台教法之事。義天是高麗文宗仁孝王四子，出家後受封「祐世僧統」，宋神宗元豐八年（西元 1085 年）入宋求法。〔註64〕上表乞傳賢首教，敕兩街舉可教授者，以東京覺嚴誠禪師對，誠舉錢唐慧因寺淨源以自待，乃敕主客楊傑送至慧因寺受法。義天持華嚴疏鈔諮決所疑，閱歲而畢，於是華嚴一宗，文義逸而復得。

　　義天後見天竺寺慈辯，請益天台教觀之道，並遊佛壠，禮智者大師塔，為文誓曰：「已傳慈辯教觀歸國敷揚，願賜冥護。」又請靈芝大智法師說法，持所著文歸國。〔註65〕時為哲宗元祐二年（西元 1086 年），歸國後獻釋典及經書一千卷，與以後陸續購自宋遼日本之書四千卷，悉皆刊行。〔註66〕撰有《新編諸宗教藏經總錄》行世。

　　義天來華將華嚴疏鈔傳回我國，回國後又將金書晉譯華嚴五十卷，唐則天時譯八十卷，德宗朝譯四十卷，附海舟捨入院。天符二年（西元 1099 年）又施金建華嚴大閣（俗稱高麗寺）以供奉之。〔註67〕淨源因得義天傳回《華

〔註61〕牧田諦亮，〈贊寧與其時代〉，（台中，《新覺生月刊》九卷 10 期，民國 60 年 10 月），頁 13。
〔註62〕李能和，《朝鮮佛教通史》下編，頁 295～296。
〔註63〕釋志磐，《佛祖統紀》卷十，頁 206。
〔註64〕李能和，《朝鮮佛教通史》上編，頁 232。
　　　　按：《佛祖統紀》卷十四，〈義天傳〉作「元祐初入中國問道。」
〔註65〕釋志磐，《佛祖統紀》卷十四，頁 223。
〔註66〕李能和，《朝鮮佛教通史》上編，頁 233。
〔註67〕譜說友，《咸淳臨安志》卷七十八，（台北，中國地志研究會，民國 67 年 8 月），頁 14。

嚴疏鈔》之故，故能融會其師長水子璿所授之《楞嚴》、《圓覺》、《起信論》之學，時人稱為華嚴中興之祖。〔註68〕

從上述天台、華嚴二宗傳回中國的經過，及對這二宗復興的影響，可看出會昌法難時，天台、華嚴經典散佚的嚴重性。

北宋立國後，曾先後派使者到荊南、蜀、南唐、吳越諸國，盡數其地文書以歸汴京，乾德四年（西元 966 年）又下詔搜求逸書，〔註69〕又遣使者到峨嵋、五台、泗州等地莊嚴佛像。太祖并於開寶四年（西元 971 年）遣高品、張從信至益州雕造大藏經，至太宗太平興國八年（西元 983 年）完成，此即「開寶藏」的由來，亦是我國雕印大藏經之始。開寶藏雕刻之際，曾將天台智者之科教經論一百五十卷入藏，經版係向杭州取來。〔註70〕吳越時向高麗所求天台經典，亦應於此時入藏。此後兩宋政府陸續雕刻藏經，先後完成崇寧藏、毘盧藏、圓覺藏。這些藏經與元明時修的磧砂藏、普寧藏、嘉興藏，以卷帙函號來看，均以唐智昇撰《開元釋教錄》（完成於開元十八年，西元 730 年）為依據，屬於同一系統。

另外，遼、金、高麗亦雕刻大藏經，其編纂方式係根據後晉釋可洪的《新集藏經》，融合了《開元釋教錄》與《貞元新定釋教目錄》（唐圓照撰，完成於貞元十六年，西元 800 年）的編排方式，屬於另一系統。史載耶律德光破晉軍後，備法駕入汴，盡擄晉圖像經文，運往上京，釋可洪《新集藏經》亦歸契丹。〔註71〕

金藏所收唐代以前諸家譯撰典籍約可分以下三類：

第一類是金藏、高麗《再雕藏》（完成於西元 1251 年）、日本《大正新脩大藏經》（簡稱大正藏，完成於西元 1934 年）、《卍續藏》（完成於西元 1912 年）所收輯，而為中國所刊行各版藏經所未收入者。此類經典大部分是唐代以前僧侶所譯的顯教經典，及金剛智、不空等人所譯的密教經文。茲將目錄表列於下。

〔註68〕黃公偉，《中國佛教思想傳統史》（台北，《獅子吼雜誌社，民國 61 年 5 月），頁 237～238。

〔註69〕方豪，《宋史》（台北，華岡出版部，民國 64 年 10 月），頁 60。

〔註70〕釋道安，《中國大藏經雕刻史話》（台北，盧山出版社，民國 67 年元月），頁 62、71。

〔註71〕陳玉書，〈談遼版大藏經〉，北平，《光明日報》，民國 50 年 11 月 22 日。

表八：金藏所收唐代以前顯密經典目錄——宋元明中國刊行藏經未收入部分

經典譯、疏名	著、譯者	卷數	函號	備　註	頁數
波若波羅蜜多心經	唐般若共利言等譯	一卷	磻		29
佛說普門經	西晉竺法護譯	一卷	乃		36
大乘文殊師利菩薩佛刹功德莊嚴經	唐不空譯	三卷	實		37
須摩提經	唐菩提流支譯	一卷	服	大寶積經卷九八妙慧童女會第三十別行	39
大乘虛空藏菩薩所問經	唐不空譯	八卷	茂	大正藏在經題前加大集二字	46
佛說般舟三昧經	後漢支婁迦讖譯	一卷	伐		48
佛說阿難問事佛吉凶經	後漢安世高譯	一卷	思		56
佛說申日經	西晉竺法護譯	一卷	敢		61
佛說樹提伽經	劉宋求那跋陀羅譯	一卷	景		61
大花嚴長者問佛那羅延力經	唐般若共利言譯	一卷	磻		62
五母子經	吳支謙譯	一卷	思		63
佛說月燈三昧經	劉宋先公譯	一卷	鞠	高麗藏注：一名文殊師利菩薩十事行經	72
金光明經	北涼曇無讖譯	四卷	傾		75
大方廣如來藏經	唐不空譯	一卷	碑		75
佛說罪福報應經	劉宋求那跋陀羅譯	一卷	無		84
佛說五無反復經	劉宋沮渠京聲譯	一卷	無		84
佛說十力經	唐勿提提犀魚譯	一卷	時		87
佛說時非時經	西晉若羅嚴譯	一卷	無		89
佛說貧窮老公經	劉宋慧簡譯	一卷	辭		89

金剛頂經金剛界大道場毘盧遮那如來身受用身內證智眷屬法身異名佛最上乘秘密三摩地禮懺文	唐不空譯	一卷	功		98
蘇悉地羯囉經	唐輸波迦羅譯	三卷	詩	麗本出丹藏三十七品	100
金剛頂經觀自在王如來修行法	唐不空譯	一卷	刻		105
五佛頂三昧陀羅尼經	唐菩提流志譯	四卷	悲		107
金剛頂經一字頂輪王瑜珈一切時象念誦成佛儀軌	唐不空譯	一卷	碑	麗藏輪上無頂字處上無時字	108
佛說廻向輪經	唐尸羅達摩譯	一卷	時		113
金剛光熖止風雨陀羅尼經	唐菩提流志譯	一卷	讚		116
金剛頂降三世大儀軌法王教中觀自在菩薩心眞言一切如來蓮華大曼拏攞品	唐不空譯	一卷	刻	麗藏無法至品二十三字	118
千眼千臂神咒經	唐智通譯	二卷	潔		120
千手千眼觀世音菩薩大身呪本	唐金剛智譯	一卷	祿		121
觀自在隨心呪經	唐智通譯	一卷	良		126
金剛頂勝初瑜伽經中略出大樂金剛薩埵念誦儀	唐不空譯	一卷	勒		128
修習般若波羅蜜菩薩觀行念誦儀軌	唐不空譯	一卷	銘		132
佛說文殊寶藏經	唐菩提流志譯	一卷	讚	大正藏作佛說文殊師利法寶藏陀羅尼經	136
聖迦柅忿怒金剛童子菩薩成就儀軌經	唐不空譯	三卷	碑		140
迦陀野儀軌	唐金剛智譯	三卷	車		143
佛說摩利支經	唐不空譯	一卷	碑		144

蘘麌哩童女經	唐不空譯	一卷	駕		145
東方最勝燈王陀羅尼經	隋闍那崛多譯	一卷	知		155
百千印陀羅尼經	唐實叉難陀譯	一卷	羔		156
佛說玄師 颰陀所說神咒經	東晉曇無蘭譯	一卷	讚		157
彌沙塞五分戒本	劉宋佛陀什等譯	一卷	隨		162

本表根據蔡運辰：《二十五種藏經目錄對照考釋》製成，表中底格頁數係該書頁碼。（表九、表十均同）〔註72〕

　　這類經典，可能係直接參考高麗初雕藏，續藏，或間接得自日本，為義天向日本所求得，而為中國會昌厄所散佚者。

　　第二類的經典是金藏、大正藏、卍續藏收輯，但高麗再雕藏及中國各版本均未收入者，這類經典有左列數種：

表九：金藏所收唐代以前經典目錄──高麗再雕藏、中國各版本藏經未收入部分

經典譯、疏名	著、譯者	卷數	函號	備　註	頁數
金剛般若論	隋達摩笈多譯	二卷	傳		173
般若波羅蜜多心經幽贊	唐窺基撰	二卷	稅		195
妙法蓮華經玄贊	唐窺基撰	二十卷	熟貢		197
觀音玄義	隋智顗說、灌頂記	二卷	稼		197
觀音義疏	隋智顗說、灌頂記	二卷	畝		197
佛說觀無量壽佛經疏	隋智顗說	一卷	稼		200
阿彌陀經通贊疏	唐窺基撰	一卷	稅		201
涅槃經疏	隋灌頂撰	三三卷	務茲		202
觀彌勒菩薩上升兜率天經疏	唐窺基撰	二卷	黍		202
金光明經玄義	隋智顗說、灌頂錄	一卷	稼		204
金光明經文句	隋智顗說、灌頂錄	六卷	稼		204
菩薩戒義疏	隋智顗說、灌頂記	二卷	稼		207

〔註72〕蔡運辰，《二十五種藏經目錄對照考釋》，（台北，新文豐出版公司，民國72年12月），頁529。

瑜伽師地論記	唐遁論集撰	二四卷	魚至庶		209
瑜伽師地論略纂疏	唐窺基撰	十六卷	新勸		209
成唯識論述記	唐窺基撰	二十卷	我藝		209
成唯識論掌中樞要	唐窺基撰	三卷	黍	大正藏作四卷	209
因明入正理論疏	唐窺基撰	三卷	稅		210
法苑義林	唐窺基撰	六卷	稷	大正藏作大乘法苑義林章	212

　　這類經典絕大部分是唐代窺基的著作，窺基係玄奘弟子，唯識宗的開創者，因唯識細膩瑣屑，不合國人習性，安史亂後，習者漸少，宗風轉衰，不待會昌法難之影響。〔註73〕金藏所錄窺基著作，或係北方所保留下來，因中唐以後未受重視，致疏言太原訪經時未被運往南方，直到編輯金藏時纔被收錄。清人楊仁山在《等不等觀雜錄》中窺基撰〈成唯識論述記〉條謂：

> 此書元末失傳，後人以不見爲憾。今從日本來，慈恩一宗，其再興乎。〔註74〕

言下之意，頗覺遺憾未被後人收錄。高麗再雕藏未收原因則是其國所傳爲圓測系統，爲安慧的思想，與窺基所傳護法的思想不同。

　　第三類的經典是金藏首次收錄，並爲以後中國、高麗、日本雕刻各版藏經收錄者。其目錄如左表：

表十：金藏所收唐代以前經典目錄──高麗、日本、中國各版藏經均收錄者

經典譯、疏名	著、譯者	卷數	函號	備註	頁數
止觀義例	唐湛然述	一卷	俶	大正作二卷	218
止觀大意	唐湛然述	一卷	稿		218
四教義	隋智顗撰	四卷	稿	大正作十二卷	220
金剛錍	唐湛然述	一卷	稿		220
龍樹菩薩傳	姚秦鳩摩羅什譯	一卷	畫		234

〔註73〕嚴耕望，〈唐代佛教地理分佈〉，收入《中國佛教史論集・隋唐五代篇》（台北，大乘文化出版社，民國66年11月），頁88～89。

〔註74〕楊仁山，〈等不等觀雜錄〉，收入《楊仁山居士遺書》（台北，文海出版社，民國58年9月），頁777。

眾經目錄	唐靜態撰	五卷	設		246
出家功德因緣經	後漢安世高譯	一卷	甚		282
大唐開元釋教廣品歷章	唐玄逸撰	三十卷	振至世		282
木槵經	唐不空譯	一卷	刻		283
圓覺經道場修證儀	唐宗密述	十八卷	丹青		283
雙峯山曹溪寶林傳	唐智矩集	九卷	秦		283
華嚴經清涼疏科	唐澄觀撰	十卷	昆		283
維摩疏記	唐湛然述	六卷	畝		284
因明論理門十四道類疏	唐窺基撰	一卷	黍		284
百法明門論決頌	唐窺基撰	一卷	黍		284
大乘瑜伽刧章頌	唐窺基撰	一卷	黍		284
百法論疏	唐義忠撰	二卷	稷		284
異部宗輪論疏	唐窺基撰	一卷	稅		284
彌勒下生成佛經疏	唐窺基撰	一卷	稅		284
瑜伽師地論義演	清素述	四一卷	賞至史		284
上生經會古通今新鈔	唐銓明集	存二四卷	卷末		285

　　這類的經典，大部分屬於天台華嚴的撰注，這類著作，當係五代以後陸續傳回與發現的結集，在海外者也因金藏的雕刻而被收錄，這是由於天台華嚴二宗在北宋時已復興，其宗派經典也較為時人所重，金藏收錄後就廣為流傳，為往後所雕印之各版本大藏經所收錄。〔註75〕

　　會昌法難時「巾其徒，徹其居，火其書」的政策執行的相當徹底，對中國佛教的打擊異常沉重，象徵當時佛教的三寶－寺院（佛像供奉之處）、經典（法的結集，尤其是宗派祖師的著作）、僧侶均受到破壞，由於毀法遍及全國

〔註75〕明僧蓮池大師謂：「古來此方著述入藏者，皆依經論入藏成式，梵僧若干員，漢僧若干員，通佛法宰官若干員，群聚而議之。有當入而未入者，……則一二時僧與一二中貴草草自定，而高明者或不與其事故也。嗟乎！天台師種種著述，及百年然後得入藏，豈亦時節因緣使之然歟！」（釋蓮池，《竹窗隨筆》，台灣印經處，民國60年6月，頁189）由此觀之，天台經典為金藏先收錄，是因官刻與民刻（金藏由法珍尼刊刻）不同的緣故。

各地，致佛教的社會基礎幾乎被連根拔起，終致中國佛教由盛轉衰，盛況不再。

第五章　法難的影響

第一節　社會功能方面

　　佛教在中國發展，自魏晉以降，逐步走向制度化與社會化，道安法師建立僧伽組織，使佛教得與民眾接近，以平等觀開導眾生，與眾生結緣。其後慧遠法師在廬山立蓮社，與名士發心往生淨土，因此持名念佛易行道，致民眾不再視成佛理論爲畏途，爲佛教奠下深厚根基。

　　僧伽制度確立後，僧侶往往基於大乘菩薩道精神，從事許多社會福利事業，其較具體者，首推北魏時曇曜爲救濟飢民罪犯所創之僧祇戶及佛圖戶。《魏書‧釋老志》謂：

> （和平初西元 460 年）曇曜奏：平齊戶及諸民，有能歲輸穀六十斛
> 入僧曹者，即爲僧祇戶，粟爲僧祇粟，至於儉歲，賑給飢民。又請
> 民犯重罪及官奴以爲佛圖戶，以供諸寺掃洒，歲兼營田輸粟。高宗
> 並許之。於是僧祇戶、粟及寺戶，徧於州鎮矣。〔註1〕

僧祇戶的形成，當爲平齊戶與諸民的組合。諸民係指一般百姓，平齊戶當係平齊郡戶之意，平齊郡是在帝都平城附近，雁門以北新設之郡，北魏皇興三年（西元 469 年）平定齊地，將原居其地之漢民，移住於此，其中包括戰俘及投降戰士。〔註2〕曇曜法師建立這個制度的主要目的是拯救死囚和重罪犯

〔註1〕魏收，《魏書》，卷一一四，〈釋老志〉，頁 3037。
〔註2〕道端良秀著，關世謙譯，《中國佛教與社會福利事業》（高雄，佛光山出版社，民國 70 年 4 月），頁 65。

人。遏止了元魏對南朝軍民俘虜的屠殺與長期迫害，並將被壓迫的勞力導向生產與防災救難事業，是一種化暴戾為祥和的作為。可惜這種社會福利事業，在半個世紀之後，因曇曜法師及平齊戶民均先後去世，新換上的當政者及平齊戶民後代，已將設立這個制度的原意忘却，大家重視的是經濟意義與實用效能，行政者為扮作同情僧祇戶農民，用法令的力量為之伸冤，農民取得了少許土地，而政府却收入大批的田賦。〔註3〕《魏書·釋老志》載永平四年（西元 511 年）之詔曰：

> 僧祇之粟，本期濟施，儉年出貸，豐則收入。山林僧尼，隨以給施；民有窘弊，亦即賑之。但主司冒利，規取贏息，及其徵責，不計水旱，或償利過本，或翻改卷契，侵盡貧下，莫知紀極。細民嗟毒，歲月滋深。非所以矜此窮乏，宗尚慈拯之本意也。自今已後，不得專委維那、都尉，可令刺史共加監括。

又尚書令高肇奏言：

> 謹案：故沙門統曇曜，昔於承明元年（西元 476 年），奏涼州軍戶趙苟子等二百家為僧祇戶，立課積粟，擬濟飢年，不限道俗，皆以拯施。又依內律，僧祇戶不得別屬一寺。而都維那僧暹、僧頻等，進違成旨，退乖內法，肆意任情，奏求逼召，致使吁嗟之怨，盈於行道，棄子傷生，自縊溺死，五十餘人。……請聽苟子等還鄉課輸，儉乏之年，周給貧寡，若有不虞，以擬邊悍。其暹等違旨背律，謬奏之愆，請付昭玄，依僧律推處。〔註4〕

僧祇制度的變質，是僧伽制度變質而造成的，由於僧眾中擁入大量的莠民，這些人逃避了政府賦役，也將佛教福利事業轉變成營利事業，失却了慈悲為懷的本意。而當政者在重新分配財富的時候，也忘記了對俘虜罪犯感化措施的肯定，雙方均成逐利之徒。

僧祇戶的破壞，致後來爾朱氏叛亂興起，生產中斷，民眾求助無門，相率餓死於道路溝壑之間，其收不下全國總人數十分二三。〔註5〕

與僧祇戶的建立及破壞相類者為三階教的無盡藏院。三階教的創立者為隋代的信行禪師，無盡藏院設置的目的有三：第一是供養天下僧藍增修

〔註3〕釋明復、張慧命，〈關於佛教寺院經濟之對話〉，頁38。
〔註4〕魏收，《魏書》，卷一一四，〈釋老志〉，頁3041～2042。
〔註5〕釋明復、張慧命，〈關於佛教寺院經濟之對話〉，頁38。

之備；第二次救濟瀕臨飢餓之苦的世人；第三是支持寺院中一些固定的法
會或活動。〔註6〕這是一種非營業性質的社會福利事業，無盡藏院對於借貸
公錢與貧民，手續相當簡便，不需立借據，到期只要償還本錢就可以，不
需付利息及設抵押品，無盡藏院設置之後，即受貧民的歡迎。隋朝末年各
地戰亂擾攘，人民流離失所，三階教表現出安定社會的力量。唯自初唐以
降，政府對於三階教無盡藏院的表現，認爲有獨善之嫌，和君主「恩賞自
上出」的宗旨不符。另三階教所經營的水磑金融等生息事業，也和王公貴
人相衝突，所以自武后起，政府開始禁止三階教典，玄宗開元十三年（西
元 725 年）終於將化度寺無盡院的財物、田宅、六畜、錢帛等物，盡行分
散給京都各寺院，以及充爲修理破損佛像堂舍或橋樑等用，如仍有剩餘，
充當各寺常住物，以致三階教的發展一蹶不振。

　　無盡藏院遭受破壞，致安史之亂時，政府爲籌措軍費，須靠出售度牒，
而人民則孤苦無依，流離失所，死於非命者不可勝數。

　　會昌法難在本質上仍然屬於政府破壞僧祇戶與無盡藏院同一類型，這是
基於重新分配財富的觀念，沒收寺產，而將佛教社會福利事業的經濟基礎徹
底破壞。在會昌時，佛教積極從事的社會福利事業仍相當的多，諸如悲田養
病坊、義塚、義井、義橋、義邑、宿坊、浴場等，這些事業均是維持社會和
諧安定的動力。廢佛後，社會上各種問題接踵而至，首先是僧侶還俗，悲田
養病坊無人主持，宰相李德裕上疏謂：

> ……今緣諸道僧尼盡已還俗，悲田坊無人主管，必恐病貧無告轉致
> 困窮。臣等商量，緣悲田出於釋教，並望更爲養病坊，其兩京及諸
> 州於錄事耆年中，揀一人有名行謹信爲鄉閭所稱者，事令勾當。
> 其兩京望給寺田四十頃，大州鎮望給田七頃，其他諸州，望委觀察
> 使量貧病多少，給田三五頃、三二頃，以充粥飯。如州鎮有羨餘官
> 錢，量與置本收利，最爲穩便，若可如此，方圓不在更望給田之限，
> 各委長吏處置訖聞奏。〔註7〕

李德裕的上奏，武宗於是年（西元845年）十一月許其所請，敕文謂：

> 悲田養病坊，緣僧尼還俗，無人主持，恐殘疾無以取給，兩京量給
> 寺田賑濟，諸州府七頃至十頃，各於本管選耆壽一人勾當，以充粥

〔註 6〕道端良秀著，關世謙譯，《中國佛教與社會福利事業》，頁71。
〔註 7〕李德裕，〈論兩京及諸道悲田坊狀〉，收入《全唐文》卷七〇四，頁3～4。

科。〔註8〕

悲田養病坊是佛教寺院爲收容殘疾無依民眾而設的慈善組織，會昌五年（西元 845 年）八月，隨寺院被毀而無人主持，直到十一月，武宗纔下令選耆壽一人管理，並將被沒收寺田劃出一小部分，以爲粥科之用。我們可以想見，在這二至三個月的空檔時間中，悲田養病坊內的殘疾民眾，在得不到關照情況下，其境遇之悲慘。而偏遠地區得到武宗的敕令當在十一月以後，中間空檔時間更長，問題更加嚴重。

其次，由於僧侶還俗，政府收充兩稅戶，貧病老弱亦不能免，一些年輕無田者逐挺而走險，社會治安因而惡化。李德裕謂：

> 自有還僧以來，江西劫殺比常年尤甚，自上元至宣池地界商旅絕行，緣所在長吏，掩閉道路，頗甚怨嗟。〔註9〕

日僧圓仁在《入唐求法巡禮行記》中亦謂：

> 唐國僧尼本來貧，天下僧尼盡令還俗，乍作俗形，無衣可著，無物可喫，艱窮至甚，凍餒不徹，便入鄉村劫奪人物，觸處甚多，州縣捉獲者，皆是還俗僧。〔註10〕

唐代寺產數目並非豐厚，初步估計，僧尼人近一頃，與民間小康之家無異。〔註11〕若扣除富豪仕宦之家所控制擁有者，則僧尼所得不及民間中產之家。廢寺之初，劣紳惡吏上下其手者不乏其人。《尚書》故實謂：

> 聖善寺銀佛，天寶亂，爲賊截將一耳。後少傅白公，奉佛銀三鋌添補，然不及舊者。會昌拆寺，命中貴人毀像，收銀送內庫，中人以白公所添鑄，比舊耳少銀數十兩，遂詣白公索餘銀，恐涉隱沒故也。

同書又記載謂：

> 毀寺時，分遣御史，撿天下所齊寺。及收錄金銀佛像，有蘇監察者不記名，巡覆兩街諸寺，見銀佛一尺以下者，多袖之而歸，謂之蘇扛佛。〔註12〕

關於官吏趁火打劫，大發毀寺財的記載另散見於《太平廣記》、杜牧詩中（見第四章第二節）。會昌法難在經濟因素中，含有財產分配的意味，政府的政策

〔註8〕劉昫，《舊唐書》，卷十八上，〈武宗本紀〉，頁607。

〔註9〕李德裕，〈請淮南等五道置遊奕船狀〉，收入《全唐文》卷七○四，頁2～2。

〔註10〕釋圓仁，《入唐求法巡禮行記》，卷四，頁108。

〔註11〕呂思勉，《讀史箚記》（台北，木鐸出版社，民國72年9月），頁1009。

〔註12〕李綽，《尚書故實》（台北，新興書局，民國49年6月），頁4。

和官吏的行徑，對無辜的僧侶而言，不啻是竭澤而漁的不智行為，致其在失卻謀生工具之後，遂打家劫舍，破壞治安。

寺院和僧侶是佛教實施大眾福利事業的兩大支柱，寺院以其幽雅的林園造景，奇花異卉，豐富的藏書等條件，頗能吸引仕女遊客與士子的遊憩讀書，而與眾生結緣。如深受唐人喜愛的牧丹花，頗多新品種出自寺院栽培，如慈恩寺、興唐寺、興善寺均因此名聞遐邇。惜會昌拆寺時，這些名花均遭破壞，大中元年（西元 847 年）段成式在吉州，猶憶法難時長安諸寺慘遭破壞，作〈桃源僧舍看花〉詩一首，詩云：「前年帝里探春時，寺寺名花我盡知。今日長安已灰燼，忍能南國對芳枝。」〔註13〕語氣之中，對此人為災難頗感無奈。

放生思想及禁屠是佛教慈悲觀與儒家「親親而仁民，仁民而愛物」這種民胞物與精神結合的表現，唐武宗崇道黜佛，於會昌四年（西元 844 年）正月下敕，正月禁屠三日，列聖忌斷一日，三元月各斷三日，餘月不禁。〔註14〕唯對放生思想並未語及，故在法難之時，各地放生池均遭居民濫捕。日僧圓珍在大中七年（西元 853 年）十二月時訪天台山，於《行歷抄》中敘述其所見：

> 十二月九日，五更，乘潮上發行，元璋闍梨相領入舡，一切勾當，都五箇日。從溪而上，水淺石多，非常難行。此山溪者，天台大師放生之池云云，在後貞觀儀鳳之中，敕下禁斷，不教漁捕，永為放生之池。拆寺以後，却如往時，滬梁滿江溪，煞（殺）生過億萬。〔註15〕

這是一幅充滿暴戾之氣的畫面，不禁令人想起「千百年來碗裏冤，冤深似海恨難平；若知世上兵刀劫，但聽屠門夜半聲」之警世語。

武宗歿後，宣宗以皇太叔身分即位，由於宣宗年長，世故圓融，瞭解民間疾苦和社會問題癥結所在，故於即位之後力事彌補，放鬆對佛教的管制。唯僧侶在橫遭摧殘之後，由於寺院經濟已不足以維持大規模的社會福利工作，故大中末葉，江浙地區屢遭天災侵襲，農民流離失所，政府無力賑災，致裘甫一起，影從者眾，唐室從此步入衰運。

〔註13〕方南生，《段成式年譜》，頁335。
〔註14〕劉昫，《舊唐書》，卷十八上，〈武宗本紀〉，頁599。
〔註15〕釋圓珍，《行歷抄》，頁625。

第二節　佛教宗派方面

宗派的成立，是隋唐佛教的特色。宗派的形成，是僧侶研習、講授、著作某宗所依核心經論、行持，並經過師資傳承的關係，將某宗經論、行持傳給下一代弟子。此外並有部分僧侶因受時空限制，只能從某宗祖師著作中，領悟學習到某宗宗義，並將心得傳授給弟子。〔註16〕故隋唐宗派佛教，各派均有其經論、行持、師承、宗風。

中國佛教十宗，唐時最盛者莫過於教下三家之法相宗、天台宗、華嚴宗與教外別傳之禪宗，此四宗者皆大乘妙諦。其餘皆支孽附庸而已，〔註17〕其餘有三論宗、密宗、淨土宗、律宗、俱舍宗。亦有謂中國佛教不及十宗或達十餘宗者，雖有許多小宗自安史亂後已衰微，不迨會昌之厄。

隋及唐初佛教極盛於北方，而國都長安尤爲中心。唐初法相宗之宗師玄奘，華嚴宗之宗師法藏同時得勢於京師，惟天台一宗獨秀於東南，但不能與法相、華嚴抗衡。安史亂後法相已衰，天台、華嚴歷荊溪湛然，圭峯宗密之復興，宗風井然，唯自會昌之厄，天台、華嚴均面臨經典教佚的厄運，致有日後海外訪經之事。《佛祖統紀》對於此事記載甚詳，如卷二十二謂四明法師子麟於後唐清泰二年（西元935年），往高麗日本諸國取回天台經典。〔註18〕卷八謂吳越忠懿王亦遣使往高麗日本求經，高麗派諦觀法師持天台教典來華。〔註19〕

天台宗主要著作經會昌之厄而嚴重喪失，致宗風衰微，其時被視爲正統代表者爲高論清竦。天台原以止觀法門號召，到了清竦高談濶論，得「高論」之名，〔註20〕後被尊爲天台十四祖，此亦情勢使然也。淨光義寂即竦師弟子，後賴海外傳回教典得以復興宗風，則會昌之厄對天台宗之影響，可以得知。

與天台相類者爲華嚴，會昌法難之前，圭峯宗密融合華嚴與禪，致華嚴思想更趨圓融。唯自宗密（卒於會昌元年）之後，華嚴宗傳承不明，直到北宋時，慧因淨源得高麗僧統義天所持華嚴經論，致該再度復興。個中原因與天台宗相類，均受會昌之厄，教典散佚，傳者無憑之故也。《佛祖統紀》卷十

〔註16〕參見顏尚文，《隋唐佛教宗派研究》（台北，國立師範大學《歷史研究所專刊六》，民國69年12月），頁13～15。

〔註17〕嚴耕望，〈唐代佛教之地理分佈〉，收入《中國佛教史論集》（二），〈隋唐五代篇〉，（台北，大乘文化出版社，民國66年7月），頁84。

〔註18〕釋志磐，《佛祖統紀》，卷二十二，頁246。

〔註19〕釋志磐，《佛祖統紀》，卷八，頁190～191。

〔註20〕呂澂，《中國佛學源流略講》（台北，里仁書局，民國74年1月），頁281。

四謂高麗僧統義天於宋神宗元豐八年（西元 1085 年），持華嚴疏鈔等經典入宋求法，翌年回國，回國後以金書晉譯華嚴五十卷，唐則天時譯八十卷，德宗朝譯四十卷，共三部附海舟入院。元符二年（西元 1099 年）又施金建華嚴大閣以俗奉之。〔註21〕

華嚴一如天台，宗派典籍在法難時散失嚴重，至北宋初年，方從高麗傳回部分教典，其復興時間較天台宗晚一百多年，可見法難對該宗影響之鉅。

法相宗自玄奘傳譯教典後，雖曾極盛一時，唯以其哲理過於繁瑣細緻，不適國人習性，自安史亂後，研習者少，故法難對該宗影響不大。律宗在初唐時研習者亦夥，其最盛時分南山、東塔、相部三宗，唯此三宗在中唐以後均告式微。會昌之厄，律典喪失，後因司空圖為東都敬愛寺講律僧惠確化募雕刻律疏之事，南山宗曾一度復興，餘二宗則寂然無所聞，或係律典散佚無人化募之故也。

密宗在玄宗開元年間，由於善無畏及金剛智先後自印度來華，中土密教始盛，京師青龍寺尤為著名。中晚唐時期，日僧來華習密者頗多，著名者若空海、圓仁、圓珍等人。其中圓仁來華期間，正逢會昌法難，圓仁遭受波及遣送回國。圓珍則於宣宗復興佛法之際來華，看到各地寺廟仍是滿目瘡痍，二者回國之際均曾帶走大批密教典籍，故會昌之厄對密宗而言，僅一時之受挫，不及唐末五代戰亂影響之大。

禪宗在五祖弘忍之後，分為南北兩派，北派以神秀為宗師，主漸修，神秀曾受武后之召入京師，為「兩宗法王，三帝國師。」其派極盛一時。南派以慧能為宗師，主頓悟，當神秀在京師，慧能弘法於韶州之曹溪。其弟子以南嶽懷讓與青原行思為最著，此外荷澤神會亦在玄宗時北上兩京時，力抗神秀系統，勢力盛極一時。安史亂後，北禪大衰，而慧能之南禪大盛於江南，自中唐至五代之末分為五家：潙仰，臨濟、曹洞、雲門、法眼。北方荷澤神會系統四傳至圭峯宗密，融合禪與華嚴，法難之後亦告式微。由於南禪宗義以頓悟為本，摒棄儀式，不立文字，直指人心，見性成佛，使佛教從繁文縟節煩瑣思辨中解放出來，其意義在求佛教簡易化與中國化，故此風既盛，風偃他宗，〔註22〕於法難時，其他宗派因典籍散佚而衰微之際脫穎而出，其心

〔註21〕潛說友，《咸淳臨安志》卷七十八。（台北，中國地志研究會影印道光十年刊本），頁14。
〔註22〕嚴耕望，〈唐代佛教之地理分佈〉，收入《中國佛教史論集》（二），〈隋唐五代

性之講求與生活之體驗，並開宋代理學之先河。

與禪宗類似不受法難影響而式微者爲淨土宗，其持名修行爲易行道，不論愚賢聖凡均可修行，故自東晉道安誓生彌勒兜率淨土，慧遠在廬山結社倡導念佛後，淨土崇拜，造彌陀像，念佛往生者，遍及各地。〔註23〕唐代時提倡此宗較著者有道綽（西元 562～645 年）、善導（西元 613～681 年）、少康（?～西元 805 年）諸人，唯其修行法門簡易，雖諸大師有淨土教理研究問世，但仍無法與其他宗派之千濤萬壑聲勢相比。會昌法難之後，其他宗派均苦於經典散佚，斷簡殘篇，傳者無憑。淨土宗以其簡易之持名念佛，終於取代了其他宗派的地位，並與禪宗形成雙峯並峙的局面。

第三節　義理轉變與佛學思想中國化

中國自古號稱文字之國，文字在漢族的文化中具有相當大的力量。佛教宗派的興盛，與經典注疏的發達有密切的關係，唯自會昌法難時，各宗派經典注疏在「火其書」的政策下散失殆盡。宣宗復興佛教，允許僧侶重新受戒，被廢寺院亦許葺修。此時僧侶在復興宗派的工作中最感到困難者，當推喪佚經論的復原、尋訪和抄錄，由於籍散佚十分嚴重，經論復舊成效有限，無法維持宗派研修講學之用，以致陷於「斷簡殘篇，傳者無憑」的困境，爲求自身宗派的生存發展，各宗派採用一些與中國思想關係密切，現今被部分學者認定爲國人創作的經典──《圓覺經》、《楞嚴經》和《大乘起信論》，來解釋自身宗派，這種轉變，使中國佛教思想在本質上擺脫了印度思維的色彩，促成佛學思想的中國化。

晚唐佛教宗派中，兼採他宗思想與中國色彩較深之經典者爲圭峯宗密。宗密果州人，初得法於荷澤神會系下三傳道圓禪師，後得《華嚴句義》於病僧，身兼祧禪和華嚴二宗法脈，著有《華嚴》、《圓覺》、《涅槃》、《金剛》、《起信》、《唯識》、《盂蘭盆》、《法界觀》、《行願經》等疏鈔及法義、類例、禮懺、修證、圖傳、纂略。又集諸禪言爲禪藏，總而言之。又《四分律疏》五卷，《鈔懸談》二卷，凡二百許卷。圖六面，皆本一心而貫諸法。〔註24〕圓寂時間爲

篇〉，（台北，大乘文化出版社，民國 66 年 7 月），頁 88～89。

〔註23〕有關淨土往生資料，參見往生西方淨土瑞應傳。釋戒珠，《淨土往生傳》。釋袾宏，《往生集》。收入《大正藏》第五十一卷。

〔註24〕釋贊寧，《宋高僧傳》，卷六，頁 741。

會昌元年（西元 841 年），其對華嚴宗而言，首開禪教合一之先河，後人尊爲
華嚴五祖。

　　華嚴宗依華嚴經而立宗，隋唐之際杜順和尚弘揚開宗，傳於智儼，再傳至
賢首，開宗判教而大盛。賢首傳至澄觀廣著疏鈔，再傳至宗密兼揚禪風。〔註25〕
宗密圓寂於會昌法難之前四年，其後經晚唐五代之巨變。到了北宋，華嚴系學
說幾乎中斷。至北宋初年，僅有長水子璿，慧因淨源等人續存法脈。長水子
璿（西元 965～1038 年）的師承不明，其學風上承清涼澄觀、圭峯宗密。即
一貫的用《圓覺》、《大乘起信論》來發揮他們的思想，並與荷澤禪家會通，〔註
26〕兼注《楞嚴經疏》十卷。至其弟子慧因淨源時，因高麗僧統淨天入宋問法，
帶回《華嚴疏鈔》等舊有章疏，使華嚴一宗再度復興。

　　華嚴宗在宗密之後雖傳承不明，但受法難影響及晚唐五代喪亂之餘，經
典喪失殆盡，碩果僅存的後代法嗣必須抱殘守闕的兼採《圓覺》、《起信》、《楞
嚴》等思想，對佛學思想的中國化頗有促進作用。

　　天台宗在九祖荊溪湛然（西元 710～782 年）時，爲與華嚴宗清涼澄觀競
爭，因而參考起信論中「眞如不變隨緣」觀點。法難後，該宗依據之《法華
經》雖未散佚，但亦面臨「斷簡殘篇，傳者無憑」的困境，在這法脈不絕如
縷的情況下，天台亦採起信論的觀點來闡揚宗派理論。被列入該宗旁系門人
的貫休（西元 832～912 年），〔註27〕即以日誦《法華經》一千字，及往豫章
傳《法華經》、起信論，皆精奧義，講訓且精勤著稱。〔註28〕由於天台本來不
重視起信論，智者大師在《法華玄義》、《法華文句》、《摩訶止觀》中均未引
到《起信論》。在宋代，爲了弄清本宗思想的發展及其與起信論的關係，出現
了許多異說，自宗之內因而分歧成山家、山外二派。〔註29〕這二派爭論的起
因是因義寂同門志因的弟子悟恩，著《金光明玄義發揮記》，否定《金光明玄
義廣本》是智者大師的眞作，而主眞心觀，是爲山外派。四明知禮則作《釋
難扶宗記》以破《發揮記》，成山家派。由於山家派的傳承爲清竦、義寂、義
通、知禮等人，其論點參考高麗沙門諦觀傳回之祖師著作，其論難採中觀系

〔註25〕黃公偉，《中國佛教思想傳統史》（台北，獅子吼雜誌社，民國 61 年 5 月），
　　　　頁 127。
〔註26〕呂澂，《中國佛學源流略講》，頁 284。
〔註27〕顏尚文，《隋唐佛教宗派研究》，〈天台宗師資傳承系譜〉，頁 210。
〔註28〕釋贊寧，《宋高僧傳》，卷三十，〈貫休傳〉，頁 897。
〔註29〕呂澂，《中國佛學源流略講》，頁 280。

統。山家派雖爲清竦旁系所出，唯其論點已參雜《涅槃》、《楞嚴》、《起信》等眞如系統，如智源著有《首楞嚴經疏》、梵慈著有《楞嚴會解》。〔註 30〕故天台山家、山外的爭論亦反映出佛學思想中國化的歷程。

　　舊傳《大乘起信論》乃梁陳之際眞諦三藏所譯，唯此書在中晚唐以前不受國人重視。日本學者松本文三郎、望月信亨、村上專精三氏對於馬鳴著此書，以及眞諦翻譯此書均表懷疑，終乃決定非印度撰述而爲中國撰述。〔註 31〕後梁啓超以此爲基礎，並加以己見，撰《大乘起信論考證》一書，從文獻上及學理上考察，認爲此書雖係國人撰述，但不足稍損其價值，爲人類最高智慧之產物，實中國印度兩種文化結合之晶體。〔註 32〕

　　《楞嚴經》舊謂唐天竺沙門般刺蜜帝譯出，烏萇國沙門彌伽釋迦譯語，房融筆受。近人梁啓超對此深感懷疑，曰：

> 此書歷宋元明清直到現在在佛學中勢力還是很大，其中論佛理精闢之處固不少，但是與佛理矛盾衝突的地方亦是很多。如神仙之說，是道家的主張，佛教本無神論，然楞嚴經中不少談及神仙的話，令道佛界線弄不清楚了。

又曰：

> 楞嚴經充滿了長生神仙的謊誕話題，顯然是受了道教的暗示，剽竊佛教的皮毛而成；因爲……眞正佛經並沒有楞嚴經一類的話，可知楞嚴經是假書。〔註 33〕

若以印度佛教思想傳承看起信論及楞嚴經，二者均被疑爲僞書，故在隋唐時代，天台、華嚴二宗均不重視此二經，但此二書反映出中國人的觀點和與傳統思想融合的迹象。中唐時韓愈高舉儒家思想的旗幟，其弟子李翺作復性書，兼採佛教觀點，此爲士人融合佛儒二家。會昌法難後派採起《信論》、《圓覺》、《楞嚴》等觀點解釋佛理，此爲僧侶融合儒釋道三家思想的過程，二者對於理學的發展開了先河，於中國思想史上有特殊的地位。

〔註30〕 參見黃懺華，〈天台宗〉，收入《中國佛教總論》（台北，木鐸出版社，72 年元月），頁 285。
　　　　黃公偉，《中國佛教思想傳統史》，頁 226～236。
〔註31〕 張心澂，《僞書通考》（台北，宏業書局，民國 64 年 6 月），頁 1094。
〔註32〕 梁啓超，《大乘起信論考證》（台北，商務印書館，民國 62 年 2 月），頁 86。
〔註33〕 梁啓超，《古書眞僞及其年代》（台北，里仁書局，民國 71 年 1 月），頁 11。
　　　　中國歷史研究法五種。

第六章　結　論

　　佛教在印度，因僧伽制度的嚴密與僧侶熱心佈教，故能在印度各宗教中脫穎而出。但佛教傳入中國後，由於中土的各種因素限制，依戒律規定且組織嚴密的僧伽制度並未建立。且因政治、社會各方面的干擾，使僧伽制度產生了因時制宜、因地制宜的措施，逐漸喪失印度僧伽制度的精神，造成僧侶對世俗政治依賴性的增加，成為日後政府干預僧伽制度的正常運作，提供有利的藉口。

　　會昌法難的發生，就是一種以政府的力量，強制加諸佛教僧伽制度上，干涉其正常的運作。這次法難發生的原因，可以政治、經濟、文化三個因素來加以說明。

　　在政治方面。由於唐朝皇室的宗教信仰和宗教政策，在層次上僅停留在「亦將有以利吾身」與「亦將有以利吾國」的理念上，對於佛教的態度，上焉者存而勿論，下焉者則企圖干預迫害。高祖、太宗對於佛教的限制和利用，成為後世帝王的祖宗之法，玄宗及文宗對佛教的政策，均有可能發展出一場大規模的法難，後因安史之亂與甘露之變而停止。武宗的廢佛舉動，亦可視為實行祖宗未竟之志。

　　在經濟方面，安史之亂後，由於藩鎮割據的影響，國家經濟日益萎縮，由於軍需日增和俸祿日高，朝廷對經濟無法負擔。相對的，寺院經濟因豪門仕宦之家相繼捨財入寺，變相逃稅而大幅度成長。武宗時，由於對澤潞用兵，宰相李德裕為籌軍需，遂條疏僧尼，沒收寺產，使豪門仕宦逃漏賦稅，再度重歸朝廷。但因廢佛政策執行不當，致使僧伽制度受到嚴重打擊。

　　在文化方面。佛教傳入以後，由於中國與印度文化上的差異，儒釋道三

家思想發生諸多衝突，這些衝突，表現在倫理問題、君臣關係、夷夏之辨、財經及治亂問題方面。中唐以後，儒學漸興，韓愈高舉儒家思想的纛旗，對佛教大肆撻伐，流風所及，其門人弟子亦具排佛思想，形成這次法難的一股暗流。

武宗的廢佛政策，在即位之初已顯露端倪，在會昌元年（西元 841 年）至三年（西元 843 年）的崇道黜佛措施，已可感到「山雨欲來風滿樓」的氣氛。會昌三年（西元 843 年）九月的潞府押衙事件，更加增強武宗全面廢廢的決心，此後政府加速澄汰僧侶，限制佛教活動。會昌五年（西元 845 年）八月終於頒下〈拆寺制〉，以致佛教受到徹底無情的打擊。

法難進行中，僧侶遭到澄汰，紛紛採取應變措施，或逆麟力爭，或退隱山林，或俟機而出，表現出「用之則行，舍之則藏」的情操，爲中國佛教保存一分元氣。因廢佛政策執行徹底，致各地區佛寺均遭破壞，經像被毀，政府將廢寺銅像銷毀，鑄成會昌開元通寶，並標示鑄錢地區名稱。經典的散佚，造成日後吳越僧侶和國君向海外求經。也造成我國佛教部分宗派的沒落和禪宗及淨土宗的興盛。

會昌法難所造成的影響，在社會功能方面，最主要的是佛教基於大乘菩薩道精神所建立的社會福利事業全遭破壞，致唐末民變發生，人民流離失所，甚至影從發難。另在思想本質方面，則因宗派依據立論經典的散佚，致《楞嚴經》、《圓覺經》、《大乘起信論》受到各宗派的重視，造成佛教思想的中國化，爲宋代理學的發生開了先河。

中國佛教史上的「三武一宗」法難，對於後世的影響，以唐武宗所施行的會昌法難爲最大。個中原因，係會昌法難同時在全國各地進行，造成寺院中大量經典散佚，致日後僧侶面臨「斷簡殘篇，傳者無憑」的困境。相對的，北魏太武帝、北周武帝和周世宗法難，則僅在北方實施，南方地區仍能保全佛教法脈。論者常謂「會昌法難是中國佛教由盛轉衰的關鍵」，誠非虛言。

參考書目

一、基本史料

1. 王溥：《唐會要》，一百卷，臺北，世界書局，民國 71 年 12 月四版。
2. 王讜：《唐語林》，八卷，臺北，臺灣商務印書館，民國 68 年 7 月。
3. 王鏊：《姑蘇志》，六十卷，明正德元年刊本，臺北，學生書局影印。
4. 司馬光：《資治通鑑》，二九四卷，臺北，建宏出版社，民國 66 年。
5. 史安之：高似孫：《剡錄》，十卷，清道光八年刊本，臺北，中國地志研究會影印，民國 67 年 8 月。
6. 史能之：《咸淳毘陵志》，三十卷，清嘉慶二十五年刊本，臺北，中國地志研究會影印，民國 67 年 8 月。
7. 朱長文：《吳郡圖經續志》，三卷，清咸豐三年刊琳琅秘書叢書本，臺北，中國地志研究會影印，民國 67 年 8 月。
8. （釋）志磐：《佛祖統紀》，五十四卷，臺北，新文豐出版公司，民國 63 年 9 月，《大正藏》第四十九卷。
9. 吳兢：《貞觀政要》十卷，臺北，宏業書局，民國 72 年 9 月。
10. 宋敏求：《唐大詔令集》，一百三十卷，臺北，鼎文書局，民國 61 年 4 月影印。
11. 李昉：《太平廣記》，五百卷，新增補校本，臺北，古新書局，民國 69 年元月。
12. 李綽：《尚書故實》，四部集要本，臺北，新興書局影印，民國 49 年 7 月，《唐朝小說大觀》第一冊。
13. 佛陀跋陀羅共法顯譯：《摩訶僧祇律》，四十卷，臺北，新文豐出版公司，民國 63 年 9 月，《大正藏》第二十二卷。
14. 杜牧：《樊川文集》，二十卷，四部叢刊初編，臺北，臺灣商務印書館，民國 60 年 8 月。

15. 沈青崖：《陝西通志》，一〇〇卷，清雍正三年刊本，臺北，華文書局影印，民國 56 年 8 月。

16. 沈翼機：《浙江通志》，二八〇卷，清乾隆元年重修本，臺北，華文書局影印，民國 56 年 8 月。

17. （釋）戒珠：《往生淨土傳》，三卷，臺北，新文豐出版公司，民國 63 年 9 月，《大正藏》第五十一卷。

18. 何紹基：《安徽通志》，三五〇卷，光緒三年重修本，臺北，華文書局影印，民國 56 年 8 月。

19. （釋）法琳：《辯正論》，八卷，臺北，新文豐出版公司，民國 63 年 9 月，《大正藏》第五十二卷。

20. 范攄：《雲溪友議》，三卷，四部叢刊續編，臺北，臺灣商務印書館，民國 65 年 3 月。

21. 范祖禹：《唐鑑》，二十四卷，臺北，臺灣商務印書館，民國 66 年 3 月。

22. 長孫無忌：《唐律疏議》，三十卷，〈附進律疏表〉一卷，臺北，臺灣商務印書館。

23. 周應合：《景定建康志》，五十卷，清嘉慶元年刊本，臺北，中國地志研究會影印，民國 67 年 8 月。

24. 段成式：《酉陽雜俎》，前集二十卷，續集十卷，另附〈段成式年譜〉，方南生編，（臺北，源流出版社，民國 71 年 12 月）。

25. 皇甫枚：《三水小牘》，臺北，木鐸出版社，71 年 5 月。

26. 施宿：《嘉泰會稽志》，二十卷，清嘉慶十三年刊本，臺北，中國地志研究會影印，民國 67 年 8 月。

27. 俞希魯：《至順鎮江志》，二十一卷，民國 12 年如皋冒氏刻袟本，臺北，中國地志研究會影印，民國 67 年 8 月。

28. 秦再思：《洛中記異錄》，收入《說郛》卷二十，臺北，新興書局，民國 52 年 12 月影印。

29. 孫樵：《孫樵集》，十卷，四部叢刊初編，臺北，臺灣商務印書館，民國 54 年 8 月。

30. 徐碩：《至元嘉禾志》，三十二卷，抄本，臺北，中國地志研究會影印，民國 67 年 8 月。

31. 梁克家：《三山志》，四十二卷，抄本，臺北，中國地志研究會影印，民國 67 年 8 月。

32. 凌萬頃：《玉峯志》，三卷，《太倉舊志》五種本，臺北，中國地志研究會影印，民國 67 年 8 月。

33. 張昊：《寶慶會稽續志》，八卷，清嘉慶十三年刊本，臺北，中國地志研究

會影印，民國 67 年 8 月。

34. 張彥遠：《歷代名畫記》，十卷，臺北，臺灣商務印書館，民國 60 年 4 月。

35. 郭若虛：《圖畫見聞志》，六卷，四部叢刊續編，臺北，臺灣商務印書館，民國 65 年 3 月。

36. 陳耆卿：《嘉定赤城志》，四十卷，清嘉慶二十三年刊臺州叢書本，臺北，中國地志研究會影印，民國 67 年 8 月。

37. 陳舜俞：《廬山記》，五卷，臺北，新文豐出版公司，民國 63 年 9 月。

38. 張時徹：《寧波府志》，四十二卷，嘉慶三十九年修，日本抄本。

39. 馮福京：《昌國州圖志》，七卷，清咸豐四年甬上徐氏煙嶼樓宋元四明六志本，臺北，中國地志研究會影印，民國 67 年 8 月。

40. 黃任：《鼓山志》，清乾隆二十六年刊本，臺北，明文書局影印，民國 69 年 1 月，《中國佛寺史志彙刊》第一輯。

41. （釋）善卿：《祖庭事苑》，八卷，《卍續藏經》第一一三冊，臺北，中國佛教會影印，民國 56 年。

42. （釋）智昇：《開元釋教錄》，二十卷，臺北，新文豐出版公司，民國 63 年 9 月，《大正藏》第五十五卷。

43. （釋）僧佑：《弘明集》，十四卷，臺北，新文豐出版公司，民國 63 年 9 月，《大正藏》第五十二卷。

44. 葉昌熾：《語石》，十卷，臺北，臺灣商務印書館，民國 59 年 2 月。

45. 董浩：《欽定全唐文》，一千卷，清嘉慶十九年刊本，臺北經緯書局，民國 54 年 6 月。

46. （釋）圓仁：《入唐求法巡禮行記》，四卷，臺北，文海出版社，民國 65 年 10 月再版。

47. （釋）圓珍：《行曆抄》，一卷，大日本國史料一編之一，東京，東京大學史料編纂所，昭和四十三年（西元 1968 年）覆刻。

48. （釋）道世：《法苑珠林》，一百卷，臺北，新文豐出版公司，民國 63 年 9 月，《大正藏》第五十五卷。

49. （釋）道宣：《廣弘明集》，三十卷，臺北，新文豐出版公司，民國 63 年 9 月，《大正藏》第五十二卷。

50. （釋）道宣：《續高僧傳》，三十卷，臺北，新文豐出版公司，民國 63 年 9 月，《大正藏》第五十卷。

51. 楊仁山：《等不等觀雜錄》，八卷，臺北，文海出版社，民國 58 年 9 月，《楊仁山居士遺著》第二冊。

52. 楊芳燦：《四川通志》，二○四卷，嘉慶二十一年重修本，臺北，華文書局影印，民國 56 年 8 月。

53. 劉昫:《舊唐書》,二百卷,正史全文標校讀本,臺北,鼎文書局,民國 69 年 3 月。

54. (釋)蓮池:《竹窗隨筆》,臺北,臺灣印經處印行,民國 60 年 6 月。

55. 談鑰:《嘉泰吳興志》,二十卷,吳興先哲遺書本,臺北,中國地志研究會影印,民國 67 年 8 月。

56. 歐陽修、宋祁:《新唐書》,二二五卷,正史全文標校讀本,臺北,鼎文書局,民國 69 年 2 月。

57. (釋)慧皎:《高僧傳》,十四卷,臺北,新文豐出版公司,民國 63 年 9 月,《大正藏》第五十卷。

58. (釋)慧立:《大唐大慈恩寺三藏法師傳》,十卷,臺北,新文豐出版公司,民國 63 年 9 月,《大正藏》第五十卷。

59. 潛說友:《咸淳臨安志》,一百卷,清道光十年刊本,臺北,中國地志研究會影印,民國 67 年 8 月。

60. 魏收:《魏書》,一一四卷,臺北,洪氏出版社,民國 66 年 6 月。

61. (釋)贊寧:《宋高僧傳》,三十卷,臺北,新文豐出版公司,民國 63 年 9 月,《大正藏》第五十卷。

62. (釋)贊寧:《大宋僧史略》,三卷,臺北,新文豐出版公司,民國 63 年 9 月,《大正藏》第五十四卷。

63. 韓愈:《韓昌黎全集》,四千卷,清同治己巳年江蘇書局重刻東雅堂本,臺北,新興書局,民國 59 年 9 月。

二、一般論著

1. 丁福保:《佛學大辭典》,臺北,華嚴蓮社影印,民國 60 年 10 月。

2. 甘逢易編著、明鏡譯:《淺談佛學—天主教徒的觀點》,臺北,光啓出版社,民國 72 年 4 月。

3. 朱桂:《牛僧孺研究》,臺北,正中書局,民國 65 年 7 月初版。

4. 全漢昇:《唐宋帝國與運河》,香港,太平書局影印,出版年月不詳。

5. 呂澂:《中國佛學源流略講》,臺北,里仁書局,民國 74 年 1 月。

6. 李世傑:《印度哲學史講義》,臺北,新文豐出版公司,民國 68 年 9 月。

7. (釋)明復:《中國僧官制度研究》,臺北,明文書局,民國 70 年 3 月。

8. 林惠祥:《文化人類學》,臺北,臺灣商務印書館,民國 60 年 2 月三版。

9. 梁啓超:《大乘起信論考證》,臺北,臺灣商務印書館,民國 62 年 2 月。

10. 高楠順次郎、木村泰賢:《印度哲學宗教史》,臺北,臺灣商務印書館,民國 72 年 9 月。

11. 孫廣德:《晉南北朝隋唐俗佛道爭論中之政治課題》,臺北,臺灣中華書局,

民國 61 年 5 月。

12. 馮承鈞：《歷代求法翻經錄》，臺北，臺灣商務印書館，民國 59 年 8 月。

13. 陶希聖：《唐代寺院經濟》，臺北，食貨出版社，民國 63 年 1 月。

14. 湯用彤：《漢魏兩晉南北朝佛教史》，臺北，鼎文書局，民國 74 年元月。

15. 湯用彤：《隋唐佛教史稿》，臺北，木鐸出版社，民國 72 年 9 月。

16. 湯承業：《李德裕研究》，臺北，學生書局，民國 63 年 8 月初版。

17. 黃公偉：《中國佛教思想傳統史》，臺北，獅子吼雜誌社，民國 61 年 5 月。

18. 黃敏枝：《唐代寺院經濟的研究》，臺北，國立台灣大學，民國 60 年 12 月。

19. 黃聲孚：《唐代佛教對政治之影響》，香港，作者自印，民國 48 年 4 月。

20. 道端良秀著，關世謙譯：《中國佛教與社會福利事業》，臺灣，佛光出版社，民國 70 年 4 月。

21. （釋）道安：《中國大藏經雕刻史話》，臺北，盧山出版社，民國 67 年元月。

22. 蔡運辰：《二十五種藏經目錄對照考釋》，臺北，新文豐出版公司，民國 72 年 12 月。

23. 蔣天樞：《陳寅恪先生編年事輯》，臺北，弘文館書局，民國 74 年 10 月。

24. 錢穆：《國史大綱》，臺北，臺灣商務印書館，民國 65 年 11 月修訂三版。

25. 藍吉富：《隋代佛教史述論》，臺北，臺灣商務印書館，民國 63 年 5 月。

26. 顏尚文：《隋唐佛教宗派研究》，臺北，國立臺灣師範大學碩士論文，民國 69 年 12 月。

三、論　文

1. 丁敏：〈方外的世界－佛教的宗教與社會活動〉，《敬天與親人》，臺北，聯經出版社，民國 71 年 12 月，頁 125～181。（《中國文化新論宗教禮俗篇》）

2. 內藤虎次郎著，萬斯年譯：〈三井寺藏唐過所考〉，《國立北平圖書館刊》五卷 4 期，民國 20 年 7 月，頁 11～24。

3. （釋）印順：〈佛教之興起與東方之印度〉，以佛法研究佛法，臺北，正聞出版社，民國 69 年 5 月，頁 15～101。

4. 李樹桐：〈武則天入寺為尼考辨〉，《唐史考辨》，臺北，臺灣中華書局，民國 54 年 4 月，頁 310～235。

5. 李瑞爽：〈禪院生活和中國社會〉，《佛教與中國思想及社會》，臺北，大乘文化出版社，民國 67 年 12 月，頁 273～215。

6. （釋）明復、張慧命：〈關於現代佛教寺院經濟問題的對話〉，《獅子吼月刊》第二十四卷 7 期，民國 74 年 7 月，頁 32～29。

7. （釋）依仁：〈中國佛教僧團制度之研究〉，《獅子吼月刊》第二十四卷 7 期，民國 74 年 7 月，頁 22～21。

8. 牧田諦亮：〈贊寧與其時代〉，《新覺生月刊》第九卷 10 期，民國 60 年 10 月，頁 11～18。

9. 陳瓊玉：〈唐代政教關係—一般因素探討〉，《中國佛教月刊》第二十六卷 7 期，民國 71 年 4 月，頁 23～23。

10. 陳寅恪：〈武曌與佛教〉，《陳寅恪先生論文集》，臺北，九思出版社，民國 63 年 4 月，頁 421～436。

11. 陳寅恪：〈李德裕貶死年月及歸葬傳說辨證〉，《陳寅恪先生論文集》，臺北，九思出版社，民國 63 年 4 月，頁 437～473。

12. 陳玉書：〈談遼版大藏經〉，北京，《光明日報》，民國 50 年 11 月 22 日。

13. 費海璣：〈大唐『洛陽伽藍記』〉，《大陸雜誌》第二十三卷 6 期，民國 50 年 9 月，頁 6～9。

14. 黃運喜：〈中國佛教法難研究〉，《獅子吼月刊》第二十四卷 5 期，民國 74 年 5 月，頁 30～33。

15. 黃運喜：〈唐代律令對於僧侶遊參行腳的限制〉，《獅子吼月刊》第二十五卷 8 期，民國 75 年 9 月，頁 36～37。

16. 楊惠南：〈一葦渡江，白蓮東來—佛教的輸入與本土化〉，敬天與親人，臺北，聯經出版社，民國 71 年 12 月，頁 13～66。

17. 傅樂成：〈論漢唐人物〉，《時代的追憶論文集》，臺北，時報出版社，民國 73 年 3 月，頁 23～56。

18. 鄧克銘：〈百丈清規之僧團規範意義的探討〉，《獅子吼月刊》第二十四卷 7 期，民國 74 年 7 月，頁 16～21。

19. 藍吉富：〈傳燈的人—歷代僧侶的分類考察〉，敬天與親人，臺北，聯經出版社，民國 71 年 11 月，頁 69～122。

20. 嚴耕望：〈唐代佛教地理分佈〉，《中國佛教史論·隋唐五代篇》，臺北，大乘出版社，民國 66 年 11 月，頁 83～89。

四、外文部分

（一）日文

1. 塚本啓祥：《初期佛教教團的研究》，東京，昭和四十一年（西元 1966 年）3 月，山喜房佛書林，586 頁。

（二）梵文

1. F. Max Müller, ed., *Vajracchedikā – Prajñapāmitā – Sūtra.* London：Anecdota Oxoniensia, Aryan Series, Vol.1, Part 1 , 1881.

（三）英文

1. Edwin O. Reischauer, Ennin's Diary, *The Record of a Pilgrimage to China in*

Search of the Law. New York：The Ronald Press Company, 1955.

2. Kenneth K.S. Ch'en，*Buddhism in China，A Historical Survey*（Princeton，N.J.：Princeton University Press，1966.